KB126507

지구별에서 내 인생의 첫사랑
가족

와일드북
와일드북은 한국평생교육원의 출판 브랜드입니다.

지구별에서 내 인생의 첫사랑 가족

초판 1쇄 인쇄 · 2020년 7월 10일
초판 1쇄 발행 · 2020년 7월 15일

기   획 · 조경애
지은이 · 박희준, 이순희, 박진희, 오재규, 김숙희, 김경옥, 지안, 길선숙, 조경애, 이순자
발행인 · 유광선
발행처 · 한국평생교육원
편   집 · 장운갑
디자인 · 이종헌

주   소 · (대전) 대전광역시 유성구 도안대로589번길 13 2층
            (서울) 서울시 서초구 반포대로 14길 30(센츄리 1차오피스텔 1107호)
전   화 · (대전) 042-533-9333 / (서울) 02-597-2228
팩   스 · (대전) 0505-403-3331 / (서울) 02-597-2229

등록번호 · 제2018-000010호
이메일 · klec2228@gmail.com

ISBN 979-11-88393-30-5 (13190)
책값은 책표지 뒤에 있습니다.
잘못되거나 파본된 책은 구입하신 서점에서 교환해 드립니다.

이 도서의 국립중앙도서관 출판예정도서목록(CIP)은 서지정보유통지원시스템 홈페이지(http://
seoji.nl.go.kr)와 국가자료공동목록시스템(http://www.nl.go.kr/kolisnet)에서 이용하실 수 있습
니다.(CIP제어번호: CIP2020026328)

이 책은 한국평생교육원이 저작권자의 계약에 따라 발행한 것이므로 저작권법에 따라 무단 전재
와 복제를 금합니다. 이 책 내용의 전부 또는 일부를 이용하려면 반드시 저작권자와 한국평생교육
원의 서면동의를 얻어야 합니다.

지구별에서
내 인생의 첫사랑

가 족

기획 | 조경애

박희준 이순희 박진희 오재규 김숙희
김경옥 지 안 길선숙 조경애 이순자
공저

와일드북
WILD

가족은 상처를 치유한다

이순耳順을 바라보는 이 나이에도 엄마를 부르면 부드럽고 포근하다.

인생의 정점을 향해 달려가고 있을 때 고난과 역경도 함께 여물어 갈 때쯤 나는 가족의 소중함을 깨달은 것 같다.

가족이란 기쁨만이 아니라 온갖 놀랍고 신비로운 방식으로 나타난다. 그런데도 이 세상엔 많은 사람이 가족이라는 이름으로 남보다도 못한 관계로 살아간다.

무엇보다도 가족은 기댈 수 있고 힘이 되는 존재지만 또한 무거운 짐이 될 수도 있다. 처음엔 서로가 사랑했지만, 극도로 미워하는 존재가 되기도 한다.

가족으로 만난다는 것은 쉬운 일이다. 그러나 진정한 가족이 된다는 건 어려운 일인 것 같다.

가족이란 한 아름의 장미를 선물받고 그 장미를 함께 가꾸며 장미의 아픈 가시까지도 껴안아야 하는 일이다. 그것은 무엇이든 아낌없이 주고 진심으로 이해하며 존중하고 염려하는 마음이어야 가능하기 때문이다.

누구든 한 번쯤 불쑥 내뱉은 말이 불을 내기도 하고 가슴을 갈라놓기도 한다. 가족이니까 다 이해하겠지라는 생각으로 그냥 지나친 적이 있을 것이다.

시간이 지나고 나중에서야 내가 뱉어버린 말 한마디가 가족 누군가에게 상처를 주었다는 것을 알게 되고 마음속 빚을 지게 되지만 그래도 언젠가는 가족이기 때문에 서로 끌어안고 울고 웃으며 서운하고 미웠던 마음도 눈 녹듯이 사라져 버리게 되는 것도 가족이다.

가족이라는 것, 이 험난한 세상에 지치고 힘들 때 다시 우뚝 설 수 있는 것은 오직 힘이 되어주는 내 편이 있기 때문이다. 무조건 내 편이 되어주는 든든한 울타리가 있다는 것은 생각할수록 기분 좋은 일이다. 그러나 아무리 가족이라도 마음을 표현하지 않으면 상대방은 알 수가 없다. 또한, 아무리 피붙이라도 노력하지 않으면 무조건 내 편으로 만들 수 없다.

인공지능^{AI}의 발달은 앞으로 무엇이든 인간을 대체할 수 있다고 한다. 가족 없이 홀로 사는 사람들을 위해 외롭지 않게 감정전달까지 할 수 있는 반려견 로봇까지 발명하였고 이미 함께 사는 사람도 있다. 그러나 아무리 인공지능 로봇이 인간의 모든 감정을 전달하고 똑같이 행동할 수 있다고 해도 가장 인간적인 것, '휴먼^{human}'이라는 복잡하고 섬세한 감정까지 표현할 수는 없다고 한다. 왜냐하면, 그것은 수많은 데이터와 학습으로 인간이 만들어낸 기계에 불과하기 때문이다. 그러므로 내 옆에 한 사람의 가족이라도 있다는 것은 그야말로 커다란 축복이 아니겠는가.

이 책의 저자 10명이 쓴 글에서 무엇과도 바꿀 수 없는 가족의 소중함을 느끼게 된다면, 가족이란 노력하는 만큼 행복해진다는 만고불변萬古不變의 진리를 깨닫고 하루에 한 번이라도 가족에게 사랑한다는 말을 전하자. 아니, 쑥스럽다는 생각에 용기가 나지 않는다면 휴대폰에 단 한 문장의 '사랑한다'라는 메시지라도 보내자. 그런 작고 소소한 것들이 삶의 선물이며 우리의 마음을 얼마나 따뜻하고 행복하게 만드는지 알 수 있을 것이다.

꽃이 더 아름다운가.

서로 사랑하고 표현할 줄 아는 가족의 아름다움은 눈이 부시다.

김숙희

차 례
CONTENTS

가족의 사랑이
오늘의 나를 만들었다

박희준

국제통상학박사
(사)한국출산장려협회 창립자 겸 이사장
(전)서울 영동라이온스클럽 회장

(사)한국출산장려협회의 창립자로서 '출산장려는 제2의 구국운동이다. 다산코리아 행복코리아'로 캠페인을 펼치면서 현재 이사장직을 맡고 있다
두 차례의 암을 극복하면서도 박사학위를 취득하였으며 국내 최초로 출산장려운동을 시작하여 20여 년간 펼쳐온 공로를 인정받아 국무총리상, 산업자원부장관상, 여성가족부장관상, 보건복지부장관상을 비롯하여 '유네스코의 올해의 인물상'과 조선일보 '행복한 대한민국 만들기 대상'을 수상하기도 했다.

저서로는 공저 〈글로 쓰면 이루어지는 나만의 드림리스트〉가 있다.
전자우편: ceo@capharm.co.kr

내가 살아가는 힘, 어머니

＊＊＊

우리 어머니는 6남매의 맏딸로 어렸을 때부터 순하디 순해 법 없이도 살 수 있는 사람이라고 했고 '인심 좋은 밤실댁'이라고 불렀다고 한다.

조선시대 태종의 둘째 아드님인 효령대군의 후손으로서 뼈대가 있기로 소문난 집안에서 성장해 왔기에 이름 또한 항렬에 따라 한자로는 남녘 남南 자에 물가 수洙 자로 해서 이남수로 지어졌다. 누가 봐도 남자 이름이라고 할 것이다.

그러나 말인즉슨 양반 집안이지 재산은 변변찮았거니와 어머니 세대에서 여성에 대한 교육이라고는 어불성설 꿈도 꾸지 못하는 실정이었다. 그러다 보니 초등학교도 제대로 졸업을 못 한 채 집안일만 도맡아 처리해야 하는 실제적인 가장 역할을 하면서 성장할 수밖에 없었다.

그러다가 어머니는 지인의 소개로 한 남자를 만났고 16세 꽃다운 나이에 결혼해 9남매의 자식을 낳고 길렀다. 아버지 또한 초등학교에는 문턱에도 가보지 못하고 대대로 물려받은 36마지기나 되는 많은 전답을 두 사람의 머슴을 두고 주야장천 농사일에만 매달리다 보니 한 집안의 큰 일꾼으로만 인정받은 셈이었다.

필자의 고향은 경북 칠곡군으로 우리나라에서 유일하게 국무총리를 세 분이나 배출한 군이기도 하고, 지척에는 대통령을 두 분이나 배출한 구미시가 있으며 훌륭한 인재들이 많이 배출된 곳으로 잘 알려져 있다. 금오산, 유학산, 천생산이 병풍처럼 둘러싸여 있기에 유서 깊은 유적지로서도 손색이 없다. 지금은 많은 등산객이 자주 오르는 곳이기도 하다.

우리 가족과 친지들이 이곳 학하로 정착하게 된 것은 우리 선조들이 200여 년 전에 정변으로 인해 목숨을 부지하기 위해서 경북 의성에서 처가가 있는 이곳으로 몰래 피신한 것이 그 유래이지만 그 진상은 알 길이 없다.

필자는 정전협정 2년 후인 1955년, 요즈음 제1차 베이비붐 세대로 부르던 그 시기에 태어났다. 마을에서는 내가 태어난 집을 청와대로 불렀다고 하는데 왜 그렇게 불렀는지는 지금도 알 길이 없지만 아마도 본채가 기와집이고 당시 마을에 초가집만 있다 보니 그리 불렀던 것이 아닌가 싶다. 그런데도 사랑채는 초가집이었는데 지금도 본채나 사랑채나 그 자리에 의연하게 버티고 서 있다.

증조할아버지는 유생으로 유명했다고 한다. 그 당시 양반이라고 콧대가 높은 사람들조차 우리 마을 앞을 지나갈 때면 말에서 내려 걸어갔을 정도로 예를 갖추었다고 하니 뼈대 있는 선비로 많은 존경을 받은 인물로 알려진 것이 아닌가 싶다.

큰아버지는 일제 강점기 시절에 평양의학전문학교(현, 평양의과대학)를 나와서 가까운 선산군 해평면에서 병원을 개원하여 의술을 펼쳤다고 하며 옛날에는 장남만이 집안을 위해서 교육을 받았던 시절이었기에 정작 우리 아버지는 차남으로서 그 많은 전답을 도맡을 수밖에 없었다.

반면에 어머니는 자식을 많이 낳은 탓도 있겠지만 아버님을 따라 농사를 짓고 살림을 하다 보니 제대로 산후조리를 하지 못해 몸이 약하셔서 농사일은 접으시고 집안일만 하셨다고 한다.

당시는 노동력이 경제력을 평가했던 시절이었으니 자식들이 많은 게 부의 상징을 뜻하기도 했다. 필자는 9남매 중 8번째이자 4남 5녀 중 막내아들로 태어날 때부터 특이한 일들이 꼬리를 물었다고 한다.

태어났을 때 크게 태어났다 하여 대생大生 이라 부르기도 했고, 검은 코끼리처럼 크다 해서 대상大象으로 부르기도 했다 한다. 어떤 사람은 전쟁 후에 태어났으며 흑인 아이처럼 보인다 하여 어머님의 불륜을 의심하기도 했다고 한다. 당시에는 한국전쟁으로 흑인 병사들이 전투에 참여했거니와 몸을 파는 여인들도 있었으니 그리 불릴 수 있다고도 여겨진다.

마을 할머니들은 자주 우르르 몰려오셔서 재미있다는 듯이 둘러보고 가기도 했다고 한다. 얼마나 우스운 일인가. 게다가 첫돌에 뒤집기를 했고 두 돌에 가서야 겨우 일어섰다고 하니 발육 또한 여타 아이들보다는 한참 느렸던 것이 분명했다. 그리하여 한편으로는 정상적인 아이로 성장을 할 수 있을까 걱정도 많이 했다고 한다.

우리 어머니는 어려운 사람을 보면 그냥 지나치지 못하고 도와주지 않으면 견디지 못하시는 분이었다고 한다. 그리고 선조들께서 정변으로 후손들이 피해 다닌 사실을 알았기에 필자의 이름도 국가와 사회에 봉사하라는 의미에서 '희준'으로 지었다고 했다. 기쁠 희喜, 준걸 준俊 자로 지어 '기쁨을 주는 훌륭한 사람'이 되라는 의미라고 했다. 영어로는 Happy Hero인 셈이다.

어머니는 우리나라의 전형적인 여인상으로 지식은 부족했을지 몰라도 지혜로 무장한 양반집의 규수처럼 품위를 지키면서 늘 자세가 흐트러지지 않으셨던 분으로 우리들의 마음속에 잔잔한 파동으로 다가왔기에 교육적으로는 큰 힘이 되었던 그런 분이었다.

어머니는 누구나 세상 모든 자식의 안식처이다. 세상살이에 지치고 힘겨울 때 자식들은 온전히 자신만을 사랑해 주는 어머니를 찾아간다. 심지어 어머니라는 이 안식처는 세상을 떠난 뒤에도 자식들에게 격려와 평온을 전해 준다.

25년 전 기관지가 좋지 않아서 세상을 떠난 우리 어머니 역시 다르지 않다. 팍팍한 살림에 자식을 먹이고 입히겠다는 생각 하나로 갖은 고생을 마다하지 않았던 어머니, 9남매에게는 어머니의 빈자리가 더욱 애달프고 혼란스러운 이유다.

9남매는 어머니를 떠올릴 때마다 여전히 적막하고 쓸쓸하기 그지없다. 그러나 서로 어머니를 기억하며 그 혼란과 애달픔을 추슬러 나간다. 어머니는 이 땅에 존재하지 않는 순간에도 자식들을 돌보고 있다. 어머니에 대한 애정과 그리움이 깊고 유별난 9남매의 사모곡은 이 세상, 저 세상에도 들려 옴을 느껴 본다.

농부였던 아버지는 농사를 짓는 시간을 제외하고는 늘 화투 노름에 파묻히는 바람에 가족의 생계는 힘겹고 고난에서 벗어나지를 못했다. 게다가 논밭은 여름 장마철만 되면 물바다 속에 잠기어 한 해 농사를 망치기 일쑤였기에 쌀밥은 생일이 아니고서는 꿈도 못 꾸었고 늘 꽁보리밥으로 살아가야만 했다. 모 가수의 '보릿고개'란 노래가 그 당시의 빈곤했던 현실을 잘 대변해 주고 있다.

벌써 25년, 4남 5녀 중 딸들과 필자를 제외하고 이미 3명의 아들은 벌써 세상을 떠났다.

큰형님은 사업실패로 인해 암 투병을 하다가 어머니보다 먼저 세상을 떠났다. 둘째 형님은 성격도 쾌활한 편으로 남보다 일찍 사업을 하면서 사회 진출을 했지만 예상치 못한 교통사고를 당해 결혼도 해보지 못한 채 제일 먼저 세상을 떠났다. 셋째 형님은 아버지의 팔자를 그대로 물려받았다고 자주 고백하고는 했다.

따라서 어머니께서는 셋째를 늘 안타까워했다. 한국전쟁 속에서 태어나다 보니 영양실조로 인해 몸이 늘 허약했으며 제대로 가르치지 못한 관계로 부모로부터 농사를 이어받는 운명을 타고났다고 했다.

다행히 경제개발 5개년 계획으로 구미산업공단이 들어서면서 토지 보상을 받게 되어 셋째 형님 부부는 도시로 이주하여 치킨 장사를 했지만 얼마 안 가서 사양산업이 되면서 학원사업으로 전향했다. 그러나 결국에는 경험 부족으로 인해 전 재산을 잃게 되고 이후 알코올 중독과 당뇨 합병증으로 결국 환갑도 넘기지 못하고 세상을 떠났다.

어머니의 아들 셋 모두가 환갑을 못 넘기고 저세상으로 떠난 것이다. 제대로 배우지 못했고 번듯한 직장도 구할 수 없었던 탓에 건강까지도 지키지 못한 것이다. 8번째인 막내아들인 필자만이 유일하게 집안을 지키면서 열심히 살아가고 있다.

마을에서는 공부를 잘하는 집안으로 알려져 있었지만, 실상은 9남매 모두가 문명의 혜택을 받기에는 몹시 어려운 환경이었다. 딸자식은 시집만 잘 가면 된다는 부모님의 유교적 고정관념으로 출가를 시켰지만 넷째 딸은 일찍이 속세를 떠나 스님이 되었다.

불가에서는 집안에서 스님이 나오면 9대까지 부처님의 가피를 받는다고 한다. 특히 필자는 시대적으로 늦게 태어난 덕분에 공부도 할 수 있는 행운을 타고 났다고 남매들이 부러워하기도 했다.

시대가 영웅을 만든다고 한 말이 기억이 난다. 필자는 공부도 잘하고 리더십까지 갖춘 덕분에 주위로부터 기회를 얻게 되는 행운아로 성장했다.

초등학교 재학시절에는 내내 반장을 도맡아 했으며 성적 또한 1, 2등을 놓친 적이 없는 우등생이었기에 전교 어린이회장까지 맡으면서 초등학교를 졸업하게 되었다. 이는 부모님뿐만 아니라 가족들까지도 막내인 필자를 중학교로 입학할 수 있도록 특별히 배려하게 된 동기가 되었다.

어머니가 떠나신 지 벌써 25년, 아직도 살아 있는 6남매는 어머니가 그립다.

"해마다 낙엽이 물드는 가을이 되면 어머니가 더 생각납니다. 늘 기관지가 약한 탓으로 찬바람만 불면 기침이 심하게 나곤 했으니까요.

'어머니가 아프지 않으셨다면 얼마나 좋았을까 그런 생각이 들죠.' 생각해 보니 평생 어머니를 병원으로 한번 모시고 가서 치료를 제대로 받도록 해드린 적이 없고, 해외로 효도 여행 한번 제대로 모신 적이 없는 거예요. 지금이라도 타임머신이 있다면 어머니에게로 돌아가서 근사하게 한번 모시고 싶어요."

어머니! 당신은 인심 좋은 밤실댁이자 분명히 세상에서 가장 아름답고 훌륭한 여인이었습니다.

나의 영원한 베스트 프랜드

***

부모가 주는 최고의 선물이라면 결혼이고, 최대의 유산이라면 가정이다. 누구나 결혼을 해서 가정을 가지는 것이 인류이며 도리일 것이다. 나는 31세에 27세의 영원한 베스트 프랜드를 만나 결혼했다.

나의 영원한 베스트 프랜드! 나는 내 아내를 이렇게 부르고 싶다.

아내는 나를 위해 태어난 천사이다.

세상에 이렇게 때 묻지 않은 사람도 있구나.

세상에 이렇게 아름다운 사람도 있구나.

세상에 이렇게 진실한 사람도 있구나.

참 좋은 당신을 만나서 행복합니다.

진심으로 나를 사랑하는 사람을 발견하기란 쉬운 일이 아니거늘 참 좋은 사람을 발견하는 것 자체만으로도 행복감을 느끼는 그런 사람이다.

나를 위해 건강을 챙겨주는 사람, 내 곁에서 오래 함께 머물러 줄 사람, 함께 일을 해도 불편함이 없는 진국인 사람, 따뜻한 인품과 감성을 보살펴 주고 배려를 몸에 달고 다니는 사람, 가족의 일이라면 몰래 가슴 아파하는 사람으로 살아온 35년의 세월…… 그대에게 고개 숙여 감사를 보냅니다.

아내의 형부가 내 절친한 친구였으니 학창시절 친구가 동서가 된 셈이다. 나는 대구에서는 명문고로 알려진 D 고등학교로 입학을 했다. 먼저 1학년 때부터 반편성에 따라 같은 반에 소속이 되면서 인연이 닿게 된 친구가 있다.

키가 훤칠하고 잘생긴 미남형에 거무튀튀한 얼굴은 아프리카인처럼 보이지만 오히려 매력적이었고 거기에다가 운동을 잘하는 데다가 카리스마까지 갖춘 의리의 친구를 만난 것이다.

동기생 중에 3대 깜둥이로 소문이 났는데 친구와 내가 그 일원이기도 했다. 왠지 나와는 공통점이 상당히 많은 친구로 인식이 되었다.

독립운동가 도산 안창호 선생의 정신을 연구하는 '도산 연구회'라는 학생 서클 활동을 함께 하면서 더욱더 가까운 친구 사이로 발전했다.

3학년에서도 같은 반으로 편성이 되어 더욱더 절친한 사이가 되면서 학생회장단에서 중책을 함께 맡는 돈독한 관계로 발전해 가는가 하면 대학도 같은 K 대학으로 입학을 하면서 평생 친구가 된 것이다. 그리고 친구는 대학 졸업 후 동대학원 석사과정을 마치고서 미국으로 유학을 가게 되었다.

유학을 가기 전에 일찍 결혼했다. 처가댁의 장녀와 인연을 맺은 것이다. 유학을 가기 전에 장인어른이 둘째 딸의 배필을 사위에게 위임하게 된 것이다.

인연은 이렇게 시작되었다. 친구가 대구에서 결혼식을 올리고 난 후 필수 코스로 찍은 신랑 측의 우인들 사진 속에서 필자가 처가 식구들로부터 둘째 사윗감으로 가장 표를 많이 얻었다고 했다. 이러한 분위기 속에서 친구가 미국 유학을 가기 전에 한번 만나자고 제의가 온 것이다. 필자는 당시 유명 제약회사 영업부에 입사해서 두각을 나타내고 있을 때이고 2년 정도를 근무하고 있었다.

1984년도 어느 날, 친구는 한번 만나보고 싶다면서 회사로 연락이 왔다. 오랜만에 온 친구의 전화라서 반갑긴 했지만 거절할 수밖에 없는 상황이었다. 친구 또한 며칠 후면 미국 유학길에 오르기에 시간이 없다고도 했다.

어찌할 것인가. 오늘 안 보면 시간이 없다고 하니 말이다. 그날 오후엔 의사를 대상으로 의약품 세미나가 호텔에서 개최가 되니 시간을 할애하기가 쉽지 않았기 때문이었다.

비상 대책이 필요했다. 궁여지책으로 같이 근무하던 동료직원에게 임시로 대체하고서 잠시 시간을 내어서 만나는 길밖에는 달리 방법이 없었다.

그래도 세미나는 순조롭게 진행이 되었고, 친구도 같은 호텔커피숍에서 만나는 데도 차질이 없었기에 큰 다행이었다. 그러한 가운데에서 우정의 약속은 이루어지게 된 것이다.

우린 그간의 각자 삶의 순간들을 되돌아보면서 우정의 시간을 보내게 되었다. 아울러 미국 유학길에 오르는 친구에게 술 한잔을 나눌 생각을 하고 제안을 했지만 간이 나빠 약을 먹고 있다고 하면서 술은 못 마신다고 했다. 그리하여 필자가 제약회사에 다니니까 좋은 약을 추천해 달라는 뜻인 줄 알았는데 이것도 아니라니 도무지 이해가 가지 않았다.

말을 시작하다가도 몇 번을 멈칫멈칫하면서 망설이는 모습을 봤을 때 뭔가 말하기가 쉽지 않은 모양이었다. '친구야! 뭔지는 몰라도 우린 친구 사이인데 어떤 부담도 갖지 말고 편안하게 말해 봐.'라는 말을 듣고서야 간신히 말을 내뱉었다.

애기인즉슨 처제를 소개하고 싶은데, 친구나 처제의 입장으로 볼 때 이런 사람을 소개하느냐는 소리를 들을까 봐서 괜히 걱정이 앞서서 망설여졌다는 것이다.

나는 친구에게 결혼의 대상은 특별한 인연이 있어야 이루어지는 것이기에 서로 아무런 부담 없이 만나보자고 했다. 이날의 만남이 부부의 연으로 이어질 줄은 나 자신도 전혀 예상 못 한 것이다.

얼마 후, 친구 부부와 함께 첫 만남이 호텔커피숍에서 이루어졌다. 필자가 선호하는 여인상이 나타난 것이었다. 보통의 남자라면 마르거나 날씬한 여자를 좋아한다고 하지만 필자는 예외로 평소 아담하고 통통한 체격의 미인을 이상형으로 생각하고 있었는데 운명적으로 취향과 이상형이 맞는 여인이 나타난 것이었다. 말도 적고 품위를 갖추면서도 순수함을 그대로를 간직한 교육자 집안의 딸임을 직감했다.

이후 순간부터 저녁 식사도 품격 있는 고급으로 접대를 하고 정성을 다해 나갔다. 매월 만나기를 밥 먹듯 했고 여자에겐 금기시하던 선물도 전달하는 등 적극적으로 노력한 끝에 청혼에도 성공했다. 멀지 않아서 친구가 동서로 되는 날도 하루하루 기다려지기만 했다. 임도 보고 뽕도 따고 금상첨화가 아니든가!

우린 그렇게 해서 1985년 1월 20일 결혼에 골인했다. 아내 나이 27세, 내 나이 31세로 늦깎이 결혼식이었다. 대학원 석사과정을 마치고 결혼한다고 약속한 것을 실천에 옮긴 것이다.

대구에서 가장 큰 예식홀을 준비한 것은 신부 측의 집안도 고려했지만, 평소 나를 아끼고 성원하고 격려했던 모든 분을 초청하고 싶었기 때문이다.

당시에는 시골에서 대학교를 졸업했다 하면 정승 벼슬을 얻은 것처럼 큰 경사로 생각했기에 누구나 애써 참석하고 싶어 했고 때론 자기 신분의 상승이라도 된 것처럼 으스대거나 호들갑을 떨기도 했다.

한 회사 동료는 결혼식 장면을 보고서는 3가지 놀랄 만한 일이 일어났다면서 주위에 자랑스럽게 소개를 하곤 했다.

첫 번째가 축하객 수가 이렇게 많은 건 처음 봤다고 한다. 족히 500명 이상은 훨씬 넘었으니 말이다. 두 번째가 우인들이 그렇게 많은 것도 처음 봤다고 한다. 참고로 사진을 세 번이나 찍었어도 다 못 찍었으니 말이다. 세 번째가 피로연에 악단을 초청한 것도 처음 봤다는 것이다. 장인어른이 계획에도 없었던 악단을 초청해 준 것이다.

잠시 처가에 대한 언급을 조금은 해야만 앞으로 글을 쓰는 데 수월

할 것 같다.

장인어른 동여東旅 김동환金東煥은 김해 김씨로 대구광역시 달성군 출생으로 몇 년 전에 82세로 작고했으며 슬하에 1남 5녀를 두었다.

계림초급대학 정치과를 졸업하고 경기대학교 정치전문대학원 국가지도자 과정을 수료한 후 성실고등공민학교와 보성공업고등기술학교, 보성공업고등학교를 발전시키고, 40년간 설립자로서 교장으로 봉직했다.

그리고 천도교 교육자회 회장, 대한기술교육자연합회 회장, 로터리클럽 회장, 가락종친회 대구시 회장을 거쳐 가락종친회 중앙회 집행이사를 역임하고, 천도교 종무원장 및 교령을 역임했다. 이후엔 3·1정신 구국운동 범국민연합 총재, 세계평화실천운동 명예총재를 역임했다.

대구시장으로부터 향토개발공로상 수상, 교육부장관으로부터 사회교육유공자 표창을 받았으며, KBS 인간승리 프로에 방영이 되었고, 신혼부부를 위한 주례를 많이 보신 분으로도 유명하며, 한국출산장려협회 고문으로서 출산운동에도 필자와 함께 협업하면서 매진하기도 했다.

장인어른은 한마디로 무에서 유를 창조하신 분이고, 평생교육을 통해서 실천하신 선각자이면서 산증인이기도 했다. 필자에게 장인어른은 부모의 역할로서보다는 인생의 큰 스승이었음을 부인하지 않는다.

아내는 그런 아버지의 둘째 딸로 태어나 교육자 집안의 가르침 속에서 자랐다. 대구에서 간호대학을 마치고 교직에 잠시 몸담았다가 결혼과 동시에 전업주부로서 두 아들을 낳았다.

팔등신이거나 마르고 날씬한 체형이 아닌 아담하면서도 볼륨이 있는 미인형으로서 평소 필자가 선호하는 여인상이다. 특히 정갈하고 맛있게 요리를 잘한다. 이 또한 장모님의 솜씨를 그대로 빼닮은 모전여전의 결과물이다.

아내는 나를 위해 태어난 여인처럼 그렇게 운명적으로 다가온 사람이다. 나중에 언급하겠지만 필자가 두 번의 암 수술로 완전히 건강을 찾을 수 있게 한 것도 아내가 간호대학을 나왔고 교육자로 근무한 경험과 건강식 특별 레시피로 무장했었기에 가능한 것이 아닌가 확신한다. 부부동반으로 참석하는 모임에 가게 되면 늘 오늘의 건강 회복은 아내의 덕분이라고 감사의 인사로 대신한다.

아내를 자랑하면 팔불출이라 하지만 필자는 오히려 자랑하지 않거나 자랑을 아끼는 사람을 팔불출로 부르고 싶다. 그래서 나는 오히려 나를 '풍운아 팔불출'로 불러 주기를 원할 뿐이다.

아내의 생일에는 꼭 빠지지 않는 선물이 있다. 나이가 한 해 한 해 갈수록 장미꽃이 한 송이씩 늘어 가지만 전체 꽃송이 수는 나이 수보다 한 수 아래이다. 나이 숫자에서 한 송이는 꼭 줄여야 한다. 그 이유가 참 재미있다. 빠진 한 송이는 바로 내 아내의 고운 얼굴이 대신한다. 장미 꽃송이를 99송이까지 선물하겠다고 너스레를 떠는 남편을 보고는 환한 미소를 보내면서 '100세까지 살라고요.' 하는 내 아내의 얼굴이 그렇게도 아름다울 수가 없다.

올해는 환갑인지라 갖가지 색깔의 장미꽃으로 60송이를 선물했다.

특히 지난 5년 동안 남편이 두 번에 걸친 암 수술로부터 건강을 되찾을 수 있도록 고생해 온 아내를 위해서는 60송이 장미꽃보다 한 송이 아내의 꽃이 왠지 더 거룩하고 아름다워 보였다.

행복은 얼마나 가지느냐가 아니라 얼마나 느끼느냐에 달려 있다는 것을 절감한다. 지금 바로 이 순간에도 내게 오는 작은 기쁨을 놓치지 않고 느끼는 것, 그것이 행복일 것이다.

오늘도 나의 영원한 베스트 프렌드는 바로 내 아내이다.

내 인생 최대의 선물, 작은 천사들

* * *

불시일번한철골 不時 一番寒徹骨

쟁득매화복비향 爭得梅花撲鼻香

당나라의 고승인 황벽 선사의 시 한 대목으로 '뼈를 깎는 추위를 한 번 만나지 않았던들 매화가 어찌 코를 찌르는 향기를 얻을 수 있으리오.'에서 보듯이 '생각이 바뀌면 세상을 바꿀 수 있다.'라는 뜻으로 필자의 경험과 일맥상통한다.

1982년도 2월에 경북대학교를 졸업하고 동대학교 경영대학원에 입학했다. 직장을 다니면서 공부는 이어가기로 하고 첫 직장으로 대웅제약에 지망했고, 원하던 대로 대구지점 병원부 영업사원으로 첫 발령을 받았다.

직장을 다니면서 대학원에서 마케팅을 공부하여 이론과 실무를 겸비하면 훌륭한 실적을 거두겠다는 큰 포부를 갖고서 영업사원으로서 주경야독으로 모든 걸 불살랐다. 하늘은 스스로 돕는 자를 돕는다고 하질 않았던가. 덕분에 전국에서 두각을 나타내기 시작했을 뿐만 아니라 전체 1위의 성적을 거두기 시작했다.

매월 본사로 올라가서 성공사례 발표를 도맡아 하면서 베스트셀러 영업사원으로서 명성을 얻기에 이르렀다. 내 나름의 마케팅 지식이 없이는 큰 성과를 못 낼 것이라고 판단을 했던 것이 적중한 것이다.

그러나 예상치도 못한 곳에서 문제가 발생했다. 대학원을 다니는 것이 발각(?)되어 서울 본사로 인사발령이 난 것이다. 그 이유는 영업사원이 영업은 하지 않고 대학원을 다니게 되면 회사로서는 큰 손실을 보게 될 것이며 다른 영업사원으로 확대되면 조직 분위기도 좋지 않다는 단순한 이유에서 내려진 결과였다.

동대학교 학과 선배를 방문한 것이 화근이 되고 말았다. 대학원 선배와 직장의 부지점장이 동서지간이었다. 혹시나 해서 선배에게는 비밀로 해 달라고 당부까지 했는데도 불구하고 역시 비밀은 오래가지 못하는가 보다. 두 사람이 동서인지라 명절에 처가에서 만나 이야기 중에 대학원 선배가 후배인 필자가 영업을 잘하고 있는지를 무심코 물어 본 것이, 부지점장이 병원부 소장에게 전달했고 이는 본사까지 보고가 되었다.

이유를 불문하고 바로 사직서를 제출했다. 무엇보다도 담당자인 필자하고는 상의 한번 없이 이루어진 결과이기에 앞으로 누구를 신뢰하고 직장생활을 같이할 수 있을까 하는 마음에서 불신감까지 들기 시작했다.

한편으로는 석사 논문을 쓰고 있었기에 마무리를 해야 한다는 강박관념이 발동한 것도 사실이다. 실수를 인정하면서도 발령한 사실을 번복할 수 없으니 지금까지 닦은 실력을 큰 시장인 서울에서 한번 본보기를 보여달라는 소장의 간곡한 부탁도 있고 해서 마음을 다잡고 일단 부장을 만나 뵙고 최종 결정을 내리자는 마음으로 상경했다.

역시 부장의 이해와 설득력이 필자에겐 큰 귀감이 되었다. 그래서 제안을 했다. 3~6개월 영업을 해본 다음에 담당자에게 사직할 수 있는 권한을 달라고 했고, 부장도 6개월로 수용을 해주었다. 이런 기회가 계기가 되어 서울로 올라오게 된 것이다.

사직을 철회하게 된 가장 근본적인 원인인 논문은 6개월 이후로 미루면 되는 것이고 무엇보다도 결혼해서 자식을 키우려면 서울에서 키워야 한다는 것이 필자의 교육적인 철학도 한몫을 했다. 결혼한 지도 채 두 달이 되지 않았기에 서울에서 거주하는 문제는 방법을 찾기로 하고 본사 근무를 수용했다.

1985년 1월에 결혼하고 3월에 첫 신접살림으로 서울의 개인 주택이 층의 방 한 칸을 전세로 얻어 신혼생활이 시작되었다.

당시 회사 소유의 20채의 빌라가 있었는데 입주 경쟁이 치열했을 뿐 아니라 대기자 7명이 입주를 기다리고 있었기에 감히 엄두도 낼 수가 없어 차선책으로 택한 것이다. 이 층으로 가려면 별도로 마련된 철계단 사다리로 올라가야만 했다.

집들이로 부장과 동료직원들을 초대했었는데 임신 중인 아내가 겪어야 할 불편함과 위험성을 배려하여 회장에게까지 보고가 된 것 같았다.

원래는 우수한 직원들에게 공급하기 위한 목적으로 주택을 마련한 것이기에 기회가 전혀 없는 것은 아니었다. 그러나 다음 입주 예정자가 회장의 조카이었기에 더더욱 쉽지 않으리라는 판단이었고, 필자 또한 순서를 지키겠다는 원칙을 수용하겠다고 했기에 미련은 전혀 없었다.

그런데 보고를 받은 회장이 입주 목적의 원칙에 따라야 한다면서 조카를 제외하고 필자가 대신 첫 입주자로 선택이 된 것이다. 물론 조카도 강원도에서 근무하고 있었고 필자의 주거 상황을 들어서 알고 있었기에 전혀 개의치 않는다고 하면서 협조를 해주겠다는 것이 아닌가. 너무나 감사할 뿐이었다. 하지만 입주를 위해서는 1년을 기다려야 했다.

1985년 10월 29일 첫째가 대구 처가에서 태어났다. 아들이었다. 이름도 고모인 스님이 작명해서 제우濟佑라는 이름을 얻었다.

그런데 남이 다하는 아빠의 역할을 다하지 못하는 상황인지라 마음만 착잡할 뿐이었다. 마음이야 당장 내려가서 아내에게 그간의 고생을 위로하고 아이의 탄생을 축하하는 탈춤이라도 덩실덩실 추고 싶은데 말이다. 영업부서였기에 월말 실적 마감을 해야 했기 때문이다.

물론 당시의 나로서는 유명한 영업사원으로 알려져 있었으며 목표가 이미 달성되어 있었던 상태라 내려가는 데는 아무런 지장이나 거리낌이라곤 전혀 없었다. 영업본부장이 회사설립 이래 처음으로 특별휴가로 2일을 내린 상태였기에 직원들의 부러움을 안고 내려갈 수 있었다.

그런데 문제가 발생한 것이다. 담당 부서 소장이 부서 목표가 달성이 안 되어서 부족한 부분을 나더러 대신 채워달라는 부탁과 함께 성공사례까지 발표해 달라는 당부까지 받았기 때문이다.

담당 소장의 입장에서 목표달성으로 상종가 평가를 받고자 했던 것이 일을 그르치게 한 것이다. 하지만 나는 과감히 수용하고서는 월말 마감과 성공사례를 마치고 일주일 만에 내려갔다. 그런데 위로와 축하하는 분위기와 달리 분위기가 냉랭했다.

나 또한 아내와 태어난 자식 앞에서 내가 남편인지 아빠인지 얼얼하기만 했고 얼어붙은 막대기처럼 보였다. 시간이 조금 흐르자 아내에게 다가가 손을 잡고서 위로를 하게 되었고 아들의 볼에다가 얼굴을 비비면서 내 아들임을 감지하고서 한번 들어보았다. 찡그릴 때의 주름살은 내 모습 그대로이고 백옥같은 피부색은 제 엄마 쪽 그대로였다. 부모의 합작품이 이렇게 태어난 것이다.

처가 식구들 모두 나를 보고서는 반기는 모습은커녕 원망하는 시선으로 집중되고 있었다. 숨을 곳이 있다면 솔직히 어디라도 숨고 싶은 심정이었다. 인간으로서는 도저히 있을 수 없는 처신이었기 때문이었다. 그간의 사정을 듣고서야 조금씩 냉기가 온기로 전환되면서 당당한 남편이자 아빠로서 그나마 제자리를 찾는 기분이었다.

아이가 무럭무럭 자라면서 얼마나 귀엽고 잘생겼던지 보는 사람이면 그냥 지나치지 않고 한마디씩 말을 던지는가 하면 꼭 한 번씩 안아주는 것이 다반사였다.

그리하여 주말이면 우리 가족은 승용차를 몰고 아들을 자랑하기 위해 가보지 않은 곳이 없을 정도로 전국 곳곳을 찾아다니곤 했다. 영업은 영업대로 절로 되고 기쁨은 기쁨대로 배가되는 생활이 계속되면서 꿈과 목표는 절로 커져만 가고 있었다.

1988년 3월, 회계연도 마감 달에 사직서를 제출했다.

이미 7년 전 첫 입사를 위한 최종 면접에서 회장님께서 "앞으로 이 회사에서 몇 년을 근무할 예정입니까?"라는 질문에 회장님께 던진 한마디가 떠오른다.

"저는 7년을 열심히 하고 결정할 것입니다. 그 이유로는 세 가지입니다. 첫 번째가 최고의 영업사원이 되는 것입니다. 두 번째가 대학원에서 마케팅을 배워 제대로 실전에 활용하는 것입니다. 세 번째로 영어와 일어를 배워 해외 영업에 도전하고 싶습니다."

1988년부터 노태우 대통령의 200만 호 주택 공급이라는 대선 공약으로 인해 건설업의 붐이 한창 조성되고 있었다. 건축자재 품귀현상도 발생하기도 했다. 6개월 후인 1988년 11월에 고향인 대구로 이사를 했고, 다음 해에 경남 양산에 국내 최초로 건축자재인 모래 생산과 벽돌을 생산하는 보성산업을 창업했다. 회사 또한 경기 붐 조성에 편성해서 승승장구하고 일취월장하고 있었다.

이번에는 두 번째 아들이 태어났다는 전갈이 도착했다. 이름은 건우健佑로 스님이 지어주신 것이다. 그러나 행복한 순간은 잠시뿐이었다.

태어난 아들은 산부인과 신생아 집중치료실 인큐베이터에서 생명을 부지하고 있었고 아내인 산모는 대학병원 응급실로 실려 갔다는 비보가 아닌가. 일단 상황을 확인하고서는 전직 제약회사 동료들을 통해 병원 응급실로 긴급조치를 부탁하고서는 경남 양산 회사에서 대구로 급히 올라갔다.

먼저 아이가 태어난 산부인과로 향했다. 도착해서 확인한 결과는 고비는 넘겼다고 했다. 일단 안심이었다. 인큐베이터를 통해 본 둘째 아이는 피부색부터 검은 것이 나를 그대로 빼닮았다.

잠시도 머무를 틈도 없이 대학병원으로 달려갔다. 밤의 언저리에 있을 때라 그런지 어둑어둑했다.

아내는 이미 응급처리가 끝나고 병실로 이동해서 안정을 취하고 있었다. 병실로 들어서는데 병실 가장 안쪽에 유일하게 꽃바구니와 함께 혼자 누운 산모의 모습이 보였다. 바로 내 아내였다. 다른 병상엔 부부가 연인처럼 함께 있었기에 구분이 되어 쉽게 눈에 들어왔다.

말문이 막혔다. 남들은 남편이 옆을 파수꾼처럼 지키고 있는데 내 아내에겐 꽃바구니가 대신하고 있었으니 남들이 보기엔 남편이 없거나 해외에 나간 줄 알았을 게 분명했다. 왜 나는 아이를 출산할 때마다 사랑하는 아내와 함께 고통을 나누지 못하고 몹쓸 짓만 하는지를 하늘만 알고 있었을까 궁금할 뿐이다. 이때까지도 두 살림을 차리고 살았다.

아이의 교육을 위해 부산으로 이사를 하고 나서 아이들하고는 그간 함께 하지 못했던 부자의 정을 나누기 위해 주말이면 목욕탕을 가기도 하고 외식도 하며, 가족들과 함께 보내면서 행복한 시간을 보냈다.

그러던 중에 경기가 안 좋아지면서 수금으로 받았던 어음들이 부도가 나기 시작했다. 창업한 지 3년 만에 일어난 일이었다.

채권자들의 빚 독촉이 시작되었고 채권단이 구성되었다. 그리하여 먼저 아파트를 처분해서 직원들의 밀린 월급과 퇴직금으로 정산하고 회사까지 양도하면서까지 마지막 채권을 정리하고서는 개인 주택 2층에 방 한 칸에 월세로 이사하게 되었다.

이제 졸지에 백수가 되었고 그간 거래를 했던 회사로부터 일하자는 제의도 있었다. 그러나 월급을 받는 조건이 아니고 건설 수주를 받아 오는 것이 주 업무였다. 제약회사 영업을 해본 경험이 있었고 사람을 만나서 하는 일이라면 자신이 있었기에 쉽게 수용을 하고서 당장 주위의 지인들을 만나기 시작했다. 그런데 알고 보니 브로커 역할이었던 것이었다.

경기 침체가 지속되던 때라 쉽지도 않았고 당시에 건설업을 하던 지인들도 나의 이미지에 손상만 올 것이라면서 만류를 하는 것이었다. 결국엔 10년 만에 송충이는 솔잎을 먹기로 하고 천직인 제약회사로 복귀를 했다.

두 번의 암 선고로
가족의 소중함을 깨달았다

***

2013년 9월 어느 날 오후, 친구와 회사에서 조금 떨어진 광명시의 어느 손칼국수 식당으로 향했다.

손칼국수를 먹을 때는 청양고추를 다진 양념을 넣어 먹는 것이 식욕을 돋우기에 늘 습관이 되어 이날도 예외 없이 다진 양념을 칼국수에 넣고서 맛있게 식사를 즐기고는 귀가를 했다. 그런데 시간이 가면 갈수록 복통이 심해졌고 멈출 기색조차 없었다. 위장약을 복용하면 과거에는 통증이 멈추곤 했는데 이날만은 용량을 배가해도 전혀 효험이 없었다. 온몸에는 통증을 참느라 땀으로 범벅이 되고 있었다.

참는 데는 무식하리만큼 잘 참는 선수라고 했는데 이날만은 예상 밖이었다. 3시간의 사투 끝에 진척이 없음을 곁에서 지켜보던 아내가 집 근처에 있는 D 종합병원 응급실로 가자고 서둘렀다.

병원에 도착을 해보니 자정이 지나가고 있었다. 응급실에 도착하자마자 엑스레이와 CT를 찍고서 바로 입원을 했다.

결과는 급성담관염으로 밝혀졌고 시술을 해야만 했다. 그리고 위 내부에는 두세 군데 미란성 위염이 있다는 검사 소견까지도 받았다.

담관에 날카로운 돌이 박혀 있기에 심한 급성 통증이 유발되기도 하고 담즙이 역류하면서 황달 증세까지 보인다고 했다.

10여 일에 걸쳐 초음파로 박힌 돌을 파쇄한 후에 물로 세척하게 되면 큰 문제가 없이 완치되니까 걱정하지 말라는 주치의의 처방이 있었기에 쉽게 넘어갈 수 있었다. 그런데 주치의가 복부를 만지면서 위내시경 검사를 받아본 적이 있느냐고 물었다.

매년 서울에 있는 S 종합병원에서 매년 정기검사를 받고 있고, 지난 10여 년 동안 별다른 이상이 없었다고 했는데도 불구하고 다음 날 재진단을 하면서 위내시경을 한번 찍어보자고 했다.

옆에서 지켜보고 있던 아내의 얼굴엔 서서히 먹구름이 끼기 시작했고 뭔가 예후가 좋지 않을 것이라고 예단이라도 하는 모습이 역력했다. 검사는 이루어졌고 결과를 보러 가는데 아내는 기어이 동행하려고 했다.

주치의와 마주 선 나는 담담한 모습인데도 아내만은 불안한 기색이 역력했다. 주치의는 위암 소견으로 보인다는 것이다. 정확한 결과는 2주 이후에 나온다고 했다. 아내가 예측한 대로 나타난 것이다.

사랑하는 아내에겐 청천벽력이 되고 말았다. 10년 이상을 함께 동고동락하면서 무자본으로 일군 회사이고 이제 겨우 제자리를 잡아가고 있는 데다가 자식들도 한참 대학을 다니고 있기에 앞으로 살아온 날들보다 살아가야 할 날들이 더 남았기에 걱정은 한 줄기 먹구름처럼 엄습해 오고 있었다.

그러나 정신부터 차리자는 마음이 들기 시작했다. 그러면서 병원과 의사를 불신하는 마음으로 돌변하기 시작했고 그렇게 마음을 먹는 것이 오히려 마음이 편한 걸 부인할 수 없었다. 내가 다니던 병원에서 다시 한번 검사를 해 보자. 의사도 신이 아닌 이상 실수가 있을거야.

급할수록 차분히 마음을 다지고 정신을 차리자고 다짐하고서는 약속이 잡힌 미국의 라스베이거스 전시회나 참석하고 한편으로는 생애마지막이 될 수도 있는 여행이나 즐기기로 하고 미국으로 떠났다.

잠시나마 마음을 비우고 내려놓으니 조금씩 두려움도 가시기 시작했다. 오히려 마음이 가벼워지고 있었다. 귀국해서 본 검사 결과는 주치의가 예측한 대로 위암 판정이 내려졌고 서둘러 수술을 하면 좋아질 수 있다고 했다.

하지만 그럴 수는 없었다. 그간 10년 이상 종합검진을 받았고 아무런 이상이 없다고 했었기에 잘못 판정을 한 것은 아닌가 싶었다. 그래서 내가 다녔던 종합병원에서 확인을 해보고 싶었던 것이었다.

그리고 오히려 발견하기 쉽지 않았던 것을 발견한 것에 대해서 다행스럽다는 모습이었다. 그간 해외 출장으로 인해 2년간 종합검사를 받지 않았음을 발견한 것이었다. 수술만 하면 큰일은 없을 것이라는 전문의의 한마디가 스쳐 지나갈 뿐이었다. 바로 좀 더 큰 종합병원으로 가서 다시 한번 더 확인을 거친 후에 수술날짜를 잡고 입원을 서둘렀다.

이렇게 해서 2013년 11월 20일 수술을 했다. 복강경 수술보다는 개복수술이 재발률을 줄일 수 있다고 해서 개복수술을 단행한 것이다.

회사는 대기업 출신의 임원들을 자금담당과 영업담당 이사로 채용해서 차질이 없도록 독립채산제로 맡겨 놓고서 수술을 받았다.

그런데 1년 만에 흑자이던 회사가 엄청난 적자로 돌아서고 만 것이었다. 사업목표를 달성하기 위해서 대기업에서 관리하던 방식으로 했던 것이 중소기업에서는 제대로 적용이 안 되었던 것이었다. 직원 수와 홍보 비용이 두 배로 증가하고 공급가격과 소비자가격까지 무너뜨려 가면서 목표를 달성하다 보니 영업이익이 엄청난 적자로 돌아선 것이었다.

완전히 1년 만에 완전히 나락으로 떨어지고 말았다. 직원들 간에도 위화감이 형성되고 서로 책임 전가에만 몰두하고 조직도 제대로 돌아가고 있지 않았다. 심지어는 평직원들로부터 전화가 왔고 회사가 백척간두에 서 있다는 내용이었고 대표가 없이는 멀지 않아서 돌이킬 수 없는 상황으로 돌아갈 것이라고 했다. 하루빨리 대표의 경영복귀를 호소하고 있었다.

이럴 땐 어찌하면 좋단 말인가. 주치의는 일단 회사경영에서 완전히 손을 떼라고 했고, 스트레스를 받아서도 안 되며, 충분한 영양보충을 해서 체중을 늘려야 한다면서 사람이 살고 난 후에 회사도 있는 거라면서 무조건 자신의 말을 들어야 한다고 경고를 하지 않았던가.

체중도 1년 만에 15kg 정도로 빠졌기에 근육이란 근육은 다 어딜 가고 뼈만 앙상하게 남았을 정도였으니 몰골이 말이 아니었다.

그렇다고 직원들의 충고를 듣지 않을 수가 없었기에 주치의와 가족의 만류를 무릅쓰고 회사에 출근을 감행했다. 그리고 영업과 자금 담당 이사로부터 보고를 받고서야 이대로는 회사가 얼마 못 가서 문을 닫아야 할 것만 같았다.

즉시 두 임원은 준비한 사직서를 들고 와서는 관리 부실에 따른 책임을 용서해 달라면서 애걸복걸했다.

이제는 구조조정을 통해서 모든 비용을 줄이고 경영정상화를 해야한다고 했다. 전 직원들과의 일 대 일 면담도 이루어졌다. 방만한 경영을 한, 두 임원을 해고하고 인력을 반으로 과감히 줄이는 구조조정을 실행해야 한다고 이구동성으로 당부를 했다.

부득이 자발적인 사직과 권고해직을 통해서 반으로 줄이는데 전 직원들이 동참해 줘서 한 달 만에 마무리가 되었다. 그간 부채도 엄청나게 늘어만 있었기에 차라리 회사를 폐업하는 편이 좋다는 말까지 나올 정도였다. 그러나 구조조정을 잘 마무리했으니 전 직원들이 단합해서 정상화를 시켜보겠다고 했다. 대표에겐 감사의 인사와 더불어 요양을 잘하라면서 격려까지 해준 직원들이 대견스럽기만 했다.

일단 회사를 수습하고서 수술 후 1년 만에 정기검사를 했고, CT 결과는 특별한 소견은 안 보여 다행이지만 절대로 면역이 떨어지면 안된다고 하면서 체중을 늘려야 한다고 주치의는 강조했다.

수술하기 1년 전, E 대학에서 '결혼과 과정'이란 과목으로 교양학부 학생들을 대상으로 강의 요청이 왔다. 당시 필자는 한국출산장려협회의 회장으로 재임 중이었기에 특별히 요청이 온 것이다.

그런데 박사수료로는 안 된다는 최종 연락이 온 것이다. 박사 논문을 준비하던 중에 수술을 받게 되었고 지도교수님도 더 이상의 논문 진행을 만류했기에 수료로 끝난 것이다.

위암 수술 후 특별한 소견이 발견되지 않는다는 주치의의 말씀을 지도교수님에게 전달하면서 박사 논문을 다시 준비하겠다고 억지까지 부리면서 허락을 받았다.

그런데 이게 어찌 된 일인가. 1년 동안의 회사 운영도 정상화가 쉽지 않아서인지 다시 구조조정에 들어가야만 했다. 그리고 1년 후 1년이 지난 2년 차 정기검진 결과에서는 놀랄 만한 결과가 나왔다.

1년 전 검사에서도 정상적이었던 간에 지름 6cm의 큰 종양이 생긴 것이다. 주치의는 위에서 전이된 것으로 판단하고 수술을 해야 한다고 하며, 간의 종양은 사전 조직검사가 어렵다고 했다. 종양에서 암세포가 있으면 조직검사를 위해 떼어낸 상처를 통해서 암세포가 급격히 확산이 되어 생명까지 위험하다는 것이다. 일단 개복수술을 통해서 간을 절단한 후 절단한 간을 가지고서 조직검사를 해야 한다는 것이다.

개복수술은 진행되었고 그 결과 종양으로 보인 부분은 물혹으로, 다행히도 암은 아니었지만, 다시 정밀검사를 통해 밝혀진 것은 간 림프종이었고 일종의 혈액암이라는 판정이 내려졌다. 이후 항암치료로 연결이 되었다.

항암치료를 받으면서 머리카락이 다 빠지고 체중까지도 추가로 5kg이 더 빠지면서 수술 전보다 20kg이나 줄다 보니 뼈 이외에는 살이라곤 어디에도 보이질 않았다. 이대로라면 건강을 회복할 수 있을까 하는 궁금증이 들 정도였으니 어찌하면 좋을까 싶었다. 이런 결과가 나타날 줄 알았다면 차라리 박사 논문을 쓰지 말고 건강에 더 집중할 걸 하면서 때늦은 후회도 했다.

다행스럽게도 박사 논문이 최종 통과되어 학위를 받게 된 것이 그나마 새옹지마가 아니었나 싶다. 간암 수술을 받고 입원 중일 때 몰래 박사학위 수여식에 참석하여 가족들과 함께 사진을 찍었던 일은 두고두고 기억에 남을 것이다.

그 당시 첫째 아들은 미국으로 유학을 가서 석사과정을 마친 뒤 LA 법인에서 법인장으로 근무를 하고 있었고, 둘째 아들은 국내에서 석사과정으로 대학원에 다니고 있었기에 회사를 맡길 수 있는 형편이 못 되었다.

아내는 회사 부사장이었지만 대표인 남편을 보살펴야 하는 관계로 회사에는 전념할 수가 없었다. 가족이었다면 회사를 그 지경까지 가도록 놓아두지 않았을 것으로 생각하니 아쉬움으로 남기도 했다.

건강을 어느 정도 찾기까지의 4~5년간 가장 큰 역할을 한 것은 가족의 힘이었다는 것은 두말할 나위도 없다.

고통이 심할 때는 가족까지도 고통을 겪는 것을 더 볼 수가 없어서 자연으로 들어가 암 환자들과 서로 위로하면서 함께 요양하는 것이 좋겠다 싶어서 가족들과 상의를 하기도 했지만, 가족들은 오히려 그곳에 가면 역효과를 볼 수 있다고 하면서 요양원보다 더욱더 관심을 쏟겠다며 극구 만류하는 바람에 포기했다.

특히 아내는 매일 식단을 바꿔 가면서 지극정성으로 식이요법을 단행한 것도 간호대학 출신으로서 환자를 간호해 온 천사와 같은 마음이 있었기에 오늘의 건강한 나를 만들어 낸 것이다.

첫째 아들은 미국에서 수시로 안부를 물어 오면서 희망의 메시지를 전달했으며, 둘째 아들은 통증을 호소하는 아빠의 전문 마사지사가 되어 마사지를 통해 통증을 해소해 주기도 했다.

지금 생각해 보면 가족의 바른 판단과 각자의 노력에 감사할 따름이다.

가족의 사랑이 오늘의 나를 만들었다

***

가족은 또 하나의 친구이자 이 세상에 없어서는 안 되는 존재이다. 가족의 사랑이 없었다면 오늘의 나는 어디에 서 있을까 싶다.

가족이 사랑하는 법을 배우도록 부모가 자식들의 든든한 후원자가 되어야 한다. 그래서 부모는 아이들에겐 구도자가 되는 것이다.

늘 가족의 사랑은 아빠나 엄마가 어떻게 하느냐에 따라 농도가 있다고 본다.

보이지는 않지만 늘 가슴속에 자리 잡고 있던 가족의 사랑이 오늘의 나를 만들어 놓았을 때를 생각할 때면 늘 잡어함경에 나오는 구절이 떠오르곤 한다.

잡아함경에 나오는 부처님 말씀으로 전생을 알고자 한다면 금생에 받는 과果를 보고, 내생을 알고자 한다면 금생에 짓는 업業을 보면 알 수 있다는 뜻이다.

욕지전생사 금생수자시 欲知前生事 今生受者是

욕지래생사 금생작자시 欲知來生事 今生作者是

누구든지 나는 어디서 왔고
어디로 갈 것인가 생각해 본 적이 있을 것입니다.

전생에 나는 어떠했고
미래의 나를 궁금해하기도 합니다.

과거는 현재의 모습을 보면 알 수 있고
미래 또한 현재의 내가 어떻게
인생을 그리느냐에 따라 정해지므로

지금의 현재의 나
지나간 과거의 나
다가올 미래의 나

세 개의 세상은 하나의 연결고리로
이어져 있기에 내가 발 딛고 서 있는
지금 이 순간 현재에 충실해야겠습니다.

가족의 사랑도 마찬가지라고 생각한다. 가족의 사랑도 과업에 따
라 많이 받거나 못 받는 것이 아닌가 싶다.
나는 태어날 때부터 막내아들이라는, 운명적으로 많은 사랑을 타고
났다.
아홉 자녀를 키우느라 늘 가난했던 어머니, 그래서인지 어려서부

터 고생을 감내하고, '인심 좋은 밤실댁'으로 불리면서 자신보다 힘겨운 처지인 사람을 먼저 돌아보는 어머니의 배려와 나눔의 자세를 배웠다. 그리하여 지금까지 살아오면서 사랑하고 봉사하는 일이라면 적극적으로 나서게 되는 것은 아닐까 한다. 또한 배움을 통해 지식을 얻거나 경험을 통해서 지혜를 얻을 수 있듯이 예순의 나이를 넘어서도 만학의 나이에 박사학위까지 받는 등 지금도 배우기를 게을리하지 않는다.

필자가 태어난 해에 온 가족이 이사했고 이후로 필자의 집은 늘 가난했다.

아홉 자녀를 출산했을 뿐 아니라 그 많았던 전답을 관리하느라 아프지 않은 곳이 없었던 우리 어머니였지만 이사 후에는 다 합쳐야 다섯 마지기의 전답이 고작이었다. 할아버지가 그 많던 36마지기의 전답 중에 고작 다섯 마지기만 주신 것이다. 당시에는 장남에게만 전 재산을 상속하는 것이 전례처럼 되어 있었기 때문에 달리 묘책이 없었던 모양이다.

그렇게 힘들게 어린 시절을 보냈기 때문일까.

필자는 그러한 어려움 속에서도 실의에 빠진 적이 없었고 적극적인 자세로 도전할 수 있는 근본은 스스로 체득한 것이 아닌가 싶다. 그렇지 않았더라면 아마도 시골에 머물며 농사꾼으로서 농사를 지었을 것이다. 모든 것이 억지에서 출발했다고 하는 편이 어찌 보면 나를 표현하는 데는 더 적절할 수도 있다.

특히 어머니의 특별한 사랑은 더욱 그렇다. 9남매 중 어머니의 얼굴과 성격을 가장 많이 닮았다 해서 사랑을 더욱 많이 받은 것도 부인할 수 없다.

잠자리에 들게 되면 어머니를 중간에 두고서 막내 여동생과 어머니의 젖가슴을 차지하고자 전쟁이 자주 벌어지곤 했다. 동생은 앙증맞게도 한 걸음도 후퇴하는 기미를 찾을 수 없었다.

그렇게 밤마다 혈전이 일어날 때면 어머니는 "엄마 젖가슴이 마르고 비틀어진대도 그렇게도 좋으냐."면서 머리를 쓰다듬어 주실 때 제대로 어머님의 사랑을 배운 게 아닌가 싶다.

성장하면서 나에겐 공부도 늘 우등생이라는 꼬리표를 달고 다녔지만 남다른 리더십을 가지고 있었든지 늘 반장뿐만 아니라 전교 어린이회장까지 맡았으니 가족의 사랑은 남달랐다.

옛날에는 '뉘 집 아이가 공부를 참 잘 한다더라, 뉘 집 아이가 어린이회장이라 하더라.'라는 소문이 돌면 늘 어머나 가족들 모두가 좋아했고 그것이 나에겐 가족의 사랑으로 큰 용기를 주었기에 늘 앞장서서 남보다도 더 잘하고 싶었고 불가능을 가능한 일로 만드는 데 큰 원동력이 된 것도 사실이다. 때로는 신기하기도 했고 재미도 있었다. 그리고 그것은 자기계발에 큰 도움이 되었다. 그렇게 도전하게 된 것이 당시 일류라고 말하는 고등학교와 대학교를 졸업할 수 있었다.

결혼한 이후에는 역시 가족의 사랑이 계속 내 인생의 성공에 크게 작용을 했다. 그것이 아우라가 되어 자식들이 대학원을 들어가서 석사학위를 받게 되는 자극제가 되었다고 본다.

내 인생에 있어서 크게 네 가지가 이루어지는 데에는 절대적인 가족의 사랑이 없었다면 더더욱 어려웠을 것이다.

첫 번째가 무자본으로 재창업에 성공한 것이다.

35세에 첫 번째 사업이 부도를 맞고서 백수가 된 이후 재취업을 거쳐 10여 년 만인 47세에 사업설명회를 통해 자금을 마련하여 주식회사 씨에이팜을 창업하는 데 성공했다. 튼 살로 인해 아이 낳기를 두려워하는데 착안하여 임산부의 전문 튼살크림 개발에 성공했고 국내 대표브랜드이자 1위 브랜드로 만들었다. 그리고 그간의 출산장려운동 공로를 인정받은 기업으로써 국무총리상, 지식경제부 장관상, 여성가족부 장관상, 보건복지부 장관상, 서울특별시장상을 받았다.

두 번째가 한국출산장려협회를 창립하여 국내 최초로 저출산 문제를 해결하기 위해 20여 년간 출산장려운동을 펼친 것이다.

첫 번째 사업에서 부도를 맞은 후 재창업을 하더라도 사회에 봉사할 수 있는 기업가로 변신하겠다는 것이었다. 그리하여 2018년 유네스코의 올해의 인물상, 2019년에는 조선일보 행복한 대한민국 만들기 대상을 출산장려공로상으로 수상했다.

세 번째가 63세에 박사학위를 취득했다.

그것도 글로벌 시장으로 수출을 하고 글로벌 대표브랜드로 키우기 위해서 무역에 대한 지식은 필수였기에 위암 수술을 받고 난 이후에 코스메슈티컬 분야의 1호 박사로서 국제통상학박사를 취득한 것이다.

네 번째가 두 번의 암 수술을 받고서도 좌절하지 않고 건강을 되찾아 다시금 경영에 복귀한 것이다.

2013년에 위암 수술을 받았고, 2016년에 간암 수술을 받았다.

위암은 5년이 지나서 완치 판정을 받았으나 간암은 완치 판정을 받기에는 아직도 2년이 남아 있다.

2018년 6월에 한국출산장려협회가 여성가족부 소관으로 서울특별시로부터 공식적으로 사단법인으로 허가를 받았다. 그간의 출산장려운동 공로를 인정받아서 많은 수상도 하였다. 앞으로 출산장려구국운동 선포식을 100인의 구국지사를 모시고 국회의원회관 대회의실에서 가질 예정이다.

필자는 올해 예순여섯이지만 출산장려운동을 위해 부지런히 독서를 하고 공부를 하고 있다. 아직은 두 번째 암 수술을 받은 지 4년 차에 들기에 아직도 건강 관리를 위해 아내가 철저한 식단 관리를 하고 있으며 두 아들이 회사경영에 참여해 준 덕분에 매일 체력 유지를 위해 맨손체조와 걷기운동을 하는 데 여유가 있다.

마음만큼은 30대라는 생각으로 살아가고 있다.

매일 아침 기도로써 하루를 시작하고 운동으로 체력을 관리한다.

그리고 가족의 사랑은 오늘의 나를 만들어 가는 데 아직도 완료형이 아니라 진행형이다.

하나님이 주신
최고의 행복, 가족

이순희

자기계발작가, 인성교육전문가, 성공학 강사, 자연치유건강학강사

현재 목회자이자 간호사로 근무하면서 치매와 호스피스, 자연치유에 대한 강의를 하고 있으며 청소년들에게는 진로코칭과 심리상담을 하고 있다. 그들에게 꿈을 현실로 만들어가는 방법을 제시하며 경험과 배움을 통해 얻은 지식을 나누어 주는 메신저로서의 삶을 살아가고 있다. 저서로는 〈오직 나만의 꿈의 명작을 그리자〉〈글로 쓰면 이루어지는 나만의 드림리스트〉가 있다.

전자우편: vs49210@hanmail.net

엄마의 닉네임은 판사와 코미디

* * *

요즈음은 본인들이 서로 만나보고 사귀다가 결혼을 하게 되지만 예전 부모님의 세대는 그렇지가 않았다.

양반끼리 혼인시켜야 한다는 조부모님의 뜻에 따라 칠 남매의 셋째로 태어났던 아버지는 육 남매의 막내딸로 태어나서 귀엽게만 자라왔던 엄마와 얼굴도 보지 못한 채 결혼을 하게 된 것이다.

아버지는 전주이씨의 뼈대 있는 집안에서 자라셨기에 농사일은 하실 줄 몰랐고 대신 머슴을 부리며 사셨지만 워낙 심성이 바른 분이어서 밖에서는 싫은 소리 하나 못하셨지만 유독 집에서만 엄마에게 큰소리를 치는 내성적이고 소극적인 성격을 지닌 분이었다.

엄마 역시 이에 뒤질세라 안동김씨의 세도가에서 자랐거니와 외삼촌들이 하나같이 훤칠하고 공부 또한 잘해서 전매청과 여타 공직에 계셔서 읍내에 사셨다. 막내였던 엄마는 당연히 오빠들의 사랑을 듬뿍 받으며 곱게 자랐고 집안일을 돕는 사람들이 세숫물조차 떠다 주었다고 한다.

당시는 여자가 공부해서 아무 소용이 없다고 하여 공부를 하지 못해서 그렇지 제대로 교육을 받았더라면 정말 큰일을 해내실 분이셨다. 남들 말마따나 엄마는 남자로 태어나셨어야 했다.

엄마는 사리 분별이 뚜렷하였고 항상 남을 배려하며 사신 분이었다. 인정 또한 많으셔서 당시 못 먹고 배고픈 시절, 많은 이웃 사람들과 더불어 나누는 삶을 사셨다. 대범한 성격 탓에 추진력도 남달랐고 지혜도 뛰어나신 분이셨다.

그러나 마냥 행복하기만 해야 할 엄마의 결혼생활은 그리 평탄치가 않았다. 가정에 화마가 들이닥친 것이다.

엄마는 내 위로 줄줄이 있던 오빠들을 홍역과 화상으로 잃고 나서 건강은 물론 정신적으로 황폐해져 가고 있었다. 오빠들의 죽음은 막연한 슬픔이 아니라 온 가정을 송두리째 뒤흔들어 놓았다.

아버지 역시 너무 마음이 아프고 혼란스러웠겠지만 하는 일이 조금이라도 힘들면 엄마에게 짜증을 부리고 어린 내가 보더라도 너무 심할 정도로 엄마를 괴롭혔다. 아무리 아들만을 최고로 여겼던 세대라서 그러려니 하더라도 어린 나이의 나에게는 너무너무 상처가 되었고 아버지를 미워하게 되었다.

당시 내 위로 열다섯 살 차이가 났던 언니가 하나 있었다. 그런데도 부모님은 아들이 다 죽고 딸들만 있으니 "양자를 들이자."는 이야기를 하셨고 가끔 "작은 엄마를 얻어 아들을 낳아야 하겠다."라고 말씀을 하실 때마다 나는 교회로 달려갔다.

"하나님! 우리 집에 남동생 좀 주세요."

나는 고사리 같은 손을 모으고 울면서 기도했다. 어찌했든 하나님께서는 그 기도에 응답하신 덕으로 당시로써는 적지 않은 나이인 45

세의 엄마에게 아주 귀여운 남자 동생을 선물로 주셨다.

이제 우리 가정은 다시 모두 교회에 나가게 되었고 곧 행복이 찾아왔다. 웃음을 잃었던 아버지나 엄마의 얼굴에도 웃음꽃이 활짝 피게 되었다. 한없이 암울하기만 하던 우리 집은 하루아침에 온 세상이 바뀐 것처럼 화기애애하기 그지없었다.

그동안 위가 좋지 않아 계속 약을 계속 드시면서 식사도 못 하셨던 엄마도 교회에 나가시게 되었고 간절한 기도로 건강이 회복되셨다.

엄마는 교회 생활을 하시면서 그동안 자신에게 숨겨 있던 코믹한 것들이 분출되었고 잠재해 있던 리더십도 하나하나 발휘하게 되었다.

아무렇게나 행동하는 청년들에게는 엄격하게 하셨지만 어린이들로부터 어른들에게까지 얼마나 사랑으로 보듬어주시는지 모든 사람이 엄마를 좋아하며 따르게 되었다. 그리고 엄마는 교회에서 행사할 때마다 주인공이 되어서 모든 사람을 배꼽 잡고 웃게 만드셨다.

내가 망가지면 다른 사람들이 그 모습을 보고 좋아하게 되지만, 나는 엄마가 가끔 꼽추 춤을 보여 주실 때면 그것이 너무나 창피하게 느껴졌다. 어찌 되었든 엄마는 언제나 어디를 가시든지 분위기 메이커가 되셨고, 교회에서나 동네 이웃 사람들, 혹은 친척들에게도 항상 사랑과 존경을 한 몸에 받으셨다. 한마디로 요즘 시세 말로 인기 짱이셨던 것이다.

엄마는 '목에 칼이 들어온다 해도 할 소리는 해야 한다.'는 식으로 정의에 불타고 불의를 못 보는 판사 같은 사람이셨다. 그리하여 '엄마의 닉네임은 판사와 코미디'이셨다.

변덕을 부리거나, 손해나 이익을 따라 왔다 갔다 하지 않고, 항상 있어야 할 자리에서 꼭 해야 할 말씀만 하면서, 말을 아끼고 욕 한마디 입에 담지 않으시며 평생을 사시던 분이셨다.

남의 흉은 절대 보지 않고 혹시라도 그런 자리가 있다면 함께 앉지도 않는 그런 엄마가 천국에 가신 지 어언 25년이 넘었지만 마치 어제인 양 한없이 그리워진다. 항상 내 곁에 계신 것 같고, 꿈을 꾸며 기쁘게 살아가는 것 또한 엄마가 나에게 유산으로 남겨주신 엄청난 에너지라고 할 것이다. 나도 엄마처럼 모든 사람에게 존경받는 사람으로, 그렇게 살고 싶다.

많은 사람이 내 웃음을 "백만 불짜리에서 천만 불로 모나리자의 미소보다 더 아름답다."고들 말한다. 그런 말을 듣게 되는 것은 내가 항상 웃기 때문이리라.

엄마는 천국에 가시기 전에 기도로 준비를 많이 하셨다. 아들이 하나라고 장례 걱정을 하시면서 "날씨가 추우면 문상객이 너무 고생한다."라고 기도를 하셨을 정도다.

12월 24일 크리스마스 전날, 음력으로는 동지섣달 가장 추울 때이지만 그날은 마치 봄날처럼 따뜻하여 땀을 흘리면서 장례를 모셨다.

많은 사람이 고통을 겪으면서 아픔 가운데 죽음을 맞이하고 있지만 엄마는 활짝 웃는 모습으로 천사 같은 얼굴로 천국을 가셨다. 예수님께로 가는 것이 너무 기뻐서 그런가 하는 생각이 든다.

나는 남매 중에 엄마의 외모를 제일 많이 닮았고 성격 역시 엄마와 똑 닮았기에 엄마의 사랑을 가장 많이 받으면서 자랐는지도 모른다.

나는 일찍부터 학교생활과 직장생활로 부모님과 같이 있는 시간이 많지가 않다 보니 부모님을 도와드릴 시간조차 별로 없었다.

더구나 아버지가 하나님의 부르심을 받으실 때조차 외국에서 근무하고 있던 터여서 마지막 모습을 보지 못했다. 내가 너무 놀랄까 봐 가족들이 연락하지 않았다.

귀국하고 나서 그제야 알게 되었고 너무나 마음이 찢어지는 것 같아 오랫동안 많이 힘이 들었었다. 효도도 해드리지 못했는데……. 그리고 아버지를 용서하지도 않고 살아왔는데…….

언제 헤어질지 모르는 삶! 용서부터 하고 살아야 하는데……. 이제 와서 후회를 해봐도 소용없는 일이다. 오랜 세월이 흘렀지만 지금까지도 정말 마음이 아프다!

엄마가 돌아가시기 전 서울로 오시게 하여 잠시 같이 생활했던 적이 있었다.

나는 엄마를 모시고 미장원에 가서 쪽을 지는 머리를 파마해드렸고 예쁜 옷을 많이 사드렸다. 엄마가 가신 후 그 옷들을 볼 때마다 얼마나 더 엄마가 그리워지는지 가슴에 사무치기만 하다.

엄마는 보리밥에 된장찌개를 너무 좋아하셔서 쉬는 날 함께 식사할 때는 너무 행복했다. 그리하여 나는 가끔 지금도 보리밥집을 찾는데 그때 그 맛을 느낄 수가 없다.

우리 엄마는 12월에 천국에 가셨고 얼마 후 나와 나이가 같은 여자 목사님을 알게 되었는데 그분도 1월에 어머니가 천국으로 가셨다고 한다. 따라서 우리는 같이 예배를 드리고는 했는데 그해 5월, 주일 찬양을 드리는데 엄마 생각이 얼마나 나는지 마냥 흐느껴 울었다. 처음에는 작은 소리였지만 참을 수 없는 흐느낌으로 두 사람은 서로 자리를 옮길 수밖에 없었다.

"어머니의 넓은 사랑 귀하고도 귀하다. 그 사랑이 언제든지 나를 감싸줍니다. 내가 울 때 어머니는 주께 기도드리고 내가 기뻐 웃을 때는 찬송 부르십니다."

이 찬양은 부를 때마다 엄마를 생각나게 만든다.

"엄마! 저 자랑할 게 있어요. 천국에서 다 보고 계시죠? 목사 될 때도 기쁘셨을 텐데, 작가가 되었어요. 누가 그래요. 늦복이 터졌다고……. 이 모든 것이 다 하나님의 은혜요! 엄마의 기도 덕분이에요. 엄마, 사랑해요. 오늘은 눈물이 나도록 더 보고 싶네요."

어린 왕자와 작은 아씨들의 이야기

***

마냥 행복해야 했던 어린 시절은 매우 우울하였다.

나는 나이에 맞지 않게 어른처럼 행동했다. 마치 소녀 가장처럼 동생들의 앞날을 걱정하고 있었다. 위가 좋지 않고 건강하지 못했던 엄마를 대신하여 언니는 결혼하기 전 가정 살림을 해야만 했다. 나보다 15살이 많은 언니와의 기억은 별로 많지가 않다.

지금은 명절에 떡을 사다 먹는 사람이 많았지만 그전에는 그렇지가 않고 집에서 만들어 먹었다.

추석 때의 일이다. 송편을 만들기 위해서 떡 반죽을 아주 많이 해놓아서 계속 만들어도 끝이 안 날 정도였다.

엄마는 이일 저 일을 하기 위해서 나왔다 들어갔다 하시면서 만드니까 별로 도움이 안 되었고 어린 나와 동생은 도와주지도 못하고 모두 언니의 몫이었다. 온종일 앉아서 송편을 만들려면 얼마나 힘이 들었을까? 착한 언니가 너무 화를 냈던 생각이 지금도 난다.

항상 그렇듯 설날에 먹는 떡국은 너무 맛이 좋다. 동치미에 있는 고추를 짓이겨서 만든 매콤한 만두를 정말 맛있게 먹었던 기억이 새롭다. 그리고 방앗간에서 갓 빼 온, 김이 모락모락 나는 가래떡을 조청에 찍어 아주 맛있게 먹었다.

나중에 들어서 알았지만 우리 집에서 제일 먼저 교회를 나간 사람은 언니였다고 한다. 부모님께서 교회를 못 다니게 하셔서 그 후로 나가지 못했었다. 결혼 후에는 시어머님이 절에 다니시니까 교회 다닐 생각은 하지 못했고 시어머님이 돌아가신 후 엄마와 나의 전도를 통해서 교회를 나가게 되었다.

뒤늦게 믿었지만 형부와 자녀들도 전도하고 권사님으로 계시다가 천국을 가셨다. 엄마가 천국에 가신 후 엄마를 대신하여 동생들을 챙겨주시던 언니 역시 천국에 가신 지 3년이 되었다. 고향에 가면 반갑게 맞아주시던 언니의 얼굴이 지금도 아련하게 떠오른다.

지금 생각하면 내가 교회를 나간 것은 너무나도 감사한 일이다. 8살부터 나가기 시작했는데 교회를 다니지 못하게 했던 엄마가 오히려 언니를 전도한 것이다.

어릴 때 엄마의 기억은 아팠던 것밖에 생각이 안 날 정도였는데 교회를 다니고 기도하면서 건강이 좋아지셨다. 그리고 생각지도 못했는데 45세에 엄마는 남동생을 낳게 되어 딸만 있던 우리 집은 매일 잔칫집같이 되었다.

남편의 뒤를 이어 목사가 되어 현재 의정부에서 교회를 담임하고 있는 여동생은 남동생을 보았다고 부모님이 매우 귀여워해 주셨다.

엄마는 남동생을 너무 귀엽게만 키우면 버릇이 없다고 무서운 척하며 가끔 야단을 치시곤 하셨다.

나는 남동생이 너무 예뻐 마음껏 사랑을 쏟아 부어주었다. 10살 차이가 났지만 용돈을 아껴가면서 기타도 사주고 자전거도 사주고 정말 나의 딸에게 해주었던 것보다 더 잘해주었지 않았나 싶을 정도였다.

나는 남동생에게 1980년대 당시 여성들이나 들어가는 의상학과에 들어가도록 안내를 해주었다. 이유는 남과 똑같이 하면 남보다 더 낫게 될 수 없다는 생각이 들었기 때문이었다.

그리고 남동생은 대학 졸업 후 유명한 000 부티크에서 열심히 일했다. 그러나 아무리 일해도 월급 받는 것은 적고 힘이 드니까 '내 사업을 해야 하겠다.'라며 미용을 배워 미장원을 운영했었다. 디자인을 계속 공부했으면 유명한 디자이너가 되어 있을 텐데 좀 아쉽다.

부모님과 누나들의 귀여움을 받고 자라면서 많이 걱정스러웠던 동생이었지만 결혼 후 얼마나 생활력이 강한지 해표 식용유 대리점을 하다가 건어물 가게를 해서 많은 돈을 벌었다.

지금은 고향에서 마트를 크게 운영하며 경제적으로 여유가 있고 취미로 테니스를 치면서 아주 건강하게 살고 있다.

엄마가 그렇게도 예뻐했던 조카는 이제 성장해서 좋은 직장에 잘 다니고 있고, 필리핀에서 유학을 마친 조카딸은 전공과는 관계없이 앞으로 커피숍을 하겠다고 열심히 배우고 있다.

머지않아 결혼을 하게 될 조카들이 행복한 믿음의 가정을 꾸밀 수 있도록 끊임없이 기도하고 있다.

많은 오빠가 어릴 때 화상과 홍역 등으로 다 죽고 언니와 여동생, 그리고 남동생, 이렇게 4남매가 같이 성장했지만 가장 많은 시간을 함께했던 여동생과 지금도 협력으로 목회를 하고 있다.

나는 지방에서 간호대학을 졸업한 후 서울에 올라와서 시립병원에 근무할 때는 밤번을 하며 양장점을 경영했었다. 여동생은 디자이너로 일하게 하고 재봉사와 시다를 두었다. 역촌동 쪽이었는데 낮에는 동대문에 가서 원단을 사고 손님을 모셔가고 하면서 바쁜 생활을 했지만 힘들다는 생각을 해본 적이 없었다.

요즘처럼 옷을 사 입는 것이 아니고 그때는 다 맞추어 입을 때이므로 양장점은 그런대로 잘되었다.

돈에 욕심이 아니고 일에 욕심이 많아 몇 가지 일을 하면서도 나는 하루하루가 너무 재미있었다.

나이가 든 지금도 옷에 관심이 많아 백화점이나 옷 가게에서 예쁜 옷들을 구경하며 시간 보내는 것이 재미있고 멋진 옷들을 잘 사들이곤 한다. 평범한 옷보다는 디자인이 멋있고 컬러도 좀 특이한 것들을 좋아한다. 아주 비싼 옷이 아니라도 예쁘게 옷을 입으면 남에게도 예쁘게 보이겠지만 우선 내 기분이 좋아져서 온종일 일이 잘되고 자신감이 넘치게 된다.

누구 앞에서나 당당하게 설 수 있도록 끊임없이 공부하며 옷에도 신경을 써서 많은 사람에게 좋은 사람으로 기억될 수 있도록 노력을 하고 있다.

나는 지금 아주 건강한 몸으로 여러 가지 일을 하며 시간을 보내고 있다. 20대, 간호대학을 다닐 때는 추운 날씨에도 불구하고 육군병원에 아침 일찍 실습을 다녀오고는 했다. 그런데 날씨가 너무 추워서 그런지 어린 나이에 구안와사가 오고 말았다.

　며칠 전에 강의를 들었거니와 입이 비뚤어지면 휘파람도 불지 못한다고 했다. 당연히 휘파람도 불 수 없었고 밥도 먹으면 흘려지고는 했다. 얼마나 걱정스러운지 울음밖에 안 나왔다. 그래도 한동네에 사는 사람이 뜸을 떠주어 다행히 입이 정상으로 돌아왔다. 그때 일을 생각하면 정말 끔찍하다.

　요즈음 요양병원에 근무하면서 많은 사람이 건강을 잃은 모습을 보면서 새삼 건강의 중요성을 깨닫고 있다. 그리하여 더욱 건강관리를 열심히 하고 있다.

　그리고 하나님은 나에게 특별한 건강을 주셨다. 40대 중반보다도 더 건강하니 감사를 드릴 수밖에 없다. 이틀을 밤번 해도 힘이 드는데 사흘 연속 밤번을 하고 있다.

　미국 여행 후 모든 사람이 시차 때문에 힘이 든다고 했지만 나는 귀국 후 오자마자 씻고 곧바로 나가서 모임에 참석했다.

　엄마나 언니도 천국에 가시고 이제 내가 동생들을 챙겨야 하거니와 셋 중에 내가 제일 건강한 편이다. 가끔 건강관리를 잘하도록 이야기는 해주고 있지만 걱정스러워 하나님께 기도하고 있다.

"주 너를 지키리, 아무 때나 어디서나 주 너를 지키리, 늘 지켜주시리."

상처와 이별 연습하기

***

사람이 태어나서 첫 만남은 바로 '엄마와의 만남'이다. 최초의 만남이 일생을 살아가는 동안 다른 사람들과 큰 영향을 끼치게 된다.

나는 부모님의 사랑을 많이 받고 많은 형제 속에서 자라왔기 때문에 별 이상 없이 대인 관계가 대체로 원만하게 생활하고 있는 것에 감사하고 있다. 또한 어릴 때 공부를 잘해서 선생님께 칭찬받고 교회에서도 목사님은 물론 그 누구에게나 인정받고 자란 덕으로 자존감이 아주 높다.

엄마의 성품은 인자하기도 했지만 때로는 엄격했고 배워야 할 점이 많았다. 하지만 아버지에 대한 기억은 대체로 좋지 않았다.

엄마에게 너무 자주 화를 냈고 이는 어릴 때의 나에게 많은 상처가 되었다. 그러나 교회를 나가면서 하나님의 사랑을 통해서 치료받게 되었고 성격도 긍정적이고 적극적으로 많이 바뀌게 되었다.

"어릴 때 좋은 경험을 많이 한 사람은 자아개념이 건강하다."라고 심리학자들은 말한다.

가장 많은 시간을 함께 보내는 사람들로부터 칭찬과 인정을 받고 자란 사람들은 자존감이 높고 표정이 밝으며, 긍정적, 적극적인 성격으로 항상 자신감에 차 있다. 반면에 표정이 어둡고 우울하며 매사에 소극적이며 부정적인 태도가 많은 사람은 자라온 환경에 불평과 원망이 많은 것을 보게 된다.

내 어릴 때의 이야기를 해준 사촌 언니는 내가 언어장애인인 줄로 걱정을 했다고 한다.

지금은 말을 잘한다는 말을 듣고 있지만 어릴 때 3살이 넘도록 말을 하지 않고, 먹으면 자고 놀고 했다고 하면서, 너무 순해서 이름도 "순희"라고 지었다고 한다. 한자로 "희"를 초등학교 때는 "밝을 희"로 썼는데 어느 사이에 면사무소 실수로 "계집 희"로 바뀌었다.

나는 "순한 계집애"라는 이름이 촌스러워 아주 싫었지만 지금까지 그대로 쓰고 있다. 요즘은 동명이인 작가가 있어서 "목사 작가"로 불리고 있다.

성장하는 아이에게는 아름다운 추억이 될 수 있도록 환경을 만들어주며 좋은 경험의 기억을 할 수 있도록 해주는 것이 바람직하다.

상담공부를 하고 강의를 계속해온 나지만 생활에서는 실천하지 못해 매우 안타깝기만 하다.

어려서부터 대화하는 게 훈련이 안 되어 있고 어릴 때 받았던 상처들로 인해서 마음이 닫혀 있는 사람은 큰 노력과 시간이 필요하다. 결혼하기 전에 좋은 관계를 갖는 것이 인생을 잘 살아가는 데 큰 도움이 될 것이다.

우리 딸인 은혜는 엄마가 직장에 다녀 함께 놀아주지 못하는 것이 얼마나 마음에 사무쳤는지 어쩌다가 집에 있는 날이면 "우리 엄마 집에 있다."라고 사람들에게 자랑하며, 집에 없을 때는 내 옷을 만지면서 엄마를 보고 싶어 울먹거렸다는 이야기를 했었다. 그 생각을 하면 지금도 가슴이 미어지는 것 같다.

"엄마! 우리 슈퍼 하면 안 돼? 맛있는 과자도 마음대로 먹고 엄마랑 항상 같이 있을 수 있잖아?"

그러나 딸과는 어릴 때도 함께 놀아주지 못했지만 지금도 마찬가지로 같이 있을 시간이 별로 없다. 성장 과정의 고민에도 불구하고 관심을 두지 못했던 것을 지금에야 그 마음을 이해하려 하고, 상처받았던 것을 헤아려 풀어가려 생각하지만 잘되지 않는 것이 현실의 모습이다.

융통성 없이 거의 일방적으로 딸의 처지를 이해하기보다는 내 입장에서만 생각하고 말했던 것이 잘못이었다는 것을 늦게야 깨닫고 함께 해결해보려 했지만 한계를 느낄 뿐이다.

불만과 열등감, 죄책감으로 인한 불안한 마음을 표현할 기회를 주었더라면, 또 귀를 열고 들어주었더라면 큰 상처가 없었을 텐데……. 많은 후회를 한다.

그러나 이미 엎질러진 물을 다시 담을 수 없는 노릇이다. 늦었다 생각이 든 지금이라도 해결방법을 모색해본다면 서로 이해하고 배려하며 서로를 불쌍히 여기고 용서를 하며 용서를 받고 해야 할 것이다.

인간의 힘으로 해결이 안 되는 부분은 하나님께 기도해야 한다는 생각을 한다. 기도를 통해 마음에 위로가 되며 평안해지는 것을 경험

할 수 있게 될 것이다.

"내가 하지 못하는 부분을 하나님께서 해주시고 은혜에게도 위로와 평안과 기쁨이 넘치게 하셔서 옛 신앙이 회복되게 하소서! 아픈 상처를 싸매주시고 '오늘은 참 좋은 날이었다.'라고 하며 어릴 때의 일기를 지금도 쓸 수 있도록 도와주세요."

"은혜야! 정말 사랑한다! 은혜의 넓은 마음으로 엄마를 용서해 줄 수 있겠지? 이름 그대로 은혜가 넘쳤으면 한다."

이 지면을 통해 전한다.

"고기가 물을 떠나 살 수 없듯이 사람이 하나님의 은혜를 떠나서는 어렵고 힘든 세상을 절대로 살아갈 수 없다. 놀라우신 하나님의 사랑과 은혜로 항상 기쁘고 행복하게 살아가자!"

우리는 모두 부모로부터 상처를 받고 있으므로 어려움이 많이 있다. 그런데도 희망을 품을 수 있는 것은 하나님께 기도할 수 있는 특권이 있는 것이다.

70평생을 40대에서 50대의 일은 기억이 안 날 정도로 내 하는 일에 몰두하여 열심히 뛰었다. 그러나 자녀의 미래를 준비시켜야 할 것을 너무나 소홀히 하고 무관심하여 현재 아픔을 겪고 있다. 정말 돌이킬 수 없는 후회와 아쉬움과 함께 나를 슬픔에 잠기게 한다. 이제라도 똑같은 실수를 반복하지 않아야 할 텐데…….

나는 내 미래를 위해 계속 준비를 하며 끊임없이 도전하는데 많은 시간을 보내고 있으니 은혜에게는 늘 미안한 생각이 있다. 여유로운 시간을 함께 보내며 대화도 나누고 해야 하는데…….

지금은 더 바빠 항상 24시간이 모자를 정도로 밤낮으로 활동하고 있으니……. 누구도 못 말리는, 누구도 따라 하지 못하는 이 열정을 어찌하랴. 내가 하지 못하는 부분을 하나님께서 해달라고 간절히 부탁드리는 방법 외에는 할 것이 없다.

"주님! 은혜를 책임져 주소서! 은혜의 마음을 위로하시고 함께 하소서!"

오늘날 그리스도인들의 가정뿐만 아니라 모든 가정이 천국이 되게 하기 위해서는 하나님의 말씀으로 생명의 삶을 살아야 할 것이다.

하나님께서 하나님의 형상을 닮은 자녀를 선물로 주셨으므로 자녀를 소중히 다루어야 한다. 하나님 사랑의 실현이 가정으로부터 시작된다. 또한 인간의 모든 고난의 문제와 행복도 가정에 있다. 가정에서부터 하나님과의 관계가 회복되어야 진정한 사랑의 교류가 이루어지게 된다.

인간이 아무리 노력하고 모든 문명과 과학의 능력을 갖추고 모든 것을 누린다 해도 하나님을 떠나서는 행복해질 수가 없는 존재임을 알아야 한다. 인간이 행복해지는 길은 하나님께로 돌아가는 것이다. 사랑을 받으며 자란 아이는 자신의 소중함을 알기 때문에 자신을 귀하게 생각한다. 따라서 자녀를 대하는 태도와 행동 말투 등에 조심하여 무시하지 않고 존중하는 본을 보인다면 성숙한 인격으로 변화되고 멋있게 자랄 것이다.

사람들을 행복하게 해줄 수 있는 중심은 바로 가정이다. 가정이 바로 서지 못하면 개인도, 사회도, 나라도 행복할 수 없다.

나의 자랑, 나의 보배, 나의 은혜

✳✳✳

나는 대체로 건강한 몸이라 병원에 간 적이 없었지만, 임신 중에 병원에 입원한 일이 있었다. 병명이 신우신염이라 항생제를 써서 치료했다.

건강은 회복됐지만 임신 중에 항생제를 쓰면 기형아가 태어날 수도 있다 하여 의사들이 유산을 권유했었다. 하지만 나는 기도하면서 그냥 출산하게 되었다. 그런데 아기를 낳았다는 전화를 받은 후배가 말했다.

"언니, 아기 괜찮아? 빨리 손발 전체를 살펴봐!"

그러나 아무 데도 이상이 없었다. 정상적으로 태어나게 해주신 하나님께 감사를 드렸다. '고슴도치도 제 새끼는 예쁘다.'라는 말을 들은 적이 있다. 나 역시도 어릴 때의 은혜는 너무 귀여웠다.

그러나 은혜를 키워주었던 도우미를 경제적인 어려움으로 내보낼 수밖에 없었고 어린 아기를 두고 다닐 수 없어 많은 시간을 데리고 다녔다. 이곳저곳을 따라 다니려 하다 보니 어린아이가 아주 힘들었었나 보다. 지금에 와서 가끔 '그때 너무 힘들었다.'라고 불만을 터트리곤 한다.

신학교 시절, 여름방학 때 경포대로 전도 여행을 나간 적이 있었다. 뜨거운 날씨에 집집마다 찾아다니며 전도를 했다. "은혜야, 힘들지?" 라고 묻는 전도사님의 말에 "아니요, 어려워요!"라고 대답했던 깜찍한 은혜의 안부를 지금도 물으며 궁금해 하는 목회자 친구들이 많이 있다.

미국에서 오랫동안 교수로 있다가 지금은 한국에 와서 대학교수로 계신 목사님은 은혜의 어릴 때 귀여웠던 모습을 기억하면서 "나이가 비슷하면 며느리로 삼으면 좋을 텐데……."라며 아쉬워한다. 그분의 아들은 지금 미국에서 치과의사가 되기 위해 준비하고 있다고 했다.

커플 매니저로 일하고 있기에 믿음만 가진다면 좋은 사윗감이 많이 있지만, 아직 결혼하지 않고 독신으로 지내는 딸을 바라보는 엄마의 마음은 편하지가 않다.

은혜의 어릴 때 일기장을 지금도 생생하게 기억하고 있다. 항상 끝부분에서는 꼭 "오늘은 참으로 즐거운 날이었다."라고 썼다.

여의도 순복음교회 아동부 임원반에서 예쁘게 신앙생활을 했었는데 지금은 그렇지 못해 옛 신앙을 회복시켜달라고 항상 눈물의 기도를 드리고 있다.

은혜가 4살 때의 일로 기억된다.

피아노학원을 지나가는데 "나도 피아노 가르쳐달라."며 마구 떼를 쓰는 딸의 손에 이끌려 들어가 물으니 너무 어리니까 조금 더 있다가 등록하라고 했다.

그 후 피아노학원도 다녔고, 검도도 배우러 다니고, 고전무용도 오랫동안 배웠다. 그때쯤인 것 같다.

크리스마스를 앞두고 군부대에 위문공연을 갔을 때의 일이다. 내가 볼 때는 '정말 잘하는구나!'라며 대견스럽게 생각하고 "우리 은혜, 정말 잘했어!"라고 하니까 "아주 망쳐 버렸어!"라고 하며 크게 화를 냈다. 아마 열심히 연습해서 잘하려고 했는데 생각했었던 만큼 되지 않았던 것 같다.

신학교 다닐 때 전도부에 있으면서 낮에는 보건소에서 근무하고 야간에 학교에 가서 공부를 마친 후 매주 화요일에는 밤 11시에 삼각산에 올라가 밤을 지새우면서 기도했다. 올라갈 때는 아무것도 안 보이니까 오히려 무섭지 않은데 내려올 때는 환하게 잘 보이니까 내려오는 것이 더 힘들었다.

토요일은 명동에 가서 노방전도를 했다. 전에 코스모스 백화점이 있었는데 그 앞에서 했다. 끝난 후 식사비를 타가지고 명동 칼국수를 먹곤 했는데 지금도 가끔 먹고 싶은 생각이 든다.

대학로에 가서 성극을 하기도 했는데 은혜를 데리고 가면 어린애가 짜증을 내지도 않고 아무 말도 하지 않고 쫓아다니다가 집에 와서는 대사를 외우며 1인 2역 3역을 하는 것이었다.

"예수! 예수! 예수뿐이야! 직장에서나 집에서나 예수뿐이란 말이야!"

그 소리를 들으면서 '말을 하지 않으면서 그것을 머릿속에 입력했었는가?'라는 생각이 들었었다.

그런 쪽에 재능이 있는 것 같아서 O 연기학원을 보냈다. 그러니까 열심히 다니고 배우면서 아역으로도, 청소년 프로그램에도 출연하며, 콩쥐, 팥쥐에 주연으로 나간 적도 있다.

TV 탤런트가 되겠다고 공부에 소홀한 것 같아 "탤런트가 되려면 중대 연극영화과에는 들어가도록 하라."며 권했었다. 그러나 계속 도전해야 했는데 도중에 그만두게 되었고 그 후에도 가끔 조연으로 나오는 아르바이트를 하는 것을 보면 연기하는 것을 좋아하기는 한 것 같다.

어릴 때는 발도 작고 키가 안 클 것처럼 통통했었는데 중학교 때부터 부쩍 커서 키가 172cm이다.

한참 키가 작은 내 어깨에 손을 얹고는 "위 공기는 좋은데 아래 공기는 어때?" 하면서 키 작은 엄마를 웃기며 약을 올릴 때가 있다.

요즈음은 오히려 잘 먹지 않는데 어릴 때는 가리지 않고 아무것이나 잘 먹고 어른처럼 많이 먹었다. 파김치를 아주 잘 먹고 빈대떡도 매우 좋아했다. 반찬을 할 때는 항상 은혜랑 같이 만들었다.

"은혜야! 여기 소금 좀 넣어. 고춧가루를 조금만 넣어. 기름도 넣어줘." 하며 은혜를 재미있게 해주려고 했던 것이 어릴 때부터 요리 실습 시간이 되었었나 보다.

은혜는 음식 만드는 것이 재미있는지 한식 조리사 자격증을 따서 남자도 들어가기 힘든 호텔에 근무한 적이 있었다. 그러나 여자의 체력으로 받쳐주지 못하고 힘든 일을 도저히 해낼 수 없으니까 그 아까운 자리를 그만둘 수밖에 없었다.

은혜는 손맛을 잘 내서 얼마나 음식을 맛있게 만드는지 모른다.

요즈음 젊은 사람들은 요리를 잘 못 한다. 하지만 은혜는 정말 음식 만드는 솜씨가 대단하다. 결혼한 친구보다 훨씬 맛있게 하며 친구들을 가끔 초대하여 맛있는 음식을 대접하곤 한다.

매일 바쁘다는 핑계로 엄마가 딸을 챙겨주지 못하니까 이것저것을 해놓고 오히려 나를 챙겨주니 미안하기도 하고 고맙기도 하다.

친구들은 거의 결혼을 했는데 언제 결혼을 하려고 그러는지……. 빨리 결혼해서 행복한 믿음의 가정을 이루었으면 하는 엄마의 간절한 마음이다.

꿈이 없는 사람은 방자하게 행동하므로 망할 수밖에 없을 것이다.

결혼이 중요하지만, 그럭저럭 살아가는 것이 아니라 나의 사랑스러운 딸 은혜가 큰 꿈이 이루어지는 감격을 맛보고 기뻐하는 모습을 바라보는 것이 나의 소망이다.

딸을 키우면서 건전한 꿈을 키워주었다고는 말할 수 없겠지만 다양한 기회를 접할 수 있도록 소질을 계발할 수 있는 환경을 만들어주었다. 대개의 부모는 대리 만족을 위해서 자녀들의 의사와는 상관없이 자녀의 미래를 마음대로 결정하며 자신들의 소유물로 생각하고 있다. 하지만 나는 내 이기적인 욕심이나 야망을 품지는 않았다.

이 세상에 하나밖에 없는 딸은 나의 자랑, 나의 보배, 나의 은혜이다. 그렇다고 항상 기쁨을 주거나 행복하게 하는 것이 아니라 너무 마음이 아플 때도 많다. 서로 이해를 해야 하고, 넓은 마음으로 용서를 해야 하는데 제일 가까운 사람끼리 제일 많은 상처를 주고받게 된다.

밖에서 다른 사람들에게는 싹싹하고 상냥하게 인간관계를 잘하는데 왜 모녀지간에는 그렇지 않은지 모른다. 쌓여 있는 스트레스를 밖에서 풀지 못하고 집에 와서 풀게 되니까 서로 힘이 되어야 하는데 항상 바쁘고 피곤하고 지쳐 있을 때는 오히려 힘이 들게 할 때가 있다.

그러나 돌이켜보면 그럴만한 이유가 있다. 교회에서 많은 시간을 보냈기 때문에 어릴 때 사랑을 나눌 시간을 많이 갖지 못했다. 그래서 지금까지 늘 불만을 느끼고 이야기하고 있다.

몇 년 전, 은혜와 일본 여행을 함께 간 적이 있었다. 오랜만에 함께 여행하니 너무 좋았다. 맛있는 음식도 함께 먹으며 좋은 곳을 다니면서 같이 구경하니 정말 행복했다. 비싼 가방과 건강 목걸이와 팔찌도 사주는데 고마운 생각이 들었다.

앞으로 더 많은 외국 여행을 함께 하기 위해 열심히 일하며 여행할 돈을 만들고 있다. 경제적으로 시간상으로 여유가 있어 마음껏 여행을 다니며 아름다운 추억을 만들고 싶다. 분명히 이루어지리라는 꿈을 가지고 기도하고 있다.

10년 전에 미국에 갔었는데 얼마 전, 거의 같은 코스로 브랜딩책쓰기코칭협회 작가님들과 미국을 다녀왔다.

애틀랜타에서 〈부자들이 말하지 않는 부자들의 마음을 훔쳐라〉의 저자이며 금융사업을 하시며 큰 성공을 하신 곽 폴 대표님에게 최고의 대접을 받으면서 2박 3일을 보냈다.

구름 한 점 없는 파란 하늘과 미세 먼지가 없는 애틀랜타는 너무 살기 좋은 곳이라는 생각이 들었다. 나무들이 많아 공기도 좋고 날씨도 봄날과 같이 따뜻했다. 외국에 간 것 같지 않고 꼭 고향에 간 것처럼 마음도 평안한 것을 느끼게 되었다.

뉴저지와 뉴욕에서 백악관, 국회의사당, 박물관, 도서관, 자유 여신상 등을 차와 배로, 워킹으로 탐방을 했다. 나이아가라폭포의 웅장한 모습도 구경하고 헬기도 탔다.

다음에는 은혜와 같이 오고 싶다는 마음을 갖고 다녔다. 은혜는 일본, 중국, 태국 등 동남아 쪽은 수없이 많이 다녀왔다. 앞으로 유럽 쪽이나 아직 가보지 못한 세계를 은혜와 함께 다니는 것이 나의 꿈이다.

많은 사람이 자기 일을 찾아서 하며 부모님이 별로 신경을 쓰지 않아도 될 만큼 잘 자라주는 자녀가 있다. 반면에 다 커서까지 자녀들이 부모님 속을 끝까지 썩이면서 혜택을 받아가며 살아가는 사람들도 생각보다 많다. 그러나 우리 은혜는 손을 벌리지 않고 이런저런 사업을 하면서 자기 집을 장만해놓았다.

지금까지 지내오면서 호기심도 많고 여러 방면으로 재능도 많이 가지고 있다. 짧은 인생을 살아오면서 스스로 일을 헤쳐 나가면서 독립적으로 모든 일을 개척해가며 나름대로 꿈을 가지고 살아가는 것을 보면 가슴이 저리지만 뿌듯한 생각이 들기도 한다.

생명의 말씀으로 채워져 사는 사람은 항상 기쁘고 즐겁다. 매사 긍정적이고 항상 싱글벙글하고 화를 낼 일도, 남을 비판하고 정죄할 일도 없다.

은혜도 이런 삶을 살아가는 것이 엄마의 바람이다.

하나님이 주신 큰 행복, 가족

***

시편 144:15 이러한 백성은 복이 있나니 여호와를 자기 하나님으로 삼는 백성은 복이 있도다.

한국 민족은 예로부터 복을 좋아하는 민족으로 사용하는 물건 거의 모든 부분에 한자로 '福'자를 새겨놓은 것을 볼 수 있다. 지금은 아니지만 어린 시절 밥그릇 뚜껑이나 숟가락 등에 '福'자를 새겨놓은 것을 본 것이 생각난다.

이 시대가 훌륭한 지도자를 찾고 있지만, 부모들이 꿈을 갖고 미래를 준비하지 않았기에 안타까운 현실이 되어버린 것이 사실이다.

가정교육의 부재라는 말이 있다. 자녀가 많지 않고 거의 한 명이다 보니 아이들이 버릇이 없을 뿐 아니라 자기밖에 모르고, 무례한 행동을 함으로 어른들의 마음을 슬프게 하고 걱정을 끼치는 경우가 많은 것을 자주 보게 된다.

이 땅에 사는 사람 중에 하나님의 복을 받지 않은 자는 한 사람도 없다. 모든 사람이 하나님의 복을 받으면서 살아가고 있다.

"눈을 들어 산을 보니 도움 어디서 오나 천지 지은 주 여호와 나를 도와주시네."

우리는 모두 천지를 창조하신 하나님이 도와주시고 계심을 알아야 한다. 믿음이 없는 사람들은 자신들이 누리고 있는 모든 것들이 하나님이 주시는 복이라는 사실을 알지 못한다.

하나님께서 이 나라를 지켜주시고 하나님이 다스리는 나라가 되어야 한다. 아름다운 이 강산이 믿음으로 서로 사랑하며 사는 민족이 되어야 한다. 오랫동안 당한 고통에서 나라를 찾은 감격을 대대 후손까지 깨달아서 이 나라를 살리신 뜻을 세계 만민에게 전하면서 살아가야 한다.

하나님을 경외하는 것을 귀하게 여기는 사람은 하나님으로부터 존귀한 대우를 받는 축복이 따른다. 하나님은 가정을 창조하시고 복을 주시며 가정을 통하여 복을 유업으로 주시기를 원하고 계신다.

성경은 끝없는 하나님의 복에 대한 약속들을 말하여 주고 있다. 하나님을 사랑하고 순종하는 자에게 천대까지 복을 주시겠다고 약속하셨다. 우리 가정은 정말 하나님께서 택하여서 불러주시고 예수님을 믿게 하여 특별한 복을 주신 은혜를 받은 가정이다.

나는 집에서 가까운 곳에 교회가 세워지자 선배 언니의 권유로 함께 손잡고 나가기 시작했다. 어려서 아무것도 모르고 다녔지만, 나에게는 큰 행복이고 기쁨이었다.

12월 중순쯤으로 기억이 되는데 교회를 나가자마자 마치 기다리고 있었던 것처럼 크리스마스 전날 저녁에 부를 찬양과 율동을 하도록 순서에 넣어주며 연습을 하게 했다.

어린 나이의 나는 그것이 너무 재미있고 신나는 일이었다. 지금 같으면 시장에 가면 얼마든지 예쁜 옷을 살 수 있었을 텐데 그때는 돈도 귀했고 그런 것도 쉽게 사지를 못했다. 그리하여 엄마 옷을 고쳐서 입고 립스틱도 빌려서 바르고 하면서도 기분은 너무 좋았다. 지금 생각하면 웃음이 저절로 나온다.

"저들 밖에 한밤중에 양 틈에 자던 목자들 천사들이 전하여 준 주 나신 소식 들었네. 노엘! 노엘! 노엘! 노엘! 이스라엘 왕이 나셨네."

손에는 촛불을 들고 찬양에 맞추어 예쁘게 율동을 했었다.

내 생일을 음력으로 하기에 크리스마스날이 내 생일과 겹칠 때가 가끔 있었다. 지금은 눈이 오면 길이 미끄럽고 넘어질까 봐 아주 싫어한다. 하지만 어릴 때는 눈이 오는 것을 좋아했다. 눈도 많이 왔기 때문에 눈사람도 만들고 손이 다 얼도록 눈싸움도 하고 눈을 먹기도 했다.

예수님께서 탄생하신 성탄절 새벽, 새벽송이라 해서 집집마다 찬양을 하며 다니면 먹을 것을 준비해놓았다가 식혜나 떡국 등을 주셨다.

눈이 많이 와서 푹푹 빠지고 넘어져도 좋았고 심한 추위에 벌벌 떨고 다녔어도 너무 신나고 재미있었다. 지금도 그 생각을 하면 어린 시절로 돌아가 소녀가 되어 마냥 기쁘고 행복하다.

이사야 61:9 그 자손을 열방 중에, 그 후손을 만민 중에 알리리니 무릇 이를 보는 자가 그 들은 여호와께 복 받은 자손이라 인정하리라.

아버지 형제들이 많았는데 큰아버지 댁은 면에서 가장 부자로 땅도 많고 대청도 넓은 큰 집에서 살고 계셨다. 그러나 사촌오빠가 선거운동한다고, 서울에서 사업한다고 그 많던 땅을 다 팔아버리고 집안의 공동소유로 있던 산까지도 팔았다.

둘째 큰아버지 댁도 부자였고 오빠들이 모두 다 대학을 나왔고 사촌오빠가 초등학교 2학년 때 담임을 했었다. 충북대학 약학과를 나온 사촌오빠가 서울 종로에서 약국을 했었고 그 오빠 덕분으로 나도 서울로 와서 시립병원에 근무하게 되었었다.

많은 친척 가운데 우리 집만이 어린 나를 통해서 교회에 나가게 되었고 모든 가족과 함께 하나님의 큰 복을 받은 행복한 가정이 되게 하셨다.

나는 학교에서 공부를 잘하여 칭찬을 받았고, 교회를 열심히 다니며 봉사하니까 예뻐해 주셨고, 친척들에게나 어디를 가든지 귀여움을 받으면서 어린 시절을 아주 행복하게 보냈다.

언니는 늦게나마 교회를 다니셨지만, 권사님의 직분을 받고 천국에 가셨고, 모든 자녀는 교회를 다니며 신앙생활을 잘하고 있다. 우리 집안에 목회자가 둘이나 나오게 하셨고 영적으로나 모든 면에 넘치는 복을 받아서 하나님께 감사함이 넘칠 뿐이다.

하나님께서는 이 땅의 가정을 천국의 중심으로 삼고 계시므로 하나님께서 주신 가정이 얼마나 소중하다는 것을 다시 한번 깨달아야 하며 가정들이 생명 운동으로 살아나야 할 것이다.

하나님께서 가정으로부터 시작하여 복을 주신다. 믿음으로 가정이 하나가 되어 기쁨이 흘러넘치는 곳이 되어야 한다.

행복한 가정은 하나님 말씀대로 살며 하나님께 복을 받는다. 부모들이 자녀에게 욕하고 불평하기보다는 칭찬하며 격려하고 사랑하는 축복의 말을 하도록 해야 한다. 사랑하는 자에게 축복하며 사랑한다고 말함으로 부모들도 또한 사랑을 느끼는 축복 된 가정과 부모가 되어야 한다.

　핵가족이 되어가고 있기에 아이들은 어른들로부터 예절을 배우는 기회를 잃어가고 있다. 그러나 예절 교육보다도 더욱 중요한 것은 하나님이 전 세계 모든 사람에게 주신, 베스트셀러로 읽히는 성경이다.

　성경은 자녀 교육의 교과서이며 지침서가 되며 안내서이다.

　어릴 때 상처를 받으면 평생 아픔을 가지고 살아가게 된다. 항상 자녀를 사랑으로 기도하면서 양육해 나가야 할 것이다.

　부모는 자녀들이 다 잘되기를 바라지만 마음대로 안 되는 것이 자녀의 문제다. 인간의 힘으로 안 되는 문제는 하나님께 맡길 수밖에 없다.

　아이들은 잘 안 듣는 것 같아도 듣고 있다. 인내심을 가지고 끊임없는 관심을 가져야만 한다. 자녀들의 인격을 존중하고 사랑으로 돌보며 살아가는 것이 부모들이 해야 할 의무이며 책임이므로 바르게 가르쳐야 할 것이다.

가족은 상처 속에
피어나는 꽃이다

-------------------- **박진희** --------------------

자기계발작가, 유튜브 크리에이터

미대 진학을 꿈꾸었지만 부모님의 반대로 연세대학교 간호학과를 졸업했다. 그러나 결국 뜻대로 미대에 진학하여 디자인을 전공한 후 디자인, 마케팅 등의 일을 하며 진정으로 원하는 꿈을 찾기 위해 수많은 도전을 했다. 다양한 직업을 경험하며 끊임없이 도전한 끝에 인생의 비전을 찾게 되었고, 그 비전을 이루기 위한 첫 발걸음으로 책을 쓰게 되었다.

그녀는 자신의 이야기를 통해 꿈을 잃어버린 이들, 꿈 찾는 것을 어려워하는 이들에게 꿈을 찾게 해주고, 실패의 두려움 속에서 도전조차 못 하는 이들에게 용기를 북돋아 주고자 한다.

전자우편: kata72@hanmail.net

블로그: https://blog.naver.com/katalina

아버지는 이미 알고 계셨다

* * *

의사소통 불가, 고집불통.

엄마와 내가 우리 아버지에게 지어준 별명이다. 오죽하면 아버지의 이메일 아이디를 'bultong'이라 만들어 드렸을까.

'말한 대로 이루어진다.'라는 것을 미리 알았더라면 아버지의 아이디는 'good dad'라고 지었으리라……

내가 느꼈던 아버지의 이미지는 가부장적이고 권위적이며, 어떨 때는 무섭기까지 한, 한마디로 따뜻한 대화가 거의 불가능한, 가까이하기엔 너무 먼 사람이었다.

그래서 그랬을까? 언젠가 아버지가 모아두신 편지를 읽어본 적이 있었는데, 거기에는 내가 중학교 때 아버지에게 쓴 편지가 있었다.

어렴풋하게 생각나는 내용은 아버지와 무척 얘기하고 싶은데도 잘 되지 않고, 나에 대한 표현도 안 하시니 아버지가 나를 싫어하는 건 아닌지, 나는 아버지를 무척 사랑하고 아버지의 사랑을 많이 받고 싶은데 왜 아버지는 나에게 사랑은 안 주시는 건지 등 아버지에 대한 원망과 함께 아버지와 잘 지내고 싶다는 그런 내용이었다.

아마 어린 마음에도 아버지의 사랑이 무척 그리웠나 보다. 하지만 나의 '편지 바람'과는 반대로, 나 역시 점점 성장해가고 나만의 생활에 바빠지면서 아버지와의 대화는 거의 없는, 그런 상태가 지속이 되더니 이제 그런 상태가 익숙한 듯한 일상이 되어 버렸다. 여느 다른 집의 다정하고 친구와 같은 아버지는 나에게 드라마나 영화에서나 볼 수 있을 법한 얘깃거리일 뿐이었다.

그렇게 대학에 들어가서 나는 고삐 풀린 망아지처럼 친구들과 노느라 바빴고, 귀가 시간은 밤 10시를 넘어서는가 싶더니 11시, 12시……. 급기야 학교에서 밤을 새우는 일이 벌어지고 말았다. 대학에 입학하고 나서 첫 축젯날이었다.

우리 집에서는 감히 상상조차 할 수 없는 일이었다. 새벽 첫 버스를 타고 귀가하니 엄마는 밤새 잠도 못 주무시고 기다리시다가 재빨리 내 방으로 데리고 들어가시더니 아버지가 무척 화가 나셨으니 조용히 하라고 하셨다. 물론 이때 아버지가 나오셨고 하마터면 뺨이라도 맞았을 것 같았지만 딸이라서 그런지 더는 추궁당하지 않았다.

우리 아버지는 내가 어릴 때도 친구 집에서 밥을 먹고 간다고 했다가 엄청 혼낸 일이 있을 정도로 보수적인 분이셨다.

왜 안 되는지 자세한 이유도 설명해 주지 않았거니와 무조건 혼내시기만 하는 아버지에 대한 반항이었을지도 모르겠지만 나는 대학 생활 초반 내내 늦게 귀가했고 이로 인해 우리 집은 바람 잘 날이 없었다. 이런 나 때문에 이렇지도 저러지도 못하는 엄마가 아주 힘드셨으리라…….

어찌했든 점점 대화가 단절되어 가는 부녀지간이 되었고, 나는 자연스럽게 엄마하고만 대화하게 되었다. 그리고 원하는 것이 있으면 엄마가 중간에서 얘기해 주시는, 그런 상태가 지속할 수밖에 없었다.

그런 와중에도 어쩌다 아버지와 대화를 하려고 하면 서로 소통이 안 되다 보니 금세 기분만 상하게 되고 대화는 자연스럽게 중단되고 말았다.

아버지와 나는 대화가 아니라 서로가 아버지라는 벽, 딸이라는 벽을 향해 자신의 이야기만 그냥 하고 있었다.

부모님의 바람대로 대학 졸업 후 취직을 해야 했지만 나는 다시 디자인 대학으로 편입하게 되었다. 그러고도 역시 정신 못 차리고 노는 나에게 슬슬 압박이 오기 시작했다. 아버지는 나에게 직접 말씀은 하지 않으셨지만, 매일매일 엄마에게 똥차 빨리 치우라고 잔소리를 하셨다고 한다.

그때가 내 나이 24세로 이제 막 꽃을 피우기 시작하는, 창창하게 젊은 나이인데 결혼이라니 생각만 해도 끔찍한 일이었다.

아마도 놀고만 다니는 내가 한심해 보였던 것인지 아니면 진짜 빨리 결혼을 시켜야겠다고 생각을 하신 건지, 다른 집 부모님이었다면 차분하게 나와 마주 앉아 미래에 관한 얘기나, 결혼에 대한 내 생각, 부모로서 인생에 대한 조언 등 이런 대화를 하지 않았을까 하는 생각이 들었다.

어찌 됐든 나는 부모님의 들볶임에 어쩔 수 없이, 정말 어쩔 수 없이, 대학 1학년 때 만났다가 너무 보수적이고 나를 본인의 틀에 가두어 힘들게 했던 남자와 다시 만나 결혼하기에 이르렀다.

다시는 나를 그렇게 옥죄지 않겠다고 다짐을 했고 결혼 전 또다시 그런 모습이 보여 파혼을 생각했지만, 이미 청첩장도 다 돌려지고, 예식장이며 신혼여행지 등 모든 것이 다 결정된 상황이었기에 '일단 살아보고 아니면 이혼하자.'라는 생각을 하고 결혼을 하게 되었다.

지금 같았으면 앞뒤 가릴 것 없이 파혼했겠지만, 당시만 해도 부모님께 파혼한다고 말씀드린다는 것 자체만으로도 감히 엄청나게 무섭고 두려웠었다.

어느 정도 예상은 했지만, 말처럼 결혼 생활은 쉽지 않았다.

아버지처럼 보수적인 남자였거니와 바깥일이며 집안일 역시 내가 다 해야만 했다. 일주일 내내 직장을 다니다가 주말에는 청소하고 밀린 빨래를 해야만 했다.

일주일 만에 빨래하니 빨래에 곰팡이가 생길 지경이었다. 게다가 이 남자는 빨래를 제때 안 한다고 잔소리하기 일쑤였다. 답답하면 본인이 하면 될 것을……. 오죽하면 내가 집안일에 스트레스를 받으니 우리 엄마가 도우미 아주머니를 불러줬을까.

육군 장교로 전역하고 전공과는 다른 직장을 구하기 위해 공부를 더 하던 그 사람은 내가 회식 자리에 가는 것도, 회사에서 일하다 늦게 오는 것도 이해하지 못했다. 그리하여 회식이라도 하는 날이면 싸우기 일쑤였고, 급기야는 나에게 가재도구며 집기를 집어 던지고 문도 잠가 집에 들어오지도 못하게 했다.

이제 점점 마음이 멀어져갈 수밖에 없었다. 이혼의 구실만 찾던 나는 점차로 싸우는 일이 잦아지고 반비례해 나를 점점 틀에 가두려

그 사람에게 벗어나기 위해 어쩔 수 없이 택한 가출!

결혼한 지 3년 차였다.

친정집에서 며칠을 보내던 나에게 아버지가 대화를 요청하셨다.

"어떻게 할 거야?"

"이혼할래요."

"……."

한참을 생각하시던 아버지가 한마디 하셨다.

"그럼 시댁에 가서 말씀드려라. 네가 하고 싶은 대로……."

아버지의 그 결정은 정말 상상치 못한 말씀이었다. 아니 상상조차 할 수 없는 일이었다. 엄청 혼내시며 다시 들어가서 화해하고 잘살라고 하실 줄 알았는데, 나의 마음을 아시고 그렇게 말씀을 해주신 아버지가 너무 감사했다.

아직도 그때 그 장면과 느낌이 생생하다. 나에게는 어쩌면 신선한(?) 충격이었을지도 모른다. 그때까지 대화도 없이 그저 서먹서먹한 아버지가 나의 마음을 이해해 주신다고 느꼈고, 천군만마를 얻은 것처럼 마음도 든든했다. 나의 결정이긴 했지만, 아버지가 뒤에서 밀어주신다는…….

이제 와서 생각해보니 내가 살아오는 동안 아버지는 뒤에서 묵묵히 나를 바라보고 계셨던 것 같다. 미주알고주알 대화는 안 했어도 느낌으로, 또는 엄마와의 대화로 나에 대해 파악도 하고 내가 어떤 성격인지 아셨으리라.

마흔이 훌쩍 넘은 지금의 나는 이제 아버지와 친구 같다. 워낙 말씀이 없으시지만, 애교를 부리며 이런저런 말을 거는 나와 가끔은 긴 문장으로 대화하시는 아버지.

이제는 서로 긴 대화가 없어도 서로의 마음을 조금씩은 이해하는 사이다.

엄마도 보통사람이었다

**

엄마…….

이제는 불러도 공허한 메아리로 돌아올 뿐 들어주는 사람도, 대답하는 사람도 같은 공간에 있지 않다. 시공을 초월한 곳에서나 만날 수 있을까?

엄마는 나에게 있어서 말이 통하는 친구이자, 같이 쇼핑도 다니며 의지하고 기대는 언니이자, 인생의 선배인 부모였다. 때로는 동생 뒷이야기도 같이 하고, 아버지의 고집스러움을 함께 욕하기도 하며 서로 없어서는 안 될 존재였다.

물론 어릴 적부터 그랬던 건 아니다. 학교에 다닐 때는 자식의 위치에서 엄마와 공부 얘기, 친구 얘기밖에 더했을까. 내가 성장하면서 대학교에 들어가고, 사회생활도 경험하고, 이혼이라는 커다란 상처를 받고, 엄마에게도 그 상처를 주면서 더욱 애착이 깊어졌던 것 같다.

나는 누구에게도 속 시원하게 속마음을 터놓지 못한다. 내가 그들의 속 깊은 사정들을 들어주고 상담을 해줄지언정 나는 그러질 못했다. 그러다 보니 엄마에게도 마찬가지였다.

어느 날 깊이 고민하는 문제 때문에 혼자 끙끙 앓고 있었는데, 부르시더니 내용을 대충 알고 있으니 다 털어놓으라고 하셨다. 그런 일은 엄마한테 얘기해서 같이 해결해 나가야지 왜 혼자 고민하고 있느냐는 것이었다. 깜짝 놀랐다.

'다 알고 계신다고?'

나는 전혀 얘기한 적도 없고 티를 낸 적도 없는데 도대체 어떻게 알고 계신단 말인가? 그 일을 계기로 엄마가 크게 걱정하실 일이 아니다 싶은 건 엄마에게 자주는 아니지만 털어놓으며 지냈다.

어릴 적부터 모범생으로 자라온 나는 아버지에게는 그 어떤 부탁이나 조언도 구하지 못했다. 어떤 문제가 생겨도 혼날 것이 두려워 아버지에게는 아무 말도 못 했고, 모든 것은 엄마와 상담했다. 아버지에게 부탁할 일도 엄마에게 말씀드리면 대신 아버지에게 말씀드려 해결되도록 하거나 엄마가 직접 해결해주셨었다.

엄마는 나에게 바람막이, 방패와 같은 존재이기도 했다.

직장을 잠시 쉬고 있을 때는 온종일 엄마와 붙어 지냈다. 라인댄스도 같이 배우러 다니고, 탁구장도 같이 다니고, 쇼핑도 다니고 해서, 항상 붙어 다니는 우리를 보며 자매냐고 묻는 사람들이 있을 정도였다. 내가 성숙해 보이는 건지, 엄마가 어려 보이는 건지, 하여튼 내 욕인지 엄마 칭찬인지를 들으면서 기분이 좋기도 하고 뭔가 이상하기도 했지만, 엄마와 딸이 이렇게 같이 다니는 것이 남들 보기에 참 좋아 보였나 보다.

내가 한창 분주하던 때였다.

왕성한 성당 활동과 집 근처로 이사 온 외할머니도 돌보시고 운동도 하며 바쁘게 지내던 엄마에게 할머니의 임종과 엄마의 폐암 선고가 한꺼번에 몰려왔다. 다행히 한쪽 폐의 삼 분의 일을 절제하고 수술 경과는 좋았으나, 외할머니의 임종, 얼마 되지 않는 재산 상속으로 인한 남매간의 다툼, 폐암 수술 등으로 인해 엄마의 기력은 많이 약해졌고 귀에 이명까지 생겼다.

　어느덧 늙어버린 엄마. 수술 후 관리와 심한 스트레스, 귀의 이명은 엄마의 마음을 약하게 만들었고 이제 엄마는 아버지 없이 어디에도 못 다니는 사람이 되어버렸다. 온종일 아버지와 탁구장에 다니시며 운동하시고 장도 보러 다니시는 바람에 아버지는 친구와의 약속도, 혼자만의 시간도 없이 거의 3년을 엄마와 붙어 다니셨다.

　지금 생각해보니 아버지도 그 시간이 매우 힘드셨으리라.

　별다른 항암 치료 없이 3년 동안 잘 관리하신 덕분에 폐암이 완치되어간다고 생각하고 있을 무렵 시력이 안 좋아진 것 같다고 하시며, 안경도 다시 맞추고 안과도 가서 검사를 해봤으나 시력만 조금 나쁘다는 소견들만 들었다.

　하지만 엄마의 눈은 점점 안 좋아지고 급기야는 어지럽다고 하셔서 귀가 안 좋아지셨나 하고 생각했다.

　안과와 이비인후과를 전전하며 별다른 치료방법을 못 찾고 있던 때 한 안과에서 신경외과를 가보라는 의견을 냈고, 서울대병원에서 폐암 수술을 받았던 전력이 있는 엄마는 서울대병원 신경외과를 가셨다.

　회사에서 조기 퇴근 후 영화 한 편을 보고 나오던 나에게 온 전화는 청천벽력같은 소식이었다. 엄마의 뇌에서 종양이 발견되었다는 것이다. 이제 겨우 폐암이 거의 완치되었다고 생각했는데 뇌종양이라니, 이게 무슨 소리인가? 어떻게 전화를 받고 끊었는지 정신도 없이 병원으로 달려갔다. 암이 아니라 종양이기를 바라는 마음으로…….

의사의 소견은 절망적이었다. 이미 군데군데 암은 퍼져 있었고 가장 위험한 뇌하수체까지도 퍼진 것 같다고 했다. 이 상태라면 엄마에게 남은 시간은 5개월이라며 환자에게도 준비할 시간이 필요할 것이니 미리 얘기해야 한다고 했다.

가슴이 철렁 내려앉았다. 나에게 정말 일어난 일인지 믿을 수가 없었다. 남의 이야기로만 듣던 일이 우리 가족에게도 일어난 것이었다.

수술 없이 항암제로 치료를 받으며 근근이 버티던 엄마에게 우리는 아무 말도 할 수 없었다. '엄마의 생명은 5개월밖에 안 남았어요.' 하고 말이다.

어지럼증 때문에 오로지 집에서 약만 드시고 아무것도 못 하던 엄마는 어느 날 걷지 못할 정도로 어지러워 병원에 입원하셨고, 마지막으로 할 수 있는 방사선치료를 받으며 하루가 다르게 쇠약해지셨다.

인지능력이 점점 떨어지며 눈을 감고 지내는 시간이 많아지면서 엄마는 점점 말을 하지 못하게 되고, 회사 생활이 바쁘다는 핑계로 병원에 자주 가지 않던 내가 어느 날 병원에 갔을 때 엄마의 병실은 호스피스 병실로 옮겨져 있었다.

이제는 병원에서 치료할 방법이 없다는 의사의 말을 들은 우리는 결정을 해야 했다. 그래도 계속 치료를 해야 하는가 아니면 호스피스 병원으로 옮겨 엄마의 생명이 다할 때까지 연명만 해야 하는가.

그때까지도 호스피스 병원의 의미가 이런 뜻인지를 몰랐었다. 돌아가시기 전까지 그냥그냥 지내는 곳이라는 것을……

호스피스 병원으로 옮기자는 아버지의 결정에, 머리로는 이해했지만 마음으로는 야속했다. 그냥 있다가 가라는 얘기가 아닌가.

엄마는 호스피스 병원으로 옮겨지신 지 20일 만에 하늘나라로 가셨다. 그 병원으로 보내드린 것 자체에 대한 죄의식 때문인지 엄마의 아픈 모습, 피골이 상접하여 누워만 계신 모습이 보기가 싫었던 것인지 나는 바쁘다는 핑계로 자주 가지 않았다.

아직도 엄마가 떠나시던 그때가 생생하게 기억난다. 절대 잊히지 않을 것 같다. 임종이 가까워졌음을 보이는 이상 징후가 보이자 마지막을 보내는 방으로 옮겨지고, 돌아가시는 것을 지켜보던 우리.

돌아가시는 것을 지켜보고 있다는 것 자체도 이해되지 않고, 받아들이고 싶지도 않았다.

장녀라는 이유로 소리 내어 울지도 않았다. 장녀라는 이유로 상을 치른 지 일주일 만에 엄마의 모든 것을 혼자 정리했다. 장녀라는 이유로 엄마의 모든 금융 재산을 정리했다. 모두 나 혼자 처리했다. 모두 나 혼자서……

2년이 흐른 뒤 엄마에 대한 죄책감과 미안함, 아쉬움 등의 감정이 남아 있는 것을 알게 되었다.

엄마가 병원에 계신 동안 잘 찾아가 뵙지 않았던 것에 대한 죄책감, 어쩔 수 없는 선택이었지만 호스피스 병원으로 옮긴 것에 대한 미안함, 앞으로 내가 살아가는 많은 날을 더 함께하지 못한다는 아쉬움, 계속 이 감정들을 갖고 살 수는 없기에 어떻게든 떨쳐버려야 했다.

나의 감정들을 가만히 살펴보니 나에게 엄마는 신과 같은, 대단하고 완벽해야 하는 존재였다.

어머니란 스승이자 나를 키워준 사람이며 모든 풍파를 막아주는 방패막이 같은 존재라고 했던가? 스탕달의 이 말 속에서처럼 나는 엄마라는 존재를 한없이 크게만 생각했다. 그래서 아파도 안 되고, 집에 가만히 누워 있어도 안 되고, 무엇이든 다 해결해주어야 하며, 나에게 모범이 되어야 하는 엄마이어야 했다. 그런 까닭에 아픈 엄마를 보기가 싫어 병원에 입원해 있는 엄마를 자주 뵈러 가지도 않았고, 호스피스 병동에서 죽음만을 기다리며 누워 있는 엄마의 모습은 더더욱 거부했었다. 또한, 항상 내 옆에 계신다고 하며 봉안당에 모신 엄마도 거부하고 봉안당에도 가지 않았다.

하지만 엄마도 나와 같이 아프고 슬프며 때로는 쉬기도 해야 하는 보통사람이었다. 그랬다. 엄마도 보통사람이었음을 받아들이는 순간 엄마가 한없이 불쌍하고 안타까우며 안됐다는 감정이 물밀 듯이 밀려와 목놓아 서럽게 한참을 울었다.

엄마가 돌아가시고 그렇게 가슴 깊이 응어리까지 터져 나오며 엉엉 울기는 처음이었다. 그동안 억눌린 감정을 참느라 나도 참 많이 힘들었었나 보다.

이제는 마음이 한결 편해졌다. 아직도 '엄마'가 가슴 저리게 다가오는 말이지만 죄스러운 마음은 저쪽으로 멀리 보내버리고 어디선가 나를 지켜보는 엄마를 생각하며 다른 공간에서 잘 지내시기를 기도한다.

어제는 적군, 오늘은 아군

＊＊＊

보통 남매들은 사이가 안 좋다. 물론 내 생각은 아니다. 동생 친구들이 하는 말이다.

동생 친구들과 함께 밥이나 술을 마실라치면 다들 놀란다. 어떻게 남동생과 누나가 같이 술을 마실 정도로 친하냐고. 남매들은 서로 원수지간처럼 말도 안 섞는다며 술은 웬 말이란다.

우리가 그렇게 남들이 보기에 특별한가 보다. 사실 그들이 보는 우리의 모습이 다가 아니다. 우리는 정말 하루가 멀다고 으르렁거린다. 정말 사소한 일로도. 하지만 또 언제 그랬냐 싶을 정도로 아무렇지도 않게 대화를 다시 시작한다. 가족이라 가능한 것일까?

미국 애니메이션 감독인 트레이 파커가 한 말이 생각난다.

"형제자매가 있는 사람은 자신이 얼마나 운이 좋은지 몰라. 물론 많이 싸우겠지, 하지만 항상 누군가 곁에 있잖아, 가족이라 부를 수 있는 존재가 곁에 있잖아."

매일같이 싸워도 한 핏줄, 가족이라는 관계 때문에 쉽게 헤어지지 못한다. 오히려 싸움이라는 것 때문에 사이가 더 돈독해지지 않을까 하는 생각도 든다.

동생과 나는 4살 차이가 난다. 하지만 남자라 그런지 누나 알기를 우습게 아는 경향도 있다.

동생이 3살 때인가? 나와 싸웠는지 마음에 안 든다고 들고 있던 미니카를 나를 향해 던졌다. 미처 피하지 못한 나는 관자놀이에 깊은 상처를 남기게 되었다. 아직도 동생에게 그 얘기를 한다. 그때 그 흉터가 아직도 있다고…….

동생이 고등학교, 대학교 때에는 각자의 생활에 바빠 거의 만남도 없고 대화도 없었다. 나 역시 직장생활을 하다가 바로 독립을 했기에 여느 가정의 누나와 동생처럼 지냈었다.

그러나 이혼 후 다시 집으로 들어오면서 같이 살게 되니 이리 부딪치고 저리 부딪치고 말도 많고 탈도 많았었다. 하지만 동생에게 한없이 높아 보이고 자랑스럽게만 보였던 누나가 어느 순간 이혼이라는 상처를 안고 집으로 다시 돌아오자 안쓰럽게 보였는지 같이 술 한잔 기울이며 인생 얘기도 하고 동생이 힘든 부분을 상담도 하게 되면서 남들이 보기에 부러운 남매 사이가 된 것 같다.

그러면서 내가 챙겨줘야 하는 동생, 언제든지 기대도 되는 누나가 된 것일까? 동생이 직장을 쉴 때 잠시 내가 하는 사업에 불러들여 같이 일을 하기도 했고, 내가 잠시 다단계에 빠져 있을때 역시 그 사업에 퐁당 빠뜨리기도 했었다.

하지만 동생과 나는 남매일 뿐 서로 같이 일을 하는 것은 오히려 마이너스였다. 나는 동생이 하는 방식을 못마땅해했고, 동생은 내가 밀어붙이는 것을 부담스러워했다.

완벽에 가까워야 하는 나의 성격 때문에 다른 직원은 몰라도 내 동생이니 더 까다롭고 제대로 가르쳐야겠다는 책임감으로 몰아붙였었다. 거의 1년을 그렇게 보내면서 버티지 못한 동생은 회사를 그만뒀고, 나와는 사이가 멀어질 대로 멀어졌다. 이제는 그 어떤 것도 같이하지 않겠다는 생각만 크게 생긴 사건이 되었다.

하지만 역시 가족인가? 남이었다면 얼굴도 안 보고 바로 의절했을 텐데 우리는 남매였기에 그 일은 서로를 더 잘 알 수 있는 계기가 되었고, 그 이후로는 어떤 일도 같이하지 않게 되었다. 실수로부터 배운 경험이랄까?

동생이 어느 때부터인가 나에게 부쩍 의지를 많이 한다. 엄마가 돌아가시고 나서부터 더 그런 것 같다. 엄마를 보내드리고 나서는 하루가 멀다고 봉안당을 가던 동생이다. 생전에 잘못해 드린 것이 못내 아쉬운지 거의 2달 이상을 매일 다니며 힘들어했었다.

나는 네가 자꾸 가면 엄마가 이승을 빨리 못 뜬다며 말렸었다. 내 꿈에는 한 번도 안 나오던 엄마는 동생 꿈에는 거의 매일 나왔다. 차갑고 쌩한 얼굴로. 동생과 정을 떼려 그러셨던 것 같다.

2년이 지나 지금은 많이 나아진 동생, 이제는 나에게 의지하기로 했나 보다. 나도 신경 쓸 일이 많아 스스로 챙기기도 어려운데 이래저래 무슨 부탁이 그리 많은지 본인이 해야 할 일까지도 나에게 부탁을 한다. 이렇게 다 들어주다가는 이도 저도 되지 않을 것 같아 어떠한 부탁도 들어주지 않기로 작정을 했다.

어느 날 전화해서 슬며시 꺼내는 동생의 부탁.

"안 돼. 나, 시간 없어. 그리고 네가 할 일을 왜 나한테 부탁하는 거야?"

"내가 안 되니까 부탁하는 것 아니야. 됐어! 끊어!"

본인이 시간을 내서 하면 될 일을 미리 나한테 얘기해서 부탁하는 것이다. 그리곤 안 된다고 했더니 오히려 화를 내며 뭐라 하는 동생.

물론 나도 부드럽게 이유를 대며 못 한다고 하면 될 것을 기다렸다는 듯이 안 된다고 딱 잘라 말한 것은 잘못이었다. 그날 이후로 우리는 몇 날 며칠을 눈도 안 마주치고 말도 안 하고 지냈다.

3, 4일 되었나? 퇴근 후 돌아온 동생은 "밥 언제 먹어? 뭐 먹을 거야?" 하며 아무렇지도 않게 대화를 시작한다. 나 역시 간단하게 대답한다.

"지금 먹자……."

우리는 이런 사이다. 아무 일도 아닌 일로 부르르 떨며 싸웠다가 며칠이 지나면 무슨 일이 있었냐는 듯 대화한다. 이런 우리를 보며 여자 형제가 없는 남자친구는 이해를 못 한다. 우리의 감정 상태도 이해 못 하고, 누나에게 대드는 동생도 이해 못 하고, 아버지 앞에서 바락바락 소리 지르며 싸우는 우리도 이해 못 한단다. 어쩔 수 없다. 남매 사이를 경험해보지 않았으니…….

어느덧 동생과 내 나이가 마흔이 훌쩍 넘어버렸다. 동생도 솔로, 나도 솔로다. 덕분에 아버지와 한집에 같이 산다.

우리가 30대엔 각자 독립해서 빨리빨리 나가라고 하시더니 이제는 나가라는 말씀도 안 하신다. 적적하신가 보다. 그래도 우리 마음엔 죄송한 마음뿐이다. 결혼해서 손자 손녀 안겨드리는 것이 효자라고 하는데 우리는 생각도 않고 오히려 캥거루 새끼처럼 같이 붙어살고 있으니 어찌 마음이 편하랴.

이제는 서로 싸우는 일도 줄어들어야 할 텐데, 서로 마음 쓰는 일이 많아 신경이 날카롭다. 그러다 보니 말이 곱게 나오지 않을 때가 많아 아직도 으르렁거린다.

내가 왜 유독 동생에게 날카롭게 구는지 곰곰이 생각해봤다. 남이라면 이렇게 하지 않을 텐데 동생에게는 도대체 왜 그러는지.

과거 같이 일할 때 느꼈던 답답함과 좀 더 잘했으면 하는 기대감에 닦달하고, 내 기준에 못 미치면 왜 그러는지 가르치려 하고, 인생의 선배로서 조언해준다는 명목하에 동생의 자존심까지 건드려가면서 잔소리를 하는 것 같다. 아무리 누나라고 해도 툭하면 잔소리하고, 뭐라고 하면 듣기 싫을 것이다. 엄마가 잔소리해도 싫었을 텐데 누나가 그러면 오죽하랴.

동생에 대한 기대감을 내려놔야지 내려놔야지 하면서도 잘되지 않는다. 내 인생도 마음대로 안 되는데 누구 인생에 간섭하겠다는 것인지 나도 참 답답하다.

하지만 한편으로는 가족이니까, 동생이니까 이런 말을 하지 남이면 그러겠어 하는 마음도 있다.

동생 인생은 그의 인생이다. 기대감이라는 이름으로 나는 동생에게 집착하고 있는지도 모르겠다. 나의 주변, 특히 가족은 평균치 이상은 되어야 한다는 욕심인가 보다. 그러고 보니 동생이 적군이 되는 것도 아군이 되는 것도 모두 내 몫이었다. 나만 잘하면 될 것을, 누나니까 이해해 주면 될 것을 너무 내 욕심에 동생을 몰아붙였나 보다.

고해성사하는 기분이다. 동생아, 미안하다. 4년 위의 누나로서 누나답게 행동할게…….

장자는 이렇게 말했다.

"형제는 수족과 가고 부부는 의복과 같다. 의복이 해졌을 경우 다시 새것을 얻을 수 있으나 수족이 끊어지면 잇기가 어렵다."

단둘밖에 없는 우리 남매. 내 욕심에 의가 상하지 않도록 조심해야겠다.

뻥 뚫린 빈자리 그리고 채움

* * *

엄마가 뇌암으로 판정받기 직전 나는 엄마의 암이 완치될 것이라 믿으며 한창 바쁘게 살고 있었다. 그때 나의 곁으로 다가온 그. 그와 함께 한 시간이 얼마 되지 않았을 때 엄마는 뇌암 판정을 받으셨다.

병원과 집에서 치료를 받으며 암과 싸우고 계실 때 나는 연애에 빠져 그와 행복한 나날들을 보냈다. 물론 그와 함께 있는 시간이 행복했던 것은 당연하지만 엄마의 아픔을 느끼고 싶지 않았고, 아프다는 사실조차 받아들이고 싶지 않아 엄마와 함께 있는 시간을 최대한 피했던 것 같다. 그러면서 엄마와 나만의 끈끈한 정과 이어져 있던 끈은 조금씩 조금씩 희미해져서 갔고, 그와의 끈은 점점 강해져 갔다. 지금 생각해보면 엄마로부터 받을 슬픔이 그와 만남으로 인해 많이 상쇄되었던 것 같다.

엄마가 마지막으로 방사선치료를 위해 병원에 입원해 계실 때도, 호스피스 병원으로 옮겨져 누워만 계실 때도 나는 거의 가지 않았다. 일을 핑계로 바쁘다며 가지 않았다. 엄마를 보기가 두렵고 무서웠다. 엄마의 그 모습이 받아들여지지 않아 선뜻 갈 용기가 나지 않았다. 이런 나의 감정을 어루만져주었던 그와의 만남에서 내 머릿속에 엄마는 희미해지고 있었다.

엄마와 함께할 수 있는 시간이 얼마 남지 않았다는 것을 안 나는 엄마에게 그를 소개해 드리기로 했다. 아직 아버지까지 만나기는 일렀고, 엄마는 나를 이해해 주는 분이시니 안심을 시켜드리기 위해서도 만남이 좋으리라 생각했다.

엄마가 좋아하시는 갈빗집에서 만나 서먹서먹하지만 일단 갈비를 맛있게 먹고, 커피집에 가서 진지한 대화를 했다. 내가 잠시 자리를 비웠을 때 두 사람의 대화가 오고 갔다.

"진희가 매우 힘든 애인데…… 예민하고 좀 못됐지."

"저는 참 좋습니다. 제가 끝까지 책임지고 살겠습니다."

"잘 부탁해요."

짧은 대화로 끝난 처음이자 마지막 만남. 하지만 그 만남의 여운과 엄마와의 대화는 그의 뇌리에 깊이 박혔고, 그는 나에게 미안할 때마다 "어머니랑 약속했는데…… 자기야, 미안해."라고 한다.

첫 만남부터 좋았다.

그는 남자이지만 꽤 감성적이었고, 보수적인 성향이 강한 아버지의 성격이 싫었던 나는 부드럽고 다정다감한 그에게 확 끌렸다. 좋아하는 영화 장르도 비슷했고, 뮤지컬이나 연극 등 공연을 보는 것도 좋아했고, 음식도 취향이 비슷했다.

말하는 것보다는 주로 듣는 것을 즐기는 나에게 그는 쉴 새 없이 얘기하기도 했다. 또한 사진 찍는 것을 좋아해 어디를 가든 사진으로 추억을 남기는 그는 나를 정말 예쁘게 찍어주었고, 나의 모든 모습이 예쁘다고 했다. 모든 것을 나에게 맞춰주는 이 남자……. 그러니 엄마가 투병 생활을 함에도 남자에게 푹 빠져 있던 것은 어쩔 수 없는 일이었겠지.

아마도 이 사람이 없었으면 엄마가 투병 생활을 하는 몇 개월 동안 나는 정말 힘들었을 것이다. 나와 함께 살던 가족이, 더군다나 친구 같던 엄마가 갑자기 쇠약해지며 어느 날 저세상으로 갈지도 모르는데 하루하루가 어땠을까는 상상도 하기 싫을 정도다.

장례식장에서도 직계는 달랑 세 식구였다. 미혼인 동생과 나로 인해 상주 자리가 너무도 썰렁해서 엄마에게 죄송한 마음이 컸지만 동분서주하며 도와주는 그가 있어 죄송한 마음도 가시고 편안했었다. 그가 없었다면 우리 셋의 마음은 더 휑했을 것이다.

돌아가신 지 얼마 되지 않았을 때는 지나가는 아주머니가 엄마와 체형이 비슷하다는 이유로, 옷 스타일이 비슷하다는 이유로 갑자기 울음을 터트리기도 했다.

엄마와 딸이 손잡고 걸어가는 모습만 봐도 엄마가 생각이 나서 견딜 수가 없었다. 그때마다 말없이 내 손을 꼭 잡아주며 안아주던 그. 그가 내 앞에 나타난 것은 어쩌면 엄마의 선물이 아니었을까?

가끔 그를 보면 엄마가 오버랩되기도 한다. 돼지고기보다는 소고기를 더 좋아하고, 매운 것은 못 먹고, 밥 좋아하고, 김칫국물 좋아하고, 갈치를 좋아하는 등 엄마와 식성이 비슷하다. 된밥보다는 진밥을 좋아하는 것도 딱 엄마다. 밥을 먹는 그를 보면 엄마를 보는 듯하다고 자주 얘기한다.

엄마가 병원에 입원하면서 같이 병문안다니며 아버지와 처음 대면하기 시작한 그. 어쩔 수 없는 주변 환경의 도움을 받아 인사를 드리게 된 그와 아버지는 병원에서, 장례식장에서 만나며 안면도 트고 대화도 아주 조금씩 하게 되었다. 지금 생각해보니 보수적이고 깐깐한 아버지와 친해지는 나름의 방법이었을 수도 있다.

　엄마가 돌아가시고 모든 정리도 다 끝내고 나니 큰 집에 덩그러니 남겨진 우리 셋. 엄마의 빈자리가 참 컸다. 말 없는 두 남자와 애교 없고 역시 말 없는 딸내미. 조잘조잘 말하는 엄마가 안 계시니 집은 더없이 조용했다.

　아버지가 혼자 계시는 것이 안타까워 그와 나는 집에서 데이트하기 시작했다. 저녁 식사에 그를 초대해서 같이 먹고, 먹고 나면 동생까지 셋이서 아버지를 설득해 카드놀이도 하며 적적하신 아버지를 위해 둘만의 시간을 선물했다. 늦은 시간까지 놀다가, 술에 취해서 가끔 빈방에서 잠을 청하던 그는 주말엔 아예 우리 집에서 잠을 자기 시작했다.

　아버지의 적적함을 달래기 위해 시작한 카드놀이와 붙임성 좋은 그의 노력에 아버지는 그에게 마음을 조금씩 여셨고 짧지만 대화도 되었다. 가랑비에 옷 젖듯 조금씩 우리 세 식구의 삶에 들어오기 시작한 그는 어느덧 우리 집 식구가 되었고 지금은 엄마의 자리를 대신하는 그다.

　친정아버지와 남동생이 사는 집에 같이 사는 우리 두 사람. 남들은 왜 독립하지 않느냐고 한마디씩 하지만 그와 나는 아직 독립할 생각이 없다. 우리가 나가면 안 그래도 큰 집에 아버지와 남동생만 남는데 이 둘을 남겨두고 나갈 용기가 생기지 않는다.

물론 둘만의 공간도 없고 밤늦게까지 시끄럽게 TV를 틀어놓고 영화를 보는 둘만의 재미있는 시간을 보낼 수가 없어 아쉽기는 하다. 때로 적군인지 아군인지 모르는 동생과 한판 붙고 나면 '에이! 내가 나가야지, 우리가 나가야지!' 생각하다가도 어느새 그 감정들은 사라지고, '오늘 저녁은 아버지 모시고 뭘 먹을까?' 하고 고민하는 우리다.

나와 둘만 있고 싶은 마음이 큰 그에게 늘 미안하다. 둘이서만 저녁을 먹을라치면 "아버지는? 아버지랑 같이 먹을까?" 하는 나의 말이 어떨 때는 싫겠지만 티 내지 않고 같이 먹자고 하는 그에게 항상 고맙다. 요즘엔 오히려 그가 아버지를 더 챙긴다. 내가 먼저 "자기야, 오늘은 우리 둘만 먹자."라고 하면 아버지랑 같이 식사한 지 오래되었다고 함께하자고 한다.

한동안 네 식구가 카드놀이를 하며 아버지와 시간을 보냈지만 근래 들어 부쩍 바빠진 우리이기에 아버지와 함께 하는 시간이 많이 줄어들었다. 같이 식사할 시간도 별로 없고 물론 카드놀이는 저 멀리 간 지 오래다.

아버지가 조금이라도 우울하신가 싶으면 "아버님, 영화 새로 나왔는데 같이 보실래요?", "아버님, 기가 막히게 재미있는 뮤지컬 공연 있는데 같이 가실래요?" 하며 함께 하는 시간을 만들어보려 노력하는 그에게 너무나도 고맙다. 물론 아버지는 번번이 거절하시지만…….

우리 곁을, 내 곁을 떠난 엄마를 대신해 다가온 그이고, 엄마와도 너무나 닮은 그다.

내가 엄마 잃은 슬픔에 잠겨있을 때 옆에서 큰 위안이 되어주며 오히려 엄마 생각이 나지 않게 해준 그는 엄마가 대신 남겨주고 간 큰 선물이다.

엄마와 마지막 대화를 하며 나를 꼭 책임지겠다고 약속한 그와 평생을 행복하게 살리라.

빈센트 반 고흐가 아주 멋진 말을 남겼다.

부부란 두 반신(半身)이 되는 것이 아니고 하나 전체가 되는 것이다.

가족은 상처 속에 피어나는 꽃이다

***

'가족들이 서로 맺어져서 하나가 되어 있다는 것이 정말 이 세상에서 유일한 행복이다.'

퀴리 부인은 가족에 대해 매우 긍정적으로 말하고 있다. 내가 선택할 수도, 부모님이 나를 선택할 수도 없이 천륜에 의해 맺어지는 것이 가족이다. 이렇게 맺어진 가족은 어떤 이에게는 서로 할퀴듯 상처만 주어 쳐다보기도 싫은 관계키도 하지만 어떤 이에게는 죽어도 헤어져서는 못 사는 행복한 관계이기도 하다.

나에게 있어서 가족이란 어떤 의미일까? 어릴 적 나에게 가족은 그냥 주어진 관계였고, 나의 의지가 아닌 운명에 의해 정해진 필연적인 인연이라 특별하게 가족이라는 의미에 대해 근본적으로 생각해 본 적은 없다. 하지만 가족 구성원에 대해서는 왜 나의 아버지는 이런 분일까, 왜 내 동생은 나와 이렇게 다를까 하고 고민을 많이 했다.

엄마는 항상 내 편이었다. 물론 내가 삐뚤어지거나 사고를 치면 혼내는 것은 당연했고, 나에게 무한한 믿음과 사랑을 주셨던 분이다. 성장해서는 내가 엄마에게 기대기보다는 오히려 엄마가 나에게 기대었던 것이 더 컸을 정도로 엄마와 나와의 관계는 돈독했다.

반면 아버지는 어릴 적부터 내가 사랑을 갈구하던 존재임과 동시에 무서우리만큼 엄격한 존재였다. 그러니 아버지와 친구 같은 관계인 아이들이 부러웠고, 나도 그런 아버지가 있기를 원했지만 이미 정해져 버린 인연은 내 힘으로 어쩔 수 없었다.

학창시절 내내 대화 없이 엄격하기만 한 아버지의 존재는 때로 우리 집 분위기를 얼려버릴 정도로 차갑게 만들었고, 엄마를 비롯하여 동생과 나는 아버지 앞에서 한마디의 의견도 제대로 내지 못했었다. 어쩌면 아버지의 이런 가정교육이 어린 나에게 잘해야 한다는 강박증과 실패하면 안 된다는 것을 심어주지는 않았을까?

아버지와 따뜻한 '대화'를 원했지만 성장해서 결혼해도, 이혼해서 집으로 다시 돌아왔을 때도 변함없이 차가운 아버지였다.

엄마는 차가운 아버지를 보시며 "내가 먼저 가면 아마 너희들 버리고 혼자 나가서 사실 분이다." 하셨었다. 엄마에게도 대화가 통하는 아버지가 필요했던 건 아닐까?

살갑지 않은 아버지 밑에서 어찌 보면 눈치를 보고 자란 동생과 나는 정반대로 컸다. 나는 말 그대로 모범생이었다.

뭐든 잘했고, 알아서 척척 해냈다. 하지만 큰 시련이 다가오면 부딪쳐 나아가기보다는 각종 이유를 대며 피하기 바빴다. 잘했다는 칭찬을 못 받을 것을 두려워하며 미리 도망쳐버린 것이다.

반면 동생은 어느 것 하나도 제대로 하지 못했다. 그러다 보니 나와 비교가 되어 스스로 움츠러들었고 시작하기조차 하기 힘들어했다.

시작했다 하더라도 나처럼 두려움 앞에 무릎을 꿇었다. 나보다 더 용감하게 나아가기를 바라는 마음에 다그치기도 하고 같이 사업을 하며 이끌어주려고도 했으나 이미 나에게 자격지심이 있는 동생은 나랑 조금이라도 부딪칠 일이 있으면 오히려 큰소리를 치며 그 상황을 회피했다. 이 모든 것은 엄격하고 꼼꼼하며 무엇이든 제대로 해야 한다는 아버지의 성격에서 비롯된 것이리라.

지금도 동생과 말다툼의 주원인은 서로 간의 자격지심이다. 동생은 자신보다 잘난 누나가 잔소리하는 것이 듣기 싫어 옳은 소리인지 알지만 무조건 반박하며 맞서는 것이고, 나는 이혼한 처지에 한 집에 붙어사는 것에 대한 죄책감과 동생이니 누나 말을 들어야 한다는 자존심이 결부된 자격지심이다.

이렇게 우리는 가족이 된 순간부터 서로 상처를 주는지도 모르면서 살아왔다.

앙드레 모루아는 "가정은 누구나 '있는 그대로'의 자기를 표시할 수 있는 유일한 장소이다."라고 했다.

그렇다. 서로 사랑해도 모자를 판에 가족이라는 테두리 안에서 우리는 자신의 기쁜 감정보다는 슬프고 화나는 감정을 있는 그대로 쏟아부으며 살아왔다.

아버지는 깐깐하고 바른 생활을 해야 하는 사람이지만 털털한 엄마를 만나면서 답답하셨을지도 모른다. 대충대충 하는 것 같은 그 모습이 점점 마음에 안 들면서 아예 대화의 문을 닫아버리신 건 아닐까?

엄마는 어느덧 차가워지고 대화보다는 윽박지르는 남편에 치여 나에게 기대며 홀로 숨죽여 눈물을 흘리셨을지도 모른다.

동생은 무섭기만 한 커다란 아버지의 그늘 밑에서 자신감 없이 살며 잔소리하는 엄마와 누나에게 소리 지르거나 화를 내고 자신의 문제를 회피했다.

　나 역시 내면에는 실패에 대한 두려움이 가득 차 있었지만, 겉으로는 모범생이고 자신감 넘치며 뭐든 잘하는 아이로 보이도록 무장을 했고 두려움이 밖으로 드러날라치면 방어를 하기 위해 오히려 박박 대들며 엄마와 동생에게 소리쳤다.

　시간이 약이라고 했던가? 어느덧 아버지는 팔십을 바라보는 연세가 되셨고, 엄마가 돌아가신 지 벌써 2년이라는 세월이 흘렀다. 그리고 동생과 나는 마흔이 훌쩍 넘은 중년이 되어버렸다.

　연세 드시면서 약해지셨는지 엄마의 부재가 약하게 만드신 건지 예전처럼 차갑고 딱딱하지 않으신 아버지다. 수년간 각종 직업으로 다소 물렁물렁해진 내가 농담을 섞어가며 맞받아치면 화를 내셨다가도 금방 수그러지시는 모습을 보며 세월도 세월이지만 그동안 내가 아버지와 친해지려고 대화하며 노력했던 그 수고가 이제 열매가 맺어지는 건 아닌지 스스로 뿌듯하기도 하다.

　언뜻 이런 생각도 든다. 아버지의 우리 남매에 대한 사랑법은 엄격함이 아니었을까?

　나 역시 아버지 성격을 닮아 쉽게 부러지지도 않고 한 번 만들어낸 옳고 그름은 절대 바꾸지 않는 성격이었지만 수많은 직업을 경험하고, 사업을 하며 많이 유연해졌다. 그리고 최근 들어 요가 수련을 하면서 나의 내면을 바라보며 내가 왜 그렇게 방어를 하기 위해 동생과 소리치며 싸웠는지를 알게 되었고, 더욱이 이 글을 쓰면서 정리가 되며 동생에게 기대감으로 인한 집착을 버리고, 더 이상의 상처를 주지 말자 다짐을 한다.

내가 먼저 변해야 상대가 스스로 변한다고 했다. 내가 이런 마음을 먹은 순간 동생의 태도도 달라진 것을 느낀다. 나의 에너지를 느낀 걸까?

엄마의 부재로 우리 가족에 들어오게 된 그는, 우리 가족의 '공간'에 들어오면서 아주 힘들었으리라. 아직도 표현이 서툰 아버지에게 비위를 맞추며 대화해야 하고, 아버지와 함께하는 저녁을 챙기며 나와의 데이트는 뒷전이 되고, 그가 보는 앞에서 소리 지르며 싸우는 나와 동생을 보며 '나는 도대체 뭔가?' 하는 자괴감도 느끼며 상처를 많이 받았을 것이다.

하지만 어찌하리? 나와 살고 싶으면 견뎌야 하는 과정인 것을. 우리는 이미 40년 넘게 서로에게 상처를 주며 겪은 일이지만 이제 1년 남짓 겪고 있는 그에게는 필수 관문인 것을 그는 알까?

이제야 알겠다. 우리 가족의 의미를. 처음부터 사랑하며 화목한 가족은 아마 느끼지 못하리라. 비록 어린 시절의 엄격한 가정교육으로 인해 동생과 나의 자아는 다소 약해졌을지는 모르겠지만 부모님으로부터 받은 서로 다른 방식의 사랑 표현, 자신을 방어하기 위해 오히려 강하게 보이려 했던 남매의 다툼 속에서 상처와 치유가 이루어지며 오히려 성숙해지고 있는 우리 가족은 앞으로 더욱 돈독해지며 서로를 아껴주는 진정한 안식처가 되지 않을까?

가족은 상처 속에서 피어나는 꽃이다.

아름다운 지구별에서의
행복 이야기

오재규

기업가, 리더십코치, 자기계발작가

(주)선명레이져를 20년째 경영에 매진하는 중소기업가이다. 좋은 리더와 코치가 되고자 국민대학교 경영대학원에서 석사학위(Leadership & Coaching MBA)를 전공하였고 리더십코치로 활동하고 있다. 박애정신에 입각하여 외국인고용지원 중부지방 유관기관 협의회 사업주 대표위원으로도 활동하였고, 삶의 충실함을 인정받아 미국 Calvin International University에서 기독교교육학 명예박사학위를 수여 받았다. 지금까지 소중한 가족이 있었기 때문에 꿈을 이루고 인생을 행복하게 살아가고 있다.

전자우편: ojk99912@daum.net

신이 내린 선물

* * *

신은 태초에 위대한 우주를 창조하셨다. 그리고 지구별에 아름다운 가정을 세워 주시고 가정을 통해 무엇인가 분명한 소명이 있으므로 가장으로 세워 주셨다. 그리고 은총을 베푸시어 귀하고 값진 선물을 주셨다.

첫 번째는 아내요, 두 번째는 아들, 세 번째는 늦둥이 딸이다.

혹시 이 글을 읽는 사랑하는 가족에게 오해가 없길 바란다. 만난 순서이지 사랑의 순서는 아니라는 것을 말이다.

하나님의 은총으로 아내를 선물로 받았으며, 인생의 동반자로서 30년이란 세월의 뒤안길에 아내에게 미안한 것들이 한둘이 아니겠지만, 아내에게 제일 미안했던 것은 첫아들을 출산하였을 때 일이다.

허약한 체질인 아내는 임신할 때부터 입덧이 유난히 심하였고, 고생을 많이 해서 산달이 다 되어갈 무렵 서울에 있는 처가에서 분만을 준비하였다.

그런데도 자연분만을 하게 되어 아내가 너무 대견하고 고마웠다.

그 당시 분만실에는 의사와 간호사 외에는 누구도 출입하지 못하

게 하였기에 아이가 태어나는 과정을 지켜보지 못하였고, 분만실 밖
에서 기다리다가 간호사가 소식을 전해 주어야 분만을 알 수밖에 없
었다.

아내가 병원에 입원하여 대기하던 중 진통이 심해져 분만실로 들
어갔다. 나는 밖에서 분만 소식을 기다리다가 간호사에게 시간이
얼마나 소요되는지 물어보았더니, 금세 태어나지 않으니 기다리면
된다고 하였다.

아내의 진통으로 인해 밤새 잠을 못 자니 피곤하였다. 그리하여 병
실 침대로 가서 조금 쉬어야겠다고 생각하여 휴식을 취하고 있었다.
그런데 생각한 시간보다 빨리 간호사와 함께 아내가 침대에 뉘어 들
어오는 것이었다.

순간 나는 당황했다. 벌써 분만하였구나! 아내를 본 순간 너무 고
맙고 아빠가 되었다는 현실에 이루 표현할 수 없을 정도로 기쁘기 그
지없었다. 그리고 분만실에서 고생한 아내를 바로 맞아 주지 못한 것
에 대한 미안함이 많이 들었다.

하나님의 은혜로 아름다운 지구별에 새 생명, 첫아들인 하랑이가
우리 가족으로, 소중한 선물로 온 것이다. 지금은 아들, 딸 구별을 알
려 주지만 1990년도 초에는 법적으로 성별 구별이 금지되어 있었다.

병원에 정기적으로 진료를 받고 있을 때 일이다. 의사 선생님이 아
내에게 말했다.

"와, 태동이 굉장한데요. 축구선수가 태어나겠어요."

"오, 감사합니다."

의사의 뉘앙스가 아들을 비유한 말이기에 궁금한 것을 알게 되니

속이 시원하고 감격에 겨웠다. 그리고 드디어 아들을 얻었다. 성별과 관계없이 주신 것도 감사하지만, 나는 첫째이기에 아들을 주시기를 기도하였고 기대했다.

태명을 아들 이름으로 지었는데 딱 맞아 들었다. 그래서 태명인 오하랑을 본명으로 이름을 지었다.

오! 하나님의 사랑이라는 순수한 한글이다. 성별과 관계없이 하랑이라는 이름은 모두 잘 어울리는 이름이다.

하랑이는 어려서부터 음악 소질 등 다재다능하였는데 엄마 뱃속에서부터 발길질을 잘해서 그런지 그중 스포츠를 좋아하여 프로선수 못지않게 축구를 잘하였고, 맨유의 스타 '루니'의 유니폼을 입고 신나게 공을 차며 성장했다.

하나님은 또 크신 은혜를 베푸셔서 새로운 별 늦둥이를 선물로 보내 주셨다.

양육하다 보니 하랑이에게 형제자매가 없음이 외로워 보였다. 우리 부부 역시 무언가가 비어 있는 듯한 허전함이 있었다. 또한 할머니와 삼촌과 함께 살다 보니 사랑을 독차지하게 되기도 하고 행여 버릇이 나빠지지 않을까 하는 생각이 들었다.

우리 부부는 의논하여 둘째를 갖기로 하여 태의 문을 열어 달라고 하나님께 간구하였다. 당시 우리 부부의 나이는 30대 후반이고 아내의 체질이 워낙 약하여서 걱정도 되었다. 그러나 믿음으로 구하였다.

아들딸 구별 없이 잉태하여 순산하게 해주시며, 그리고 이왕 주실 거라면 딸을 주시길 믿음으로 간구하였더니 하나님께서 구하는 대로 은혜를 베푸셨다. 그래서 이름도 오! 하나님의 은혜라는 순수한 한글 오하은으로 지었고 태어난 시기가 마침 밀레니엄 베이비이다.

딸의 태생 과정이 신비롭고 경이로움이 지금도 잊히지 않는다. 인간은 신이 만든 걸작품 중에 최고의 걸작품이라는 것이 실감이 났다.

딸은 우리가 사는 동네 산부인과에서 태어났다. 아내는 출산의 시간이 점점 가까워져 산부인과로 가서 분만을 준비하였다. 그리고 남편도 분만에 함께 참여할 수 있다고 하여 분만하는 과정을 처음부터 끝까지 지켜보며 고통과 기쁨을 아내와 함께하였다.

열 달 동안 엄마의 뱃속에서 모진 고통과 수고로 새 생명이 세상에 태어나는 아기의 그 경이롭고 신비로운 과정이 지금도 기억 주머니에서 생생함이 느껴진다

나는 그때 여자와 어머니의 차이를 확실히 알게 되었다. 여자는 약하지만, 어머니는 강하고 위대하다는 것을. 그리고 그때 아내가 그 누구보다도 위대하고 존경스러운 어머니요 내 아내라는 걸 다시 한번 되새기게 되었다. 그런데 종종 난 이 사실을 잊어버린다.

딸은 언어 감각 능력을 갖추고 태어난 것 같다. 아내는 늦은 나이에 늦둥이를 임신하게 되다 보니 태중 아기가 많이 걱정되어 교회 목사님께 태교를 어떻게 하면 좋을지 조언을 구하였다.

엄마의 목소리로 성경을 수시로 읽어주며, 찬송가를 부르고 성경 테이프를 계속 틀어 들으라고 말씀하여 주셔서, 매일 실천으로 옮겨 태교하였다.

그 결과 하은이가 태어나 말문도 일찍 터졌으며 언어 감각이 뛰어나 영어도 만 3세부터 텔레비전에서 나오는 것을 따라 하며 스스로

좋아하여 즐거워하는 모습이 매우 대견스러웠다.

그때부터 지금까지 영어공부를 한 번도 강요하지 않았으며, 딸이 원해서 초등학교 때부터 중학교 때까지 미국을 동네 왔다 가듯이 유학하였으며, 지금은 영국 런던에서 공부하고 있다.

딸이 중학교 2학년 때 일이었다. 내 생일 저녁 늦게 서재로 무엇인가를 선물을 가지고 들어왔다. 펼쳐보니 아버지 상장 액자를 만들어 왔다.

너무 뿌듯하였고 진한 감동이 밀려온 생일선물이었다. 지금도 서재에 사랑스럽게 걸려 있다

아버지상

성명: 오 재 규

위 아버지는 가장으로서의 임무를 성실히 맡았으며,
아내와 자녀들을 격하게 사랑하고 아끼며,
모든 일을 성실히 행하였으므로
이 상장을 수여함.

2014. 12. 28.

오재규 딸 **오하은** 총장

딸은 초등학교 때부터 꿈이 외교관이었으며 유엔사무총장이 되겠다는 희망을 품었었기에 나는 종종 딸을 오 총장이라 부른다. 지금은 꿈이 변하여 역량 있는 패션리스트가 되기 위해 영국에서 유학하며 열심히 공부하고 있다.

하나님께서는 반드시 이 나라를 위해 일익을 담당하는 귀중한 선물로써 쓰임 받게 해줄 것을 믿는다.

이처럼 하나님은 우리 가정에 귀하고 행복한 선물을 많이 주셨다. 나는 일찍이 우리 가정에 가훈을 세우고 가족과 함께 실천해 가고 있다.

우리 집 가훈은 첫 번째 "봉사" 두 번째 "인내"이다. 무엇을 소유하기보다는 어떻게 가치 있는 삶을 누리는가가 행복의 조건이 되며, 무엇을 얻는가도 귀하지만 이웃과 사회에 무엇을 주는가가 더 좋은 행복을 주기도 한다고 생각한다. 황금률의 법칙이기도 하다.

행복은 하루하루의 진실하고 값있는 삶의 내용으로 주어지는 것이며, 욕망이나 환상으로 채워지는 것은 아니라고 생각한다.

욕심은 행복을 놓치게 만들어도 값있는 '봉사'는 불행을 만들지는 않는다고 생각한다. 그리고 세상을 살아가는 모든 것에 있어서 적절한 '인내'가 필요하다. 그래서 나는 가정을 이루고 가훈을 '봉사'와 '인내'로 삼고 실천에 옮기려고 노력하고 있다.

아울러 자녀에 대한 개념은, 자녀는 부모의 소유물이 아니라 하나님이 주신 선물이다. 그렇기에 내가 원하는 자식의 삶이 아니라 자녀가 원하는 삶이 무엇인지 마음을 읽는 지혜가 있어야 하며, 가치가 없는 헛된 삶이 아닌 이상은 자식이 원하는 삶을 살 수 있도록 생각이나 감정을 존중해 주어야 한다고 생각한다. 자녀들에게도 그들 나름대로 인생이 있기 때문이다. 즉 그들에게 원하시는 하나님의 인생 설계가 있는 것이다.

많은 부모가 보상심리를 가지고 있는 것을 볼 수 있다. 자식을 통해서 자신이 배우지 못하고 성공하지 못한 인생을 보상받으려 한다. 그래서 인생 전부를 걸고 자식에게 집착하는 것을 본다.

절대 바람직하지 않다고 생각한다. 그것은 사랑이라고 착각하는 것이며, 사실은 자식에 대한 과도한 집착이다. 자녀들을 부모의 대리만족 도구로 전락하게 만드는 것이다. 안타까운 가정의 현실이 아닐 수 없다. 그래서 나는 우리 아이들에게 훌륭한 삶보다는 초가삼간에 살더라도 행복한 사람이 되라고 어려서부터 가르쳐왔다. 작고 큰 것이 문제가 아니며, 적거나 많은 것이 문제가 아니다.

초가삼간에 살거나 기와집에 살아도 내 삶이 행복해야 다른 사람을 행복하게 해 줄 수 있기 때문이다. 삶의 작은 것이라도 소중하며 가치 있게 여기어 만족과 기쁨을 얻는 것이야말로 최고의 행복이 아니겠는가.

행복이 우선이고 여기에 부수적으로 훌륭한 사람으로 주어진다면 이것 또한 어부지리가 아닌가 싶다.

하나님께서 나에게 이 지구별에 가장 소중하고 아름다운 선물을 주셨거니와 오늘도 변함없이 감사드린다.

보석들의 행복 이야기

＊＊＊

오늘 내가 살아가는 이유가 무엇인지 묻는다면 아무 스스럼없이 내가 가장 사랑하고 소중한 가족 때문이라고 말할 수 있다. 그 이유는 가족은 바로 서로 힘이 되어 살아가기 때문이다. 이보다 더 귀중한 보석은 지구상에 없을 것이다

어느 날 아내가 나에게 '하은이가 아빠 같은 사람과 결혼하겠다.'라고 이야기를 했다고 한다.

초등학교 때도 그랬고 성년이 되어서도 아빠와 같은 사람하고 결혼하겠다고 말했다는 것이다. 그 이야기를 아내에게 들었을 때 마음이 흐뭇하였고 아빠로서 남편으로서 참으로 행복했다.

그리고 내 마음속으로 다짐을 해보았다. 딸의 마음이 변치 않는, 좋은 아빠로, 남편으로 평생을 더 잘 살아가겠다고. 그리고 지금도 딸이 한 말을 생각할 때마다 가장으로서의 건실한 삶과 책임감을 다시 생각하게 한다.

아내는 허약한 몸이었지만 36세 되던 해, 그리도 내 나이 38세에 보

석 중의 보석인 늦둥이 딸 하은이를 선물로 받았다.

그런데 하은이는 유독 아기 때부터 껌딱지처럼 나에게 붙어 있어서 떨어지질 않고 좋아했다. 따라서 아이가 초등학교에 들어가기 전까지 밥은 거의 내가 다 먹여주고 씻겨 주었다.

그래도 나는 힘들거나 어려운 것이 없이 마냥 좋았다. 덕분에 아내는 비교적 수월하게 딸을 키웠다. 아마 하은이는 어려서부터 하나님께서 지혜를 주신 것 같다.

엄마가 몸이 약하니 엄마보단 건강한 아빠가 유아기를 살피고, 유아기를 벗어나선 아빠보단 엄마에게 더 많이 붙어 다니니 말이다.

난 피곤한 줄도 모르고 딸을 돌보는 기쁨과 행복으로 살아왔다. 사람들은 아빠와 딸을 지남철이나 매미처럼 붙어 있는 것을 부러워했다. 그만큼 어렸을 때 딸은 엄마보단 나를 더 좋아했었다.

그러나 메뚜기도 한철이라 했는지 지금은 엄마와 더 많은 대화를 나누고 붙어 다닌다. 물론 나하고도 대화는 하지만 어릴 때만 못하니 섭섭할 때도 있지만 부녀 사이에 기분 좋은 질투를 느끼기도 한다. 다행히 자기가 갖고 싶은 것이 있거나 돈이 필요할 때는 나에게 더 많이 애교를 부리며 달라붙는다. 그러니 어찌 딸이 사랑스럽지 않겠는가. 난 변함없는 행복한 아빠다.

우리 가족은 함께 같은 교회에 다니고 있다.

현재 아들은 서울에서 음악 활동을, 딸은 영국 런던에서 유학하며 신앙생활을 하고 있지만, 방학이나 행사가 있을 때는 본집에 모이게 되고 함께 교회에 나가고 있다.

몇 년 전 어느 날 교회에서 점심시간에 목사님과 몇몇 성도들과 함

께 식사하는데 대화 중 아들 하랑이가 아빠를 가장 존경한다고 목사
님께 이야기했다고 하시며 말해주는 것이었다.

그 이야기를 듣고 기분이 참 좋았다. 그러나 한편으로는 매사에 아
빠로서 존경받는 삶을 잘 살아가고 있는지 나를 다시 한번 되돌아보
게 되었다. 그리고 존경받는 아빠요 가장으로서 더 진실하게 남은 삶
도 살아가야겠다는 생각이 들었다.

아들이 중학교 3학년 때 기숙 생활을 하며 나와 아내에게 준 상장
이 있다. 서랍에 넣어두었다가 가끔 생각날 때 꺼내 보다가 문득 생각
하니, 어버이를 향한 소중한 사랑이 담겨 있는 상장을 서랍에 넣어 두

근 면 상

제01호   오 재 규

위 사람은 항상 주님을 찾으러 바쁜 시간을 쪼개어서 기도원에 가고
어떤 누구보다 근면하고 가족을 위해서 열심히 일하고
또한, 직원들에게 항상 힘이 되고 모범이 되어서
이 사회를 발전시키는 큰 인물일 뿐 아니라 자녀들과 재미있게
놀아주므로 이 상장을 수여함

서기 2007년

이 상장 제작인 오 하 랑

성 실 상

제01호   권 이 선

위 사람은 주님을 섬기는 일과 가족 돌보는 일을 누구보다 성실하며
항상 남을 배려하면서 삶을 살아가고 자녀들을 위하여 항상 모범이
되려고 노력하고 남들보다 먼저 헌신하고 가족의 화목을 위하여
항상 성실하는 마음을 가지었으므로 이 상장을 수여함

서기 2007년

이 상장 제작인 오 하 랑

는 것이 아까웠다.

그래서 몇 년 전 액자에 담아 서재 책상 위에 걸어 놓고 가끔 그 상
장을 보며 아빠로서 초심을 잃지 않도록 마음에 새기고 또 새겨보
고 있다. 이때 아들이 나와 함께 아내에게 준 상장도 책상 위에 걸려
있다.

이 상장을 엄마, 아빠에게 준 지가 10년이 훌쩍 넘었다. 가끔 책상
앞 위에 걸려 있는 상장을 볼 때마다 아들이 대견하기 그지없었다.

아들은 대부분의 생활을 저 멀리 전북에 있는 진안고원에서 공부
하며 성장하면서도 아빠의 삶과 엄마의 삶을 통찰하고 있는 지혜를
가진 것에 대하여 아빠로서 아들이 한없이 대견해 보인다. 그리고 아

빠로서 행복한 삶을 살아가게 하고 있구나 하는 생각이 들 때마다 힘이 나고, 고마울 뿐 아니라 아들에 대한 사랑이 더해진다.

지금 아들은 장성한 청년이 되어 음악가의 길을 걷고 있으며 자신이 좋아하는 음악을 하니 마냥 행복하다고 한다. 그래서 음악공부로 인해 몇 년 전 다니던 대학도 휴학과 복학을 반복하다가 자퇴를 했다.

애초 자신이 좋아하는 일을 하며 행복을 선택하겠다고 우리 부부에게 의논했을 때 우리는 갈등하지 않을 수가 없었다. 몇 년 동안 공부해 온 것도 아깝고, 아쉬웠다.

그러나 나는 학력이나 학벌이 그리 중요한 것이 아니고, 내가 좋아하는 것을 하며 내가 행복한 일을 함으로써, 다른 사람을 행복하게 해주는 삶이 진정으로 행복한 삶이라고 가르쳐왔기 때문에 아들의 선택을 존중해 주었다. 지금도 음악공부를 하며 아티스트로 살아가고 있는 아들의 결정을 존중해 준 것이 후회가 없다.

아들은 서울 변두리 지하 단칸 작업실에서 온 힘을 다해가며 작곡가 겸 D. J로서 성실히 꿈과 비전을 펼쳐 가고 있다. 그리고 우리는 아들의 후원자로서 그 누구보다도 열심히 응원해 주고 있는 행복한 부모다.

자기가 하는 일을 좋아하며 즐기고 다른 이들에게 꿈과 희망을 주는 행복한 예술가로 살아가고 있는 아들이 자랑스럽다. 무엇보다도 나의 바람은 선한 인격자로서 행복한 삶을 살아가는 아들과 딸이 되기를 날마다 기도하고 있다.

나는 아이들이 어렸을 때부터 훌륭한 사람이 되기보다는 행복한 사람이 되라고 가르쳐왔다. 행복이 없는 훌륭함은 불행한 삶으로 살 가능성이 크기 때문이다. 그래서 먼저 행복을 추구하고 행복한 삶을 살아가며 동시에 뛰어난 업적을 이루는 균형적인 삶이 절대적으로 필요하다. 이러한 나도 성공보다는 행복한 삶을 살아가기 위해 지금도 노력해 나가고 있다.

우리 보석들의 행복은 어떻게 만들어 나가는 것일까? 행복은 마음과 행동으로 함께 표현해 나갈 때 만들어지는 것 같다.

우리 가족은 아이들이 어렸을 때부터 허깅으로 보듬으며 사랑하고 행복을 나누어 왔다.

아내도, 두 아들딸도 어려서부터 출입할 때마다 허깅을 한다.

지금까지 우리 가족은 기쁠 때나 힘들 때마다 서로를 격려해 주며, 가족의 소중함과 사랑을 확인하며 행복한 가정을 만들어 오고 있다. 이러한 소소한 행복들이 모여서 가족의 든든한 울타리로 묶는 역할을 해온 것 같다.

행복한 가정을 꾸려 나가기 위해, 남편과 아빠로 살기 위해, 헌신한 시간과 노력은 얼마나 될까?

사실 나는 남편으로 아버지로 부족함이 많은 사람이다. 그러나 신앙의 원동력이 있었기에 이러한 따스한 가정과 행복한 가정을 이루며 살아갈 수 있음에 감사하다.

모든 인류가 원하는 것은 행복하게 사는 것이다. 가장으로서 진정한 행복은 어디서 왔고 어떻게 만들어 가는지 나름대로 생각해 보았다.

일찍이 철학자 아리스토텔레스는 '최고의 행복은 인격'이라고 정의했다. 행복은 주어지는 것이 아니라 우리의 인격적 삶이 만들어 내는 것이라는 뜻이라 생각된다. 인격이 곧 행복이라는 말은 진실하고 선한 가치의 산물이기 때문이다.

나는 앞으로도 우리 소중한 보석들이 이 세상에 참되고 선한 가치를 만들어 나가도록 할 것이다. 이러한 행복이 모여서 우리 가족을 더욱 행복한 삶으로 인도할 것이다.

자연 속에서 성장한 보석들

* * *

"인간은 흙에서 와서 흙으로 돌아간다."

사람은 가족의 구성원으로 태어나 가정을 통해 성장하고 성숙해져 간다. 그러나 가족을 지탱해 주는 정서적 안정만큼은 자연의 치료를 무시할 수 없다고 생각한다.

가족과 사회에서 지치고 상처받은 영혼은 신이 창조하신 대자연 속에서 편안함과 안정감을 느끼며 힘들고 상처받았던 것들을, 자연 속에서 치유받고 위로받아 삶의 순수한 에너지를 충전받는다. 그래 서인지 나는 어려서부터 자연을 좋아하였다.

산, 강, 들, 계곡, 그리고 개울가 등 자연은 나의 따뜻한 어머니의 뱃 속 같은 느낌이 들었다.

어린 시절 어머니는 시골 외갓집에 잘 데리고 다니셨다.

나는 나이 차이가 그리 나지 않는 막내 삼촌과 잘 어울려 놀았다. 들에서 메뚜기 잡고, 산에서는 토끼와 새를 잡으러 다녔다. 또한, 개 울에서 물고기를 잡고 물놀이하는 등 즐거운 추억이 마음 저장고에 가득 있다.

어린 시절부터 부모님은 자연을 체험케 하셨고 나는 자연과 아름다운 추억을 머금으며 성장하였다. 이러한 자연과의 분위기가 나를 철 들어가게 하였고, 오늘까지의 삶을 이끌어 준 것으로 생각한다.

가정을 이루어서도 아이들과 자연을 찾아 쉴 만한 물가가 있는 깊은 계곡과 산으로 다녔고, 겨울에는 눈 덮인 자연 속에서 함께 지냈다. 특히 아들과 함께 초등학교 때부터 산을 자주 다녔고 아들도 좋아하여 함께 자연 속을 여행하며 호연지기의 삶을 체험하게 하였다.

하랑이는 어릴 때부터 기질이 남달랐다. 매사에 관계성이 좋고 오지랖이 넓어 다양한 친구들과 좋은 관계를 맺으며 성장했다. 그러나 좋은 리더의 기질을 타고 태어났지만 허약한 체질이었다. 할머니와 함께 살다 보니 늘 감싸주었고, 갖고 싶어 하는 것과 먹고 싶은 것을 거의 다 사주다 보니, 초등학교 때까지 김치도 먹지 못하고 단 음식만 좋아했었다.

그러다 보니 키도 잘 안 크고 마른 체형으로 성장하였다. 그래서 우리는 아들의 건강과 감성의 풍부함을 키우기 위해 중학교부터는 자연과 더불어 공부할 수 있는 곳으로 보내기로 하여 몇 년 동안 관심을 두고 준비하다가 아들에게 적합한 학교를 찾았다. 그리하여 선생님들의 투철한 교육 사명감과 사랑으로 지도하시는 진솔대안학교에 입학하게 되었다.

북한에 개마고원이 있다면 우리나라에는 진안고원이 있다. 우리 집 인천에서 승용차로 평균 5시간, 막힐 때는 6시간 정도 걸리는 먼

곳이었다.

학교는 해발 550m 위치에 있으며 고원, 즉 사방이 산으로 둘러싸여 있으며 앞에는 무척 큰 계곡이 있었다. 그야말로 두메산골 청정지역이었다.

하랑이는 우리에게 학교에 있었던 셀 수 없는 많은 추억 중 일부분의 이야기보따리를 다음과 같이 풀어 놓았다.

"학교는 인성을 정말 중요하게 가르쳤다. 가르침과 별개로 학교에서 자라면서 많은 것들을 깨달았다. 우리는 공부하며 농사를 지었다. 자연이 허락하지 않으면 어떠한 수확물들도 온전치 못하다는 것을 깨닫게 농사를 짓는 시간을 계획하였다.

또한 보일러는 화목 보일러였다. 보일러에 들어가는 장작을 패면서도 많은 것을 느꼈다.

장작은 대부분 표고버섯 재배에 쓰이는 참나무를 사용하였다. 나무는 죽어서까지 우리의 따뜻함을 위해서도 사용될 수 있다는 것을 깨달았다.

이뿐만이 아니다. 우리는 날씨에 굉장히 민감하다. 푸른 하늘과 따뜻한 햇볕이 마음 깊은 곳까지 어루만져 주는 그러한 이상적인 날씨에 우리는 감동하게 된다.

인적이 드문 자연 경치가 좋은 곳에 가서 가만히 눈을 감고 귀를 기울이면, 나의 남모르는 상처들까지 어루만져 주는 것 같고 그곳에 털고 오게 되는 것 같다.

나는 자연을 정말 사랑하지만, 날씨가 좋지 않으면 투정을 부린다.

투정 부린 나는 지구를 아프게 한 것에 동조하였다. 대자연 앞에서 인간은 한없이 작다. 우리가 서로 시기하고 질투하고 싸우기에는 너무 작다."

아들은 중·고등학교 6년 과정을 어려움과 힘든 과정을 이겨내고 졸업을 하는 기쁨을 가질 수 있었다. 그리고 중학교 1학년 때 많은 학생이 입학하여 6년 과정을 다 마치고 졸업한 학생은 하랑이 한 명뿐이었다는 걸 생각할 때 아들이 너무 고맙고 대견스러워 하나님께 감사를 드린다.

기도한 대로 하나님은 아들의 키를 크게 하셨고 건강한 체질로 바뀌어 졸업하게 되었다. 아들은 6년 동안 학교에서 생활하며 즐겁고 의미 있는 일도 많았고 힘들었던 일도 있었다.

하랑이가 저학년 때 아파서 힘들어할 때 선생님들께서 잘 살피시고 돌보아 주셔서 감사하고 안심이 되긴 하지만, 부모로서 단거리가 아니라 가보지 못하여 안쓰럽고 안타깝기도 하고 마음이 아팠었다. 이러한 것들을 극복하고 자랑스럽게 졸업하여 자신의 삶을 충실히 살아가는 아들이 고맙다. 또한 아들은 자연 속에서 야성을 기르며 성장하는 계기가 되었다.

아들은 대학을 다니다 군대에 입대하였는데 강원도 고성 최전방에서 국방의 의무를 완수하였다. 어려서부터 인간관계가 원만한 아들은 그곳에서도 군인으로서 의무와 책임을 다하며 멋진 군 생활을 했다. 그 이야기들을 들려줄 때 항상 흥미롭기 그지없다.

어느 날 퇴근하여 집에 왔는데, 아들에게서 온 손편지를 보던 아내가 감격의 눈물을 흘리며 나에게 보여 주는 것이었다.

"엄마, 아빠! 진솔을 보내주셔서 너무 고마워요. 저에게 해주신 것 중 최고의 선물이에요. 진솔학교를 가지 않았더라면 힘들었겠죠. 요즘 같은 세상에서 잘살고 있다는 것이 너무 행복해요."

나 또한 마음이 찡하고 눈시울을 적셨다. 너무 감사하였고 아들을 키운 보람에 흐뭇하였다.

딸 하은이는 어려서부터 영어를 좋아하였고 6살 때부터 미국을 보내 달라고 하였다. 초등학교 때에도 엄마에게 자주 미국에 가서 공부하겠다고 졸라대어 아내가 힘들어할 정도였다.

초등학교 때부터 일기를 썼는데 영한으로 일기를 쓸 정도로 영어를 좋아하였다.

초등학교 2학년 때 쓴 영어 일기 중 하나이다.

Honesty (정직)

Everyone must exactly honesty.(모든 사람은 정직해야 합니다.)

Honesty people have many friends.(정직한 사람들은 많은 친구를 가지고 있습니다.)

But, Not honesty people have a few friend.(그러나, 정직하지 않은 사람들은 친구가 몇 명밖에 없습니다.)

Honesty is the best method.(정직은 최고의 방법입니다.)

All people are exactly honesty.(모든 사람은 꼭 정직해야만 합니다.)

Well, your life in society is good.(그러면 당신의 사회생활도 좋아집니다.)

Accordingly honesty is the best method.(따라서 정직은 최고의 방법입니다.)

명철함을 가진 지혜로운 딸이다.

미국에 가서 공부하기를 원했지만 너무 어렸기 때문에 중·고등학교는 국제학교에서 공부하고 대학을 미국으로 보내주기로 약속하였다. 그래서 자연 속에서 공부할 수 있는 국제학교를 찾던 중 용인 태화산에 있으며, 신앙과 학문을 겸비하는 태화국제학교에 입학하여 기숙 생활을 하며 공부를 하였다.

청정지역으로 깊은 산속에 있는 글로벌 학교다. 딸도 좋아하였고 세계를 가슴에 품고 자연과 함께 자연 활동을 하며 학문을 연마해 나가며 성장하였다. 하은이는 학교생활을 흥미 있게 우리에게 들려주었다.

"학교 근처에는 노루가 왔다 갔다 해요, 예쁜 꽃들과 숲속에서 새들이 노래하고 싱그러운 공기가 뿜어져 마음이 상쾌하고 좋아요. 선생님들과 친구들과 자연 활동하고 즐거운 이야기들 나누고 공부하다 보면 시간 가는 줄 모르겠어요."

여자아이임에도 불구하고 어렵고 힘든 기숙 생활을 비교적 무난하고 즐겁게 보냈다.

그러나 객지 생활인데 왜 어려움이 없었겠는가? 특히 몸이 몹시 아프면 걱정이 되었고 마음이 아픈 일들도 있었다. 그러나 그 가운데에서도 자연 속에서 잘 성장하여 졸업하여 자신이 원하던 미국에 공부하러 유학을 갔다. 미 중부 네브래스카주의 전원적인 시골 마을이었다.

미국인 가정에서 생활하고 학교에 적응도 잘하고 공부를 무난히 마치고 지금은 런던에서 유학하며 자신이 원하는 삶을 살아가며 자기의 비전을 펼쳐 가고 있는 자연을 좋아하는 행복한 딸이다.

나는 살아가면서 어렵고 힘든 시기를 겪어 왔지만 2016년에는 가장 힘든 시기를 보내며 산과 바다 등 자연을 찾으며 치유받았다. 이때 아들이 등반을 제안하였다. 나를 위로하여 주며 응원하여 주기 위해서이다.

우리 부자는 등반하며 아들이 어렸을 때 산에 함께 오르는 추억들의 많은 이야기와 미래 삶을 나누며 즐거움과 기쁨과 힐링의 시간을 가졌다. 성장해서도 아빠의 마음을 알아주는 아들이 참 고마웠다.

2018년 봄에는 예전에 함께 근무하던 네팔인 친구의 초청으로 히말라야의 안나푸르나 베이스캠프를 7일간 그 친구와 함께 등반하여 성공하고 돌아왔다. 집에 돌아오니 아들이 아빠가 대단하다며 다음에는 함께 안나푸르나에 오르자고 하였다.

우리는 그곳에 오르며 삶을 예찬하고 대자연의 웅장함을 체험하며 맛보는 그날을 기대하며 준비하고 있다.

아내도 아름다운 지구별 자연 속에서 흙냄새, 풀 내음 산새 소리, 물소리 들으며 순수하게 소통하며 사는 것을 좋아한다.

우리는 지금도 자연 속을 여행하며 자연에서 행복한 삶을 살아가는 지혜를 배워가며 자연 속에서 성장하는 빛나는 보석이다.

신나는 아티스트들

***

우리 가족은 신나는 아티스트다. 그리고 봉사 활동하는 행복한 가족이다. 가훈이 첫째가 '봉사'이므로 보람이 있는 삶을 살아가고 있다.

딸 하은이는 청음이 무척 뛰어났다. 만 4살 때 명곡 아드린느를 위한 발라드를 듣고 바로 피아노를 치고, 만 6세 때는 책에 실려 있는 시를 보고 영감이 떠올라 피아노로 작곡하여 우리 가족을 놀라게 하였다. 지금도 음악을 좋아하며 패션리스트로 런던에서 유학하고 있다.

태교할 때 아내가 찬송가 테이프나 성경 테이프를 틀어놓고 취침을 하여 뛰어난 청음을 주신 것 같다. 그래서인지 성장하면서도 특별한 재능을 발휘하며 자라갔다.

그리고 노래도 참 좋아하였다. 초등학교 2학년 어느 날 부평문화원에서 주체하는 가족 노래 경연대회가 있었다. 어떻게 알았는지 참가하고 싶다는 것이었다. 대회에서 꼭 상을 타고 싶어 하였다. 출전하기로 하여 팀 이름을 레인보우라고 정하고 팀 이름에 맞는 무지개 커

풀티를 맞추어 열심히 최선을 다하여 준비하였다.

전북 진안에 기숙학교에 있는 아들이 집에 오는 날이면 아들은 놀러 가지도 못하고 연습을 하였던 기억이 난다. 그 과정들이 우리 가족을 더 돈독하게 하며 화목한 가정이 되는 귀한 시간이었다.

경연대회는 경쟁이 치열하였다. 참가한 모든 가족이 다 상을 받을 기세였다. 결과를 기다리는 중 가슴이 두근거렸고 누구보다도 딸은 더 긴장하였다.

차례로 발표하던 중 우리 가족 레인보우팀은 은상을 받았다. 너무 기쁘고 감사하였다. 응원 오신 어머니도 너무 좋아하셨고 시상식 때는 흥겨운 춤을 선보이시어 많은 관람객이 즐거워하였다.

어머니는 덤으로 선물도 받으셨던 것을 생각하면 지금도 즐겁고 아름다운 추억으로 남아 있다.

딸은 초등학교 3학년 때는 전국학생 피아노 콩쿠르에 나가 입상하여 상을 타는 등 남다른 음악적 재능을 보인 아티스트다. 그리고 딸은 초등학교 때 시 쓰기를 좋아하여 엄마가 따로 시집 모음집을 만들어 주었다.

그중 초등학교 2학년 때 지은 시 중 한 편이다.

살랑살랑

친구들과 놀고 있는데 어디선가 살랑살랑
쿨쿨 낮잠을 자는데 어디선가 살랑살랑
도대체 뭐가 살랑살랑거리는 거지?

잔디, 씨앗, 꽃, 나무가

곧 봄이 올 거라고 속삭이면서 좋아하네

날씨는 따뜻하고, 따뜻한 봄바람

내 마음에도 봄의 씨앗이 자라서

내 마음에 싹이 트네

이 글을 쓰며 오랜만에 딸의 시 몇 편을 보게 되었다. 하은이의 아름다운 감성이 타고난 아티스트다. 귀중한 선물로 우리 가정에 주신 하나님께 다시 한번 감사드린다.

아들은 어렸을 때 꿈이 예능인이다. 그래서 지금 디제잉과 작곡을 하는 뮤지션이다.

아들은 어려서부터 다재다능한 끼를 가지고 있었다. 친구들과 가족들에게 재미있는 개그를 하기도 하여 우리를 즐겁고 재미있게 해주었다. 노래도 잘 부르고 하모니카도 부르며, 기타도 잘 치는 등등 음악적인 재능을 가지고 태어난 것 같다. 아마도 선천적으로 타고난 엄마의 영향을 받지 않았나 생각된다.

또한 연극하기를 좋아하였다. 어느 날 개그맨이 되겠다고 한참 연습하여 KBS 개그콘서트 1차에 합격하고 2차까지 시험을 보았지만 아쉽게 탈락하기도 하는 등 나름대로 예술적인 감각이 있으며 재능을 계발해 나가는 아티스트다.

아들은 뮤지션으로서의 목적이 뚜렷하다. 사람들을 즐겁게 해주고 좋은 음악을 들려주며 음악을 통해 마음을 치료해주는 것이 의미 있고 행복하다고 한다. 그리고 어떻게 해야 사람들을 즐겁게 할 수 있는

지에 대해서 끊임없이 연구하며 노력하는 과정이 더 보람이 있다고 한다.

아들은 음악을 좋아하다 어느 날 문뜩 이런 생각이 들었다 한다.

"제가 만든 노래를 제가 디제잉해서 사람들이 재미있게 놀거나 마음의 변화가 일어나면 얼마나 더 기쁠까 하는 생각이 들었어요. 저는 세상을 하나로 만드는 유일한 것이 음악이라고 생각합니다. 음악으로 마음의 병을 고치고 사람들을 기쁘고 행복하게 하는 것은 단연컨대 정말 복된 일이거든요. 그리고 이러한 사람들을 돕는 봉사자로 살아가고 싶어요"

그래서 아들은 지금도 행복한 작곡가요 D. J로 보람 있는 삶을 사는 신나는 아티스트다. 그런 아들의 성실한 노력에 박수를 보낸다.

아내는 천부적으로 음악적인 재능을 가지고 태어났다. 아마도 아들과 딸이 엄마의 소질을 닮은 것 같다. 아니 더 나아가서는 장인어른을 닮은 것 같다.

장인어른은 음악을 좋아하시고 노래도 잘 부르신다.

아이들이 어렸을 때 장인어른이 구에서 주최하는 가족 노래자랑에 딸과 함께 참석하자고 하셨다. 아내는 마침 어버이주간에 가족 노래자랑을 한다고 하기에 서울 친정집에 가서(나는 회사 일로 참석하지 못했다.) 연습 몇 번 하고 삼대가 참여하여 치열한 경쟁 속에서도 우수한 성적으로 상을 탔다.

장인어른께선 어깨가 으쓱 으쓱으쓱하셨으며 처가, 우리 가족 모두가 신나며 행복한 날이었고, 전자제품을 친정집에 안겨 주어 효도를 하고 온 것이다.

다음 해에도 장인어른께서 또 연락이 와서 우리는 또 상을 타왔다. 이처럼 장인어른은 음악적인 재능을 가지신 분이며 신나는 삶을 살아가시는 분이다.

아내는 특별히 음악을 전공하지는 않았지만, 음악적 재능을 타고났고 좋아한다. 성악, 피아노, 플롯 등 그래서 친구들이나 직장 동료, 교회 성도들이 결혼할 때 축가와 연주 등에 불려 다녀 마음껏 축복해 주는 제법 인기 많은 아티스트이다.

아들이 학교 다닐 때는 음악 행사 때에도 초청을 받아 노래해 주기도 하였다. 또한 교회에서 솔리스트로, 성가대원으로 오랫동안 활동하였다. 지금도 즐겁게 음악 활동을 하는 행복한 아티스트다.

이러한 음악적인 재능과 봉사를 인정받아 2019년 미국 칼빈국제대학교에서 교회 음악학 명예박사학위를 수여받는 영예를 받았다. 이처럼 아내는 타고난 음악적 재능을 지금까지도 유익함으로 발전시켜 나가고 있는 신나는 아티스트요 봉사자다. 이런 아내와 함께 사는 나는 행복하다.

나는 사춘기에 많은 사색을 하며 철학가가 되기도 하고, 시인이 되어 시도 지어보고, 음악도 좋아하였다. 그리고 지금도 가끔 그 시절 지은 시를 읊어 보기도 한다.

봄, 여름, 가을, 겨울 사계四季를 여행하고 싶은 사춘기를 겪으며 시를 지었고, 작곡하여 기타를 치며 친구들과 함께 노래하고, 낭만적인 추억을 가지고 성장했다.

나는 어렸을 때 꿈이 기업체 사장이 되는 것이었다. 사장이 되어 돈을 많이 벌어 우리 집도 잘살고 어려운 친척과 이웃도 돕고 베푸는 삶을 꿈꾸며 살아왔다. 아마도 그 당시 신앙은 없었지만, 잠재의식 속에서 신과 약속해 온 것 같다. 그러기에 지금 그 꿈을 하나씩 하나씩 나누고 이루어 가며 살아가고 있다.

나와 아내는 가끔 여러 모임에서 듀엣으로 활동한다. 아내는 노래 부르고, 나는 기타로 즐겁고 유익한 시간을 갖는다. 내가 잘 맞추어 주지 못할 때가 종종 있지만, 아내는 나를 격려하며 잘 이끌어 함께 듀엣으로 노래하며 신나게 봉사하는 가족이다

우리 가족은 국내외로 봉사하러 다니는 행복한 아티스트다.

아들은 어릴 때와 진솔학교 때부터 선교여행과 봉사 활동을 하러 국내 봉사는 물론이거니와 해외 봉사 등 6년 동안 쉬지 않고 활동하였고, 지금도 어려운 곳을 돕는 자원봉사자이기도 하다.

딸 하은이도 어렸을 때부터 어려운 사람을 보면 불쌍하다 하며 조금이라도 도왔고 중학교 때는 캄보디아 빈민촌을 해마다 방문하여 어려운 가정을 돕는 봉사 활동을 하는 뿌듯한 봉사자로 살아가고 있다. 그리고 돈을 많이 벌어서 꼭 어려운 곳을 돕는 봉사자로 살겠다며 지금도 열심히 공부하고 있다.

아내는 어느 곳에서나 불쌍하고 힘들게 살아가는 사람들을 보고 들을 때마다 마음이 아파서 그냥 지나치지 못한다. 무엇이라도 돕는 따뜻한 마음의 소유자다. 또한 오랫동안 기쁜 농어촌선교회에서 봉사해온 봉사자이기도 하다. 그래서인지 아들, 딸이 엄마의 나눔의 행실을 보고 배우고 자라서 감사하다.

2017년 우리 가족은 인도네시아 오지로 봉사 활동을 떠났다. 아쉽

게도 아내는 그때 건강이 좋지 않아 함께 하진 못하였지만, 응원과 격려로 봉사 활동을 잘 마치고 돌아올 수 있었다.

우리는 교회 선교 일원으로 함께 인도네시아 뿐띠아낙이라는 섬으로 갔다. 바나나보트를 타고 깊은 정글로 들어갔다. 말 그대로 아나콘다가 사는 정글이었다.

마을에는 식수가 없는 환경이 열악한 곳이었다. 이곳에 우물을 파주며 학교건물을 짓는 봉사 활동에 참여하는 보람 있는 산 경험을 하였다. 지금도 생각하면 아들과 딸과 함께한 봉사 활동이 삶에 의미가 있고 뿌듯한 봉사 활동이었다.

아티스트도 좋은 품격을 갖추어 나가야 한다고 생각한다. 그래야만 행복하고 신나기 때문이다.

좋은 인격이 곧 행복이라는 말은 진실하거나 선한 가치를 생산해야 하며 예술적이거나 문화적 결실을 생산할 수 있을 때 더 아름다운 행복을 동반하게 되지 않을까 생각된다. 그러므로 하나님이 창조하신 아름다운 지구별에서 부족하나마 우리 가족이 계속 의미 있고 신나는 아티스트로서 봉사하며 이 세상에 선한 가치를 실현해 나가길 기도한다.

내 인생 최고의 동반자

***

아름다운 지구별에서 내 인생 최고의 동반자는 뭐니 뭐니 해도 사랑하는 내 아내가 분명하다.

우리의 만남은 우연이 아니고 하늘이 맺어준 인연이다.

결혼하여 서로 30여 년을 살아가면서 결혼은 완벽한 두 사람의 결합이 아니라는 것을 알게 되었다. 불완전한 두 사람이 서로 용서와 포용을 배우며 사랑하며 살아가는 것이라는 것을 깨닫게 된 것이다.

청년 시기, 교회에서 함께 신앙생활을 하며 친누나처럼 나를 아껴 주시던 여전도사님이 계셨다. 다른 교회로 사역지를 옮기게 되셨고 그곳에서 좋은 사람을 알게 되었다며 여러 번 이야기하여 주셨다.

뜻깊은 성탄절 이브 날 밤을 마침 두 교회가 연합으로 청년부 행사를 하기로 하게 되어 우리 교회에서 진행하게 되었다. 그리하여 자연스럽게 짝이 될 사람을 소개해 주셔서 처음 만남이 이루어졌다.

아내에게도 친언니처럼 다정하게 대해주시던 전도사님 소개로 우리의 필연적인 만남이 시작되었다.

아내를 처음 본 순간 '잃어버렸던 내 반쪽을 찾았다.'라는 것이 마음에 찾아 들었다. 하나님이 동반자로 주셨구나 하는 확실한 느낌이 들었다. 나중에 서로를 확인하는 과정에서 처음 만난 날 우리는 대화가 잘 이루어지는 느낌이 들었다.

그 이후 만남을 연결하여 주신 전도사님의 연락이 긍정적으로 전하여졌고 우리는 교제를 시작하였다.

우리는 설레는 데이트를 하며 미래를 설계해 갔다. 아내는 그 당시 이름이 있는 명동의 큰 무역회사에서 근무하고 있었으며, 안정적이며 비교적 수입도 괜찮았다.

그 당시 나보다 더 좋은 혼처도 가끔 들어오는 느낌이 들었다. 그러나 아내는 나를 향한 마음이 흔들리지는 않는 것 같아서 고마웠다.

하늘은 스스로 돕는 자를 돕는다고 했던가.

나는 아내를 내 인생의 최고의 동반자를 만들기를 위해 노력했고 콩깍지가 씌어 내 아내가 아닌 다른 여자는 보이지 않았다.

그렇게 우리는 3년을 넘게 교제하다가 결혼하였다.

연애하던 그 시절 아내와의 좋은 추억들이 많았다.

만남의 장소는 주로 아내 회사 근처인 명동 근처에서 이루어졌다. 그 당시 서울의 중심이 명동이라 명소들이 많았다. 쇼핑도 하며, 소공동 뚝배기 순두부를 맛있게 먹으며 우리만의 아름다운 이야기를 만들어갔다.

수입이 넉넉하지 못하였던 그 시절 아내에게 마음에 드는 선물 하나 제대로 못 사준 것이 지금 생각해 보니 미안한 마음이 든다.

물론 그때 속이 깊은 아내는 내 사정을 알기에 나를 곤란하지 않도록 배려를 해 준 것에 감사하다.

우리 결혼이 이루어지기까지는 우여곡절도 많았다.

처가 식구로는 부모님과 오빠와 여동생이 있었다. 처음 인사드리러 갔는데 장인어른은 마음에 드셨고, 손위처남과 손아래 처제도 마음에 들어했다. 그러나 장모님은 탐탁지 않게 여기셨다.

이유인즉 장인어른보다 키가 작다는 것이 첫 번째요, 두 번째는 이름 있는 기업이 아니라 중소기업에 다녀서 직장이 썩 마음에 들지 않으셨다.

딸은 제법 이름 있는 기업에 다니고 있었기 때문이다. 또한 처가는 기독교 집안이 아니기에 맏사위로서 탐탁지가 않으셨다.

마음은 불편하였지만 딸 가진 엄마 마음을 한편으로는 이해가 되었다. 꼭 장모님 마음을 돌아서게 하여 남부럽지 않은 인생을 사는 모습을 보이는 사위가 되어야지 하는 마음을 굳게 가지게 되는 계기가 되었다.

비록 중소기업이었지만 견실하고 좋은 회사였고, 나 역시 꿈도 있고 이상을 가진 사람이었기에 열심히 성실히 노력하여 꼭 성공할 수 있는 사람임을 아내와 함께 어머님을 설득하며 어렵게 승낙을 받고 결혼하게 되었다,

그럼에도 불구하고 처음 몇 년은 장모님의 나를 대하시는 것이 그리 편하지는 않으셨다. 그러나 지성이면 감천이라 했던가. 몇 년이 지난 뒤부터는 너무 잘해 주셔서 감사할 따름이다.

이제 우리는 부부로서 이런저런 것들을 겪어가며 사랑의 동반자가 되어 결혼한 지 30여 년이 되어간다.

아내는 부족한 자와 결혼하고 연약한 건강임에도 불구하고 어려운 환경 속에서 시어머니와 시동생과 함께 살아갔다.

　결혼해서도 직장생활을 하며 서로 맞벌이를 하던 중 첫아이를 임신하게 되었다. 몸이 약한 아내가 임신하니 그 기쁨은 말할 수 없이 기뻤다.

　그러나 몸도 약한데 회사에 다니다 보니 조산이 될 수 있다는 의사 선생님의 말씀에 따라 퇴사하였고 첫아들 하랑이를 순산하는 기쁨의 선물을 받았다.

　그리고 아내로 어머니로 또한 시어머니와 시동생과 함께 10여 년을 살아가며 하나님께서 귀중한 선물로 늦둥이 딸 하은이를 우리 가정에 보내주시었다.

　사는 집이 그리 넓지 않아 아이가 성장하면서 다 같이 살기엔 공간이 부족하여 어머니와 동생은 독립하였다.

　우리는 큰 산을 몇 번 넘고 지치기도 했지만, 하나님의 은혜와 신앙의 힘으로 어려움을 극복하여 지금까지 오게 되었다.

　가정을 이끌어온 나의 동반자여 친구로 함께 살아온 아내에게 고맙고 사랑한다고 이 글에서나마 진심으로 전해 주고 싶다.

　아내는 결혼 후 얼마 안 되어 나로 인해 마음고생과 가정경제에 대한 고생이 심했다. 그때 아내의 힘들었던 마음과 심정들을 헤아려 주지 못한 것에 대하여 미안함이 더해진다. 또한 가족들에게도 미안한 마음을 전한다.

　우리를 소개해 준 전도사님은 우리가 결혼하기 전 신학을 더 공부하기 위해 미국으로 가셨다. 그곳에서 공부하시며 잘 정착하셨다.

그리고 미국으로 가시기 전부터 우리 부부를 초청하여 주시기로 약속해 주었다. 감사하게도 우리 부부를 친동생처럼 사랑하셨기에 꼭 초청하며 후원자가 돼 주시기로 한 것이다.

나는 결혼 전부터 신앙에 열정과 사명에 불타올라 목사가 되겠다는 믿음을 가지고 살아가고 있었다. 그래서 전도사님께서 이전부터 부족한 나를 써포트해 주시기로 약속을 하셨고, 미국에서 신학을 공부하여 목사가 되고 교수가 되라는 꿈을 몇 년 전부터 심어 주었다.

나는 꼭 이룰 수 있다고 생각했다. 물론 아내의 동의하에 준비하게 되었다. 그렇게 꿈을 가지고 잘 다니던 직장을 퇴사한 후 미국에 가기 위한 준비 공부를 해 나가던 중 여러 가지 사정 때문에 가지 못하였다. 이 또한 하나님 뜻이라는 것을 몇 년이 지나서 깨달았다.

가정도 제대로 돌보지 못하는 사람이 무슨 일을 이룰 수 있단 말인가? 나의 이기적인 것들로 인해 가정이 힘들었었다. 이를 잘 극복하여준 아내에게 다시 한번 고맙다고 전한다.

아내는 '내 인생 최고의 재산이다.'라는 마음으로 살아가고 있다. 탈무드에서는 '세상 무엇과도 바꿀 수 없는 것, 그것은 젊을 때 결혼하여 지금까지 살아온 아내'라고 말한다.

그렇다. 아내는 세상 무엇과도 바꿀 수 없는 평생 친구요 애인처럼 살아가는 최고의 동반자이다. 아내는 그리스도인으로 여러 가지 은사가 있지만 특별한 은사가 있다. 바로 기도의 은사다. 약한 체질임에도 불구하고 매일 기도하는 아내요 어머니다.

새벽 예배에 나가 가족과 친척, 회사, 교회, 이웃과 나라를 위해 중

보 기도로 나아가는 것을 볼 때 산을 들어 바다에 던질 만한 믿음의 사람이다.

남편 된 자로 이처럼 기도하지 못함이 미안하고 아내가 고맙고 존경스럽다. 신앙심이 두터운 아내는 자녀들을 위해 어려서부터 기도를 해주며 축복해 주었다. 아이들이 등교하기 전 꼭 손을 잡거나 머리에 손을 얹어 기도해 주었다. 아버지가 하지 못하는 것들을 해주어 고맙고 미안한 마음이 들기도 하였다.

기도의 어머니이다. 새벽기도뿐 아니라 틈만 나면 가족을 위해, 이웃을 위해 쉬지 않고 기도하는 아내, 이러한 아내의 신앙을 나는 자랑스럽게 여긴다. 그리고 나이가 있음에도 아내의 언행은 청년 같으며, 아이처럼 순수하고 잘 웃는다. 그래서 아내로 인해 더 젊어지고 있고 기쁨이 넘치는 행복한 남편이다

인기가수 태진아의 히트곡 '동반자'라는 노래가 있다

당신은 나의 동반자 영원한 나의 동반자……

어쩌면 가사가 내가 아내를 생각하는 것과 이리 똑같을까! 지금도 가끔은 기타를 치며 신나게 노래를 부른다. 아내는 주방에서 이 노래를 들으면서 들썩들썩 어깨춤을 추기도 한다. 당신만을 사랑한다 하니 어찌 흥이 저절로 나오지 않겠는가!

이 아름다운 지구별에서 당신은 내 인생 최고의 영원한 동반자입니다.

지구별에서
내 인생의 첫사랑

-------------------- **김숙희** --------------------

감성스피치 전문 강사, 웃음치료 강사이며 여성 사업가이다.
제주도에서 요식업과 부동산 컨설팅을 겸하고 있다.

부를 좇기 위해서가 아니고 일을 좋아해서 누구나 꿈이 있으면 성공할 수 있다고 믿으며 꿈과 희망을 전해주는 동기부여 강사이다.
'나이는 들어도 늙지는 말자'는 신념으로 시들지 않는 꿈의 목록을 작성해 놓고 브레이크 없이 열심히 달려가고 있다. 성공으로 가는 길은 공사 중일 때도 있지만 반드시 끝은 있기에 오늘도 또 다른 꿈을 꾸고 있다.
다음 책으로는 스피치 책이 출간될 예정이며 자기계발서도 집필 중이다

이메일 hd8280@hanmail.met

내 인생 전부인 그녀의 이름, 엄마

✳✳✳

딸은 출가외인이다. 한 번 시집가면 무슨 일이 있어도 시집에서 죽어야 한다.

그것이 곧 가족과의 이별이 되고, 모두 큰 슬픔으로 빠지곤 했었는데 이제 이런 말은 TV나 책에서만 들을 수 있게 되었다.

요즘 딸과 엄마 사이는 함께 여행도 다니고, 외식하기도 하며 연극도 보러 가고는 하니 딸 없는 사람들에게는 부러움의 대상이 되었다.

엄마와 딸 사이란 시대를 막론하고 친구처럼 가까운 사이로 친구보다 더 의존하고, 응석 부리고 때로 마음이 안 맞으면 미워하기도 하면서 둘만의 묘한 관계를 이어 나간다.

혜민 스님의 문집 〈멈추면, 비로소 보이는 것들〉 '전생 이야기' 중에 부모와 자식과의 인연은 부모에게 은혜를 갚으러 나온 자식과, 빚진 것을 받으러 나온 자식 두 분류로 크게 구분된다고 한다.

그중에서 나는 분명 빚 갚으러 나온 딸인 것 같다.

생일날 아들이 보낸 편지 중에 "엄마, 혼자 다 떠안으려 하지 마시고, 이제 저에게도 나눠 주시고, 그동안 우리에게 베푸신 은혜에 만분의 일이라도 갚으며 살 수 있게 기회를 주세요. 예전에도 그렇고 지금도 그렇고, 앞으로도 변함없이 엄마를 최고로 사랑합니다. 엄마 아들이어서 감사합니다."라는 구절을 읽고 울었던 기억이 난다.

이렇게 마음이 따뜻한 아들로 잘 키운 것도 워킹맘이었던 우리 두 아들을 귀하게 키워 준 우리 엄마의 절대적인 손길이 없었다면 불가능한 일이다. (가끔은 인간이기를 포기한 자들이 자신이 낳은 자식을 갈비뼈가 부러지도록 때리고 학대하고 결국에는 사망에 이르게 하는 끔찍한 사건이 TV나 신문 사회면을 장식하는 일이 벌어지기도 하지만.)

거의 사랑스런 손자를 보는 할머니라면 다 그렇겠지만 우리 엄마는 더 특별하다. 지금도 내 남동생의 아들을 키우며 혼신을 다하는 엄마는 언제나 자식과 손자가 최우선이다. 외식할 때도 "난 밥 먹은 지 얼마 안 됐다. 밥맛이 없다." 하시며 당신 몫을 학교 간 손자 챙겨 주느라 주섬주섬 싸 가지고 오셔야 마음이 편한 우리 엄마.

일상에서 고스란히 전해지는 자식들에 대한 엄마의 무한한 사명감은 누구도 감히 말릴 수 없는 그녀만의 삶이고 세상이다.

대천에서 자동차로 20분 정도 들어가면 보령시 성주면이라는 탄광촌이 있다. 들어보지도 못한 그곳 산골짜기로 일찍 시집을 가서 아기를 낳고 키우며 고생하는 내가 엄마에게는 가슴에 박힌 커다란 대못이었을 것이다.

내 시집살이는 1980년대임에도 1960년대에 멈춰 있는 시간이었다. 친정에서는 연탄불 난방에 냉온수 수돗물을 사용하다가 시집가서는 산에 가서 나무를 해 와야 했고, 물은 동네 공동 펌프장에서 길어

왔다. 그리고 공중 화장실 앞에서 아침이면 줄을 서야만 했다.

그 당시 나는 너무 어려서 시집을 가면 모두 그렇게 사는 줄 알았다. 더구나 모진 시어머니의 시집살이는 육체적인 것보다 정신적으로 훨씬 더 힘든 생활이었다.

엄마는 딸과 손자가 보고 싶어 딸 집에 한 번 갔다 오면 일주일씩 앓아누웠다고 했다. 누추한 내 행색에 한 번 울고 첫 아이 땐 변변한 옷과 이불도 없이 기저귀 살 돈이 없어 뻣뻣한 광목천으로 대신해서 아기 살갗이 벌겋게 부어오른 것을 보고 또 울었다. 그래서 오실 때는 바리바리 싸 오고 가실 때는 차비만 남기고 우리 시어머니 용돈이며 옷이며 사 주고 갔다.

세월이 지나고 나서 물어본 적이 있다. 엄마, 그렇게 불쌍하면 나를 주고 가지, 왜 시어머니를 드렸냐고 했더니 "그래야 시집살이를 조금이라도 덜 시킬 거 아니냐."라고 했다.

나는 어린 나이에 감당하기 어려운 일이 너무 많아 엄마가 보고 싶을 때마다 글을 썼다. 엄마에게 알리면 힘들어하실까 봐 혼자 견디고 버텼다.

'미국에는 버터가 있고 우리나라에는 버텨가 있다.'라는 말이 있다.

난 버티는 거에 익숙해졌다. 그러다 큰 사건이 터지고 나서야 엄마는 "독하다. 어떻게 엄마한테도 말을 안 해. 혼자 참느라 얼마나 힘들었니?" 하며 야윈 내 모습을 보고 많이도 우셨다.

그리고는 '엄마 책임이다. 내 잘못이다.' 하면서 눈물을 닦아 주었다.

예전의 엄마들은 누구나 다 고생했다고 하지만 우리 엄마의 어린 시절 상처는 너무 깊어 차마 눈물 없이는 듣지 못한다.

외할머니가 엄마 다섯 살 때 세상을 뜨고 엄마와 이모는 각각 다른 집으로 양녀로 들어갔지만 얼마 안 되어 양아버지가 세상을 떠나신 탓에 그곳에서도 쫓겨났다고 했다.

그때부터 엄마는 남의 집에 얹혀살기도 하고 처마 밑에서 잠도 자며 며칠씩 굶기도 했다. 어린 나이에 너무 배가 고파서 이름 모를 풀이나, 나뭇가지, 열매 같은 것을 먹었다고 했다.

성인이 될 때까지 견뎌낸 엄마의 유년기는 눈물 말고도 가슴이 뻐근하고 아파서 들을 수 없는 고통이었다. 그렇게 고생을 하고 살았음에도 아버지와 결혼 생활은 행복하지 않았다.

아버지 얼굴도 못 보고 결혼했던 엄마, 귀한 집 막내로 태어나 철없던 아버지는 돌아가시기 전까지도 마누라를 챙기기보다는 받는 거에 익숙했다. 그리하여 엄마는 더 외롭고 힘든 삶을 살았다.

그렇게 순탄하지 않은 엄마 삶에, 내가 꽃길이 아닌 흙길로 마음 아프게 해서는 안 된다고 다짐하는데도 엄마에게 나는 늘 아픈 손가락이 되었다.

아버지가 안 계신 이후로 엄마는 나를 남편처럼 의지하고 내게 너무 많이 기대신다.

우리 엄마는 지금의 내 나이보다 훨씬 젊었을 때부터 외손자 친손자를 키워 주시느라 엄마 이름 같은 건 기억에도 없다. ○○ 할머니로 30년을 사셨으니 내가 평생 갚아도 남을 빚이 그중 하나다.

나는 하루에 한 번씩 엄마한테 전화한다. 가끔 잊어버리면 엄마는 신호를 보내고 끊는다. '엄마 전화했었네' 하면 "신호 갔니?", "네가 소식이 없어서. 밥은 먹었니?" 하시며 60을 바라보는 딸을 늘 살피는 엄마. 그런 엄마 눈을 마주치기가 두렵다. 눈물이 쏟아질 것 같다.

내 아들이 보낸 편지 중에 이런 말도 있다.

"엄마, 이렇게 부르기만 해도 짠하네요."

나도 그렇다. 엄마를 보기만 해도, 맛있는 것이 있어도, 좋은 물건을 봐도, 엄마 생각에 늘 짠하다. 엄마는 나만 보면 "왜 이렇게 야위었니? 강의 그만둬라. 운동이나 하며 편하게 살아. 제발 엄마 말 좀 들어라." 하시며 끝없이 이야기하신다.

또 잔소리하는구나 싶어 귓등으로도 안 듣는다. "듣고 있냐?"는 말에 '엄마 알았어.'를 건성으로 한다.

그런데도 엄마는 참 긍정적이었던 것 같다. 어린 시절 너무나 고생하고 살아서 그런지 젊은 시절 참 억척같이 일했고 그런 덕분에 동네에서 부자 소리 들으며 살았다.

"엄마 어떻게 땅도 많이 사고 집도 사고 그랬어?" 하고 물어본 적이 있었다.

엄마는 가지고 싶은 것이 있으면 그 앞으로 지나다니면서 "올해 안으로 저 땅 꼭 사야지. 저 집 내가 꼭 살 거야." 하고 다짐했다고 한다.

지금이야 끌어당김의 법칙이라든가, 잠재의식이라든가, 이미지화, 이런 말이 있지만 그 옛날에 그 집 앞, 그 땅 앞에 가서 한참씩 보고 왔다는 말에 놀라지 않을 수가 없다.

내가 우리 엄마를 닮았구나 싶어서 다시 한번 감사하게 생각한다.

신달자 작가의 책 〈엄마와 딸〉에서 보면 "백 번 천 번 잘못해도 용서하는 사람이 누구겠는가. 오직 엄마다. 엄마의 가슴에 총을 겨누고 엄마의 인생을 툭 부러뜨리고 목을 조이는 딸도 용서하면서 잘되기를 바라는 사람이 바로 엄마다. 그러나 엄마 인생을 생각하면 얼음 덮힌 겨울 들판에 엎드려 용서를 빌어도 풀리지 않을 만큼 마음이 찢어질 듯하다."라는 글이 있다.

이 대목을 읽는 순간 눈물이 핑 돌았다.

맞다. 자기 살을 깎아 줘도 아파하지 않을 사람이 세상에 어디 있으랴. 그러나 있다. 세상의 엄마들이고 또 우리 엄마다.

늘 배부르다, 금방 먹었다, 난 괜찮다 하시기에 엄만 괜찮고, 늘 배부른 줄 알았다. 자식들 먹이려고 그런 줄도 모르고 내가 엄마가 되고 한참이 지나서야 엄마 마음을 알았다.

가끔은 말이 안 통하는 엄마, 고집불통인 나, 서로를 아끼고 사랑하다가도, 서운해하고 난 절대 엄마를 닮지 않겠다고 하고도 어느새 슬금슬금 엄마를 닮아 가고 있다.

언젠가 내게 엄마는 다섯 살 이후 단 한 번도 불러 보지 못한 '엄마'라는 그 말을 해 보는 게 평생소원이었다고 말한 적이 있다.

그러나 과연 그냥 엄마라고 불러 보는 것만 소원이었을까.

그 안에는 따뜻한 사랑도 받고 응석도 부려 보고 떼도 써 보고 잘못을 해도 아가, 괜찮다. 그런 위로의 말을 듣고 싶은 평범한 세상의 엄마와 딸로 살고 싶었던 것은 아니었을까.

내가 50년이 넘도록 무심코 아무렇지도 않게 불러왔던 엄마라는 단어가 얼마나 따뜻하고 커다란 사랑을 품은 말인가를 느끼는 순간

형언할 수 없는 슬픔이 가슴속으로 밀려왔다. "조물주는 모든 인간에게 신神이 하나씩 필요하다는 것을 알았지만 신을 그렇게 많이 만들 수가 없어 대신 어머니를 주었다고 한다."는 말이 그녀에게는 아무 소용 없었지만 엄마라는 몇천 배의 사랑을 품어 안고 나에게로 왔던 것이다.

지금의 내가 있기까지 엄마 없이는 아무 말도 할 수가 없다. 지나간 수많은 험난한 길에 환하게 불을 밝혀준 여인, 내가 힘들어할 때마다 "넌 똑똑해서 뭐든 잘할 수 있어."라고 용기를 북돋아 주고 희망의 끈을 놓지 않게 해준 든든한 그녀가 있었기 때문에 오늘의 내가 있는 것이다.

그런 엄마를 위해 무슨 말이든 들어주고 옆에 있어 주는 게 내가 엄마를 위해 할 수 있는 역할이다.

가끔 넘치는 잔소리가 듣기 싫을 때도 있지만 그건 엄마의 사랑 노래다. 누가 날 위해 이토록 간절함을 표현해 줄 수 있을 것인가.

작년에 언니와 엄마를 모시고 제주도에서 10일을 머무른 적이 있다.

엄마는 "너희들 힘든데 뭐 하러 가느냐." 하셨지만 열흘 내내 좋아하셨다.

올해도 엄마를 모시고 세 자매와 함께 여행을 갈 계획이다.

살아 계실 동안에도 어머니는 눈물일 수밖에 없었던, 저세상으로 떠난 어머니를 사무치게 그리워하며 쓴, 시인 김초혜 〈어머니〉 시時

를 읽으면서 문득 매일 전화하고 언제라도 보고 싶으면 볼 수 있고 손
도 잡을 수 있는 나는 얼마나 행복한 사람인가 하는 생각이 든다.

나머지 인생은 내 인생 전부인 엄마를 위해 어느 날은 딸로서, 어느
날은 우리 엄마의 엄마로서 딸에게 못한 내리사랑을 안겨 드리는 배
역을 충실히 해 볼 생각이다.

'엄마, 나머지는 제가 할게요. 건강하시기만 하세요.'

오늘도 기도해본다.

엄마의 환한 웃음

***

엄마는 딸 셋에 아들 하나를 낳았다. 아니 딸 넷을 낳았는데 내가 여섯 살 되던 해 동생을 하늘나라로 보냈다.

그때 이야기만 나오면 난 죄인이라도 된 것처럼 고개를 숙여야만 했다. 이유는 여섯 살 때라 가물가물하지만 그 기억만은 또렷하다.

내 나이 여섯 살이고 동생은 세 살, 그때 우리 집은 너무 가난해서 엄마는 어린 나에게 동생을 맡기고 수제비 끓여놓고 언니가 곧 학교에서 오니까 동생 잘 보고 있으라며 밭에 일하러 갔다. 그런데 그날 집 앞에 있는 도랑에 동생이 빠졌고 시간이 얼마나 흘렀는지 모르겠지만 동네 아저씨가 동생을 구해주었다.

그 사실을 몰랐던 엄마는 갑자기 동생이 아프니까 병원에 데려갔는데 가는 도중 어떤 이유에선지 동생은 자가가 좋아하는 껌을 사달라고 했고 엄마가 사준 껌을 씹는 듯하더니 다리가 축 늘어졌단다. 엄마는 놀라서 병원으로 달려갔지만, 의사는 이미 늦었다고 했고 그렇게 동생은 하늘나라로 떠났다.

신실한 불자(佛子)인 엄마는 절에 갈 때마다 사탕과 껌을 샀고 동생을 위해 복을 빌며 한없이 눈물을 흘리고 온다.

　그 이후부터 난 물에 대한 트라우마가 생겼다. 왜 물이 무서웠는지도 모르고 초등학생 때도 친구들과 물놀이 가면 물가에서 옷만 지켰고 성인이 되어서도 바닥이 보여야만 물에 들어갈 수 있었다.

　엄마는 참 억척같이 살았다. 내가 어려서 기억을 못 할 때도 면장갑을 꿰매는 일을 하고 나를 업고 다니며 과일 장사를 했다고 한다. 엄마는 항상 그때 장사하느라 모유를 제대로 못 먹여 내가 허약한 것 같아 미안하다고 말했다. 그렇게 엄마가 억척스럽게 모은 돈으로 우리 집은 땅도 사고 가게가 달린 집도 샀다.

　옛날 구멍가게는 술, 담배, 생필품 등을 팔면서 외상이 많았다. 한 달씩 미루다가 주는 사람도 있고 어떤 사람은 몇 달씩 안 주기도 하고 그냥 떼먹고 이사 가는 사람도 많았다.

　엄마는 외상값을 받을 때도 정확하게 계산했고 한 번도 착오가 없었다. 그러기에 어린 나는 엄마가 천재인 줄 알았다. 농사일, 담요장사, 과일 장사, 동네 구멍가게까지 해보지 않은 게 없을 정도로 많은 일을 하면서 엄마는 항상 셈을 잘했다. 동네 사람들도 언제나 크고 작은 무슨 일이든 모두 엄마에게 부탁하러 왔으며, 이는 엄마가 돈 되는 일은 놓치지 않았기 때문이다.

　내가 크고 나서 알게 된 사실이지만 엄마는 오십 살이 넘도록 한글도 읽을 줄 몰랐다. 다섯 살 때 외할머니가 돌아가시고 이 집 저 집 떠돌이 생활을 했으니 누가 그녀를 알뜰하게 챙겨 주고 공부까지 시켜 줄 수 있었을까. 그렇게 엄마는 한이 되어 자식 교육에 대한 의지가 대단했고 우리를 아주 무섭게 가르쳤다. 공부하는 중이라면 아무 일도 하지 않아도 되고 어떤 때는 심부름하기 싫어 시험공부를 한다고 속인 적도 있다.

모범생인 언니는 그림도 잘 그렸고 공부도 잘했지만 난 공부를 잘하지 못했다. 초등학교 3학년 땐가 성적표를 받아 왔는데 성적이 떨어졌다고 엄마는 회초리를 들었다. 무슨 일이든 잘못하면 고지식한 언니는 엄마의 화가 풀릴 때까지 그 자리에서 꼼짝 않고 매를 맞았다.

나는 엄마가 매를 들었다 하면 제일 먼저 줄행랑을 쳤고 도망가다 붙잡히면 회초리를 붙들고 협상을 한번 해본다.

"엄마, 어디 때릴 건데요. 몇 대 때릴 건데요."

그 말에 엄마가 어이없어하실 때 나는 잽싸게 도망가서 회초리를 피하고는 했다.

옛날얘기가 나오면 지금도 엄마는 언니가 제일 불쌍하다고 한다. 어릴 때 너처럼 도망이라도 가면 좋은데 끝까지 그 자리에서 미련하도록 매를 맞았다고, 그땐 너무 어렵게 살다 보니 어린 언니에게 집안 살림까지 시켜서 미안하고 너희들 공부 많이 못 시켜서 그것도 미안하다고 했다.

엄마는 지금도 그렇지만 젊었을 때는 시골 아낙네 같지 않게 피부도 희고 키도 컸다. 또한 그렇게 말할 수 없이 고생하고 살았어도 겉으로는 뼛속 깊이 차 있는 슬픔까지 전혀 몰라볼 정도로 귀티 나는 부잣집 사모님 같았다. 그래서인지 엄마는 살면서 여러 번 큰 사업을 할 기회도 있었고 좋은 직장을 권유받기도 했는데 이런저런 핑계로 다 거절했단다. 왜냐하면 글도 읽을 줄 모른다는 걸 알게 될까 봐 두려웠던 것이다.

지금도 생각하면 가슴이 저리고 아프다. 그런 악조건 속에서 어떻게 그 긴 세월을 견디며 우리를 잘 키울 수 있었을까.

이윽고 나이 오십이 넘어서 글을 배우기 시작했을 때 엄마는 눈물을 흘리며 글을 알았다면 아마 엄마 인생이 바뀌었을 거라고 나에게 털어놓았다. 난 놀라기도 하고 믿어지지 않았다. 그럼 우리 형제들 학교 다닐 때 성적이 떨어진 걸 어찌 알고 야단쳤으며 장사할 때는 외상값이 얼마인지 매번 어떻게 기억을 해냈단 말인가.

나는 어린 나이에도 엄마가 거침없이 물건값을 받을 때 엄마는 암산을 잘한다고 생각했다. 나중에 물어봤더니 글을 몰라서 항상 남들보다 더 뛰어난 기억력을 이용해 엄마만 알 수 있게 암호로 그려 놓았다고 했다.

손자 몇 명을 키우고 할머니가 되어서야 엄마는 평생소원이었던 한글학교에 입학했고 엄마는 너무 좋아했다. 자정이 넘을 때까지도 숙제를 했다. 내가 학교 다닐 때는 그렇게 하기 싫었던 숙제가 엄마에겐 가장 행복한 날들이었다.

오십 대가 되어서 학생이 된 엄마에게 이름을 불러주고 삼십 대 선생님을 깍듯이 선생님이라 부르고 글씨도 예쁘게 쓴다. 잘한다는 칭찬 한마디를 듣고 오는 날에는 세상을 다 얻은 듯 행복해했다.

그렇게 한글을 배워 갈 무렵 어르신들의 한글학교에서 편지 쓰기 대회가 있었는데 엄마가 우수상을 받게 되었다. 그것도 엄마가 입버릇처럼 자랑하고 다녔던, 소도시 송탄에서 공부하던 외손자가 당당하게 합격한 서울대학교에서 시상식을 했다. 그때 나는 회사 일로 못

가고 언니와 한글학교 선생님이 참석했었다. 지금 같았으면 열 일 제
치고 엄마한테 달려가 축하해 주었을 텐데 어리석게도 나는 세월이
지나서야 깨닫게 되는 것들이 참으로 많다.

엄마는 정말 똑똑한 사람이다. 그때 선생님 말씀이 다른 엄마들
보다 이해력도 빠르고 무엇이든 잘한다고, 조금만 더 배우면 중학교
에 입학해도 된다고 말해 주었다. 하지만 모든 세상일이 뜻대로 된다
면 얼마나 좋을까. 갑자기 엄마가 남동생의 딸을 맡아 키우게 되면서
그렇게 좋아하던 공부를 그만 중단하게 되었다. 그런데도 엄마는 지
금 책도 보고 손자들의 편지를 읽고 또 읽고 너무나 행복해한다.

만약 엄마가 죽을 때까지 글을 몰랐다면 얼마나 깊은 회한으로 남
았을까. 다행인 것은 젊은 날 글을 몰랐던 기억으로 비관하지 않고 이
제라도 글을 배워 행복하니 엄마의, 긍정의 힘을 내가 고스란히 닮
았나 보다.

언제나 불가능한 일을 가능하게 만들었던 엄마는 이제 손자도 많
이 컸으니 못다 한 공부를 다시 하고 싶다고 한다. 엄마 연세가 팔십
인데 건강하게 공부를 할 수 있을까 걱정이 앞서지만 누구에게나 도
전과 배움의 나이는 숫자에 불과하다고 하지 않던가.

얼마 전 신문에서 95세 할머니가 33년간이나 하루도 빠짐없이 아
침에 버스를 타고 나가 봉사 활동을 하고 LG 의인상까지 받았다는 기
사를 읽었다. 또 젊은이들의 전유물인 힙합 춤을 배우는 할아버지들
기사도 보았는데 평균 나이가 81세라고 한다. 그들은 치매와 관절염
등으로 고통받던 노인들이었는데 음악과 춤에 도전하고 오히려 건강
을 되찾았다고 한다.

이 세상엔 조건을 다 갖추고도 무슨 일을 시작하고 끝을 맺지 못하는 사람도 많은데 그것도 무려 팔십이라는 나이에 다시 도전하기를 주저하지 않는 엄마, 그런 그녀의 도전 정신에 나는 늘 감동한다.

엄마를 만나 덥석 손을 잡고 《논어論語》에 나오는 명언 한 대목을 흘러져 가는 판소리 가락으로 흉내 내며 춤도 덩실덩실 추고 한바탕 웃겨서 환하게 웃는 엄마의 얼굴이 보고 싶다.

공자왈公子曰, 학이시습지學而時習之면 불역열호不亦說乎라!

"때때로 배우고 익히면 이 또한 기쁘지 아니한가."

장난감을 책으로 바꿔 달라고 했던 아이

* * *

스무 살 어린 나이에 나는 보령시 성주면 탄광촌으로 시집을 갔다. 탄광촌 광부들은 출근길에 여자와 마주치면 재수 없다고 할 만큼 여자를 하대했던 곳이었다. 게다가 서슬 퍼런 시어머니의 시집살이는 탄광촌의 겨울보다 더 혹독했다.

그 시절 탄광촌의 거리는 온통 검은 빛이었고 여기저기 파헤쳐진 산들은 푸른빛을 잃고 회백색으로 황량하기만 했다. 그런 곳에서 어디 마음 둘 곳 한 군데 없던 가엾은 어린 신부에게 먹구름 사이로 한 줄기 햇살이 내리듯 큰 아이가 나에게 왔다. 그 아이는 참으로 햇살같이 따뜻했다. 아이는 유난히 어른스럽고 영특해서 나에게 커다란 위안이 되어주었다.

세 살 적 버릇 여든까지 간다는 말이 있다. 그 어떤 말보다 유아 교육의 중요성을 가장 극명하게 드러낸 말이다.

아이의 성격은 다섯 살 이전에 엄마와 어떤 교감을 하고 상호 작용을 했느냐에 따라 결정된다. 울고 보채고 어려서 모를 것 같지만 이 시기가 한 인격체로서 가장 중요한 때라고 생각한다.

아이가 4살 때 어느 날 밖에서 "책 팔아요. 책 사세요." 하는 소리가 들렸다.

아이는 그 소리를 듣고 밖으로 뛰어나갔다. 그리고 한참 후에 책 장사를 집으로 데리고 왔다. 탄광촌에서 책을 사서 읽는다는 것은 그야말로 엄청난 사치였다. 그러나 책 장사가 보여주는 책들을 보자 평소 책을 좋아했던 나까지 마음이 설렜다. 하지만 우리 형편에는 도저히 책을 살 수 없었다. 책을 살 수 없다는 말에 아이는 데굴데굴 구르며 울기 시작했다. 그런 아이를 보니 가슴이 미어질 것 같았지만 나에겐 시어머니가 더 무서운 존재였다. 그런 모습을 지켜보던 책 장사는 한 달 후에 가져갈 테니 생각해 보라며 커다란 책 상자를 던져놓고 가 버렸다.

그날 마실 갔다 돌아온 시어머니에게 자초지종을 말했더니 대청마루 한 귀퉁이에 있던 책 상자를 보고 불같이 화를 냈다. 글도 제대로 못 읽는 아이에게 책은 사줘서 뭐하냐며 한 달 후에 상자째 고스란히 돌려주라고 엄포를 놓았다.

시어머니가 세상에서 제일 무서운 나는 한마디 설득도 못 하고 네 하고 대답하며 돌아서는데 눈물이 주르륵 흘렀다. 아이한테 보여주고 싶었는데, 꼭 읽어주고 싶었는데 책 하나 사줄 능력도 없이 일찍 엄마가 되어 너무 미안했다.

아이의 간절한 소원은 아무 소용도 없이 슬픈 현실은 눈 깜빡할 사이 지나가 버렸고 책을 돌려보내는 날 아이는 펄펄 뛰며 울었다. 그런데도 대청마루 끝에 한 달 동안 놓여 있던 커다란 책 상자는 어디 희망 하나 보이지 않던 회색빛 탄광촌에 사는 아이와 나에게 꿈이 되었다.

얼마 전 '대통령 글쓰기' 저자 강원국 작가의 강의를 들었는데 초등학교 때 아버지가 할부로 책을 샀다가 어떤 이유로 반품을 하려고 했단다. 아들인 강원국 작가가 서운해하니 아버지가 "이삼 일 안에 빨리 읽어라. 그 대신 깨끗하게 봐야 한다."고 말씀하셨단다. 그래서 그는 밤잠 안 자고 책을 읽었다고 했다. 어쩌면 그런 아버지의 지혜로움이 아들을 유명 작가로 만들었을 것이다.

나를 돌아봤다. 너무 어리고 미숙했던 나 자신이 엄마였다는 게, 그때 아이가 그렇게 원하던 책을 한 권만이라도 꺼내 읽어주었더라면 얼마나 좋았을까. 어린 아들에게 한없이 미안한 마음이 가슴 밑바닥부터 올라온다.

직장생활도 못 해 보고 일찍 결혼했던 나는 둘째 아이를 낳고 얼마 후 내 힘으로 아이에게 책을 사주기 위해 취직을 결심했다. 그리고 책을 읽을 수 있는 직업을 찾기 시작했다. 그러다가 보령시의 한 작은 출판사에 취직하게 되었다.

다행히 시어머니는 돈을 벌어 온다는 며느리를 반대하지 않았다. 그날 이후 월급 타는 날은 꼭 책 한 질씩을 주문했다. 한 달에 한 번 아이와 나에게는 꿈이 배달되는 날이 되었다. 그렇게 책은 점점 늘어갔고 우리 집은 산골 탄광촌 동네 아이들의 도서관이 되었다.

내가 직장을 다니면서부터 집안 형편이 조금씩 좋아지기 시작했다. 그러던 어느 크리스마스 날 아침에 아이는 내가 선물한 장난감을 들고 달려왔다. 그리고 나에게 "엄마, 산타할아버지하고 친해요?" 하고 물었다.

"응, 많이 친하지."

그러자 아이는 "그럼 산타할아버지한테 장난감 대신 책으로 바꿔 주시면 안 되는지 물어봐 주세요"라고 말했다.

나는 그런 아이가 너무 기특해서 꼭 안아주었다.

"알았어. 산타할아버지에게 책도 선물해 달라고 할 테니 장난감도 재미있게 갖고 놀아."

그렇게 책을 좋아하는 아이를 보면서 나는 독일이 낳은 천재 물리학자 아인슈타인이 한 말 중에 "가장 중요한 것은 질문을 멈추지 않는 것이다. 호기심은 그 자체만으로도 존재 이유가 있다."라는 명언을 생각하고 아이에게 더 많이 칭찬도 하고 앞으로 훌륭하게 잘 키워야 하겠다는 다짐을 했다.

아이가 학교에 들어가고 나서 선생님은 집에서 어떻게 교육을 하느냐고 물었다. 그 나이 또래보다 훨씬 높은 수준의 질문을 많이 해서 선생님도 놀랄 때가 많다고 했다. 성적도 항상 전교 일등을 놓치지 않았다. 초등학교 전국 글짓기대회에서는 우수상을 받아 신문에도 실렸다.

세월이 흐르고 그때 상 받은 얘기를 했는데 "엄마, 그때는 엄마가 써 주고 빨리 옮겨 쓰라고 했어요." 하고 답하는 것이었다.

나는 깜짝 놀라 "아니, 네가 쓴 걸 엄마가 조금 고쳐주었겠지." 했더니 "아니에요, 정확히 기억해요. 제가 정신없이 놀다가 시간이 없어서 엄마가 써 주었어요. 그때는 상을 받는 바람에 말도 못 했어요."라고 하는 것이었다.

참 웃지 못할 해프닝이다. 그리고 내 기억엔 없지만 몇십 년이 흐른 뒤에야 누군가가 받아야 할 상을 대신 받은 것 같아 용서를 구한다.

그러나 단연코 변명이라고 하겠지만 그 후로 글짓기대회마다 순전히 아이의 능력으로 많은 상을 타 온 것을 보면 그때 아이가 썼더라도 아마 상을 타지 않았을까.

큰아들이 대학에 다닐 때 나에게 이런 말을 했다.

"엄마, 나는 어렸을 때 재래식 화장실이 너무 무서웠어요. 그래서 밤에는 화장실이 가고 싶어도 수없이 참았어요. 그리고 학교 갔다 오면 매일 부업으로 할머니가 마늘 까는 일도 그렇고 산에 나무하러 가는 것도 너무 싫었어요. 지금도 친구들이 내 이야기를 들으면 신기하다고들 말해요."

평소 말이 없던 큰아들의 뜬금없는 고백을 듣고 나는 가슴속에 무언가 쿵 하고 내려앉았다. 나만 힘든 줄 알았던 그때, 매일 밤 나 자신이 처량하고 불쌍해서 얼마나 많이 울었던가. 그런 나를 지켜보던 어린 아들이 그렇게 힘들었을 것이라고는 한 번도 생각하지 못했다.

학교 갔다 오면 말없이 할머니 곁에서 마늘을 까던 아들, 매일 산에 올라 무거운 나뭇짐을 힘겹게 끌고 내려왔을 아들이 떠올랐다. 여리고 세상 물정 모르는 나이 어린 엄마 곁에 묵묵히 있어 주던 아들을 생각하니 가슴이 먹먹했다.

지금 생각해 보면 그런 형편에 조금만 나쁜 마음을 먹었으면 아이는 어긋난 길로 갔을 것이다. 그 당시 탄광촌엔 학교도 안 가고 나쁜 길로 빠져 속을 썩이던 아이들 때문에 가슴앓이했던 부모들을 심심찮게 볼 수 있었다. 그만큼 고생하면서 키웠으니 당연한 보답이라고 여겼던 나는 아들의 가슴 깊은 속내를 듣는 순간, 숱한 역경 속에서도 아들은 엄마를 지켜주기 위해 무진 애를 쓰고 살았다는 것을 알게 되었다.

그렇다면 아이의 정신세계를 굳건하게 지켜준 것은 무엇이었을까. 나는 크리스마스 날 어린 아들이 장난감 대신에 책을 바꿔 달라고 했던 기억이 떠올랐다. 그저 기특하다고만 생각했지 왜 어린아이가 장난감을 마다하고 책을 달라고 했는지 한 번도 깊이 생각해 보지 않았다.

새로운 책을 볼 때마다 잠도 안 자고 귀찮을 정도로 질문을 하고 또 하던 아이, 분명한 것은 책 속에서는 장난감이 채워줄 수 없었던 마음을 달래주었고 그것은 아들의 인생 전부를 떠받쳐 줄 수 있을 만큼 강력한 힘을 가졌기 때문이라는 명백한 사실이다.

이제야 출판사에 취직하면 책을 많이 살 수 있을 거라는 순진무구한 내 생각이 천만 다행스럽게도 얼마나 옳은 선택이었나 생각하니 미소가 절로 난다. 그런 천진하고 우연한 선택이 이렇게 큰 행복을 안겨주리라는 것을 경험하고 살아보지 않았다면 절대로 알 수 없었을 것이다.

무조건 머리 좋은 아이를 최고로 알던 때가 있었다. 지금도 여전히 IQ(지능지수)를 무시할 수 없지만 근래에는 점차 EQ(감성지수)가 주목받고 있다. 아이들의 정서와 감성에 초점을 맞춘 장난감이나 학습 교재가 인기를 끄는 것도 EQ에 대한 관심 때문이다. 최근 신문에서 새롭게 이슈되는 것이 JQ(Joy Quotient = 기쁨 지수)라고 한다. 그것은 만족도 행복도 기쁨에서 나오기 때문일 것이다.

그 옛날 장난감 대신 책으로 바꿔 달라던 아이는 지금 지능지수보다 감성지수가 높은 눈부신 사람으로 성장해서 서울 강남에서 스타 강사가 되었다. 또 아름답고 천사 같은 여인을 만나 결혼해서 예쁘게 잘살고 있다.

아이의 기쁨은 곧 부모의 기쁨이 아니겠는가. 나에게 가족은 최고의 스승이라고 깨닫게 해준 아들, "머리로 생각하고 가슴으로 믿을 수 있다면 무엇이든 성취할 수 있다."라는 나폴레옹의 명언을 가슴에 새기며 오늘도 또 다른 꿈을 꾸는 며느리와 아들의 꿈 너머 꿈을 응원한다.

애인 같은 아들

***

"겁내지 마라. 아무것도 시작하지 않았다. 기죽지 마라. 끝날 것은 아무것도 없다. 걱정하지 마라. 아무에게도 뒤처지지 않았다. 조급해하지도 마라. 이제부터가 시작이다. 울지 마라. 너는 아직 이르다."

- 에드워드 불워 리턴 -

영국 정치가 겸 소설가 에드워드 불워 리턴의 잠언箴言을 읽다가 불현듯 작은아들이 떠올랐다. 큰아이는 탄광촌 가난한 집에서 태어났기에 일찍부터 철이 들어 애어른 같았다. 그래도 첫돌이 될 때까지는 너무 많이 울어서 밤에 제대로 숙면했던 기억이 없다. 밤새 업어 재워야 했고 너무 힘이 들면 우는 아이 따라 나도 울었다. 그러다 생후 1년부터는 밤에 잠도 잘 자고 몽실몽실한 작은 입술, 뾰족이 솟아난 두 개의 쪼끄만 하얀 앞니로 햇살처럼 웃어주는 아이의 미소와 재롱은 삶의 고달픔까지도 다 잊어버릴 만큼 나를 행복하게 만들었다.

그리고 2년 후 둘째 아이가 태어났다.

우리 속담에 쉬운 일을 빗대서 '식은 죽 먹기'라고 하는데 딱 그 말처럼 작은 아이 키울 때는 힘든 줄도 몰랐다. 먹고 자고 먹고 자기만 해서 모유도 깨워서 먹여야 할 만큼 아이가 순했다.

아이들이 커가면서 아들이 둘이면 시끄럽고 싸울 법도 한데 집안에서는 늘 깔깔거리는 웃음소리만 가득했다. 처음 나는 형제 우애가 좋아 다행이라고 생각했는데 나중에 알고 보니 장난감이든 동화책이든 형이 갖고 있으면 무조건 뺏어버리는 동생한테 언제나 양보하고 놀아주던 형이 있었기 때문이었다.

그렇게 형은 크면서 말수는 적었지만 자기 할 일은 먼저 알아서 잘했고, 항상 웃음을 주는 것은 딸 가진 사람이 부럽지 않을 정도로 애교가 많은 작은아이였다.

두 아이가 성장하면서 엄마 말을 거역해본 적이 거의 없을 만큼 착하고 학교생활도 잘해서 다른 부모들 대부분이 힘든 과정을 겪게 된다는 사춘기의 반항심도 없이 무사히 지나갔다고 생각했다.

그러나 작은아이가 고등학교 2학년 때 담임선생님이 부모님 면담을 청하는 일이 생겼다. 그것은 친구들과 싸움을 하다 선생님께 발각된 사건이었다.

너무 놀라 학교에 달려갔는데 교무실에 작은아이가 있었다. 무릎이라도 꿇고 싶은 심정으로 선생님께 아이를 잘못 키운 죄라고 용서를 빌었다. 돌아오면서 워킹맘이라는 핑계로 아이를 제대로 돌보지 못했다는 자책감에 하염없이 눈물이 흘러내렸다.

저녁에 학교에서 돌아온 작은아이에게 서운함과 화난 마음으로 반성문을 쓰라고 시켰다.

초등학교 때부터 아이들이 잘못하면 반성문을 쓰게 했는데 여태껏 이렇게 커다란 실망으로 반성문을 쓰게 한 적은 한 번도 없었다.

나 역시도 일기에 반성문을 썼다. 무엇이 아이를 그렇게 힘들고 방황하게 했을까 하고 이유를 찾기보다는 아이들을 가르치는 게 나의 의무이고 성공의 밑거름이 되어주는 부모가 되기 위해 최선을 다해 살았다고 생각했고, 그때는 사는 게 너무 힘들고 지쳐 있어 그냥 누군가에게 원망 같은 넋두리만 써 내려갔던 것 같다. 지금도 생각하면 그날 학교에서 잔뜩 겁을 먹고 돌아온 아이에게 먼저 다독여주고 따뜻하게 안아주지 못한 나의 무지함이 너무 부끄럽다.

요즈음 '소확행'이라는 새로운 단어로도 유행하고 있을 정도로 사회화되고 있는, 작지만 확실하게 실현 가능한 행복을 추구하는 삶을 원하는 사람들이 점차 늘고 있지만 이미 오래전 오스카 와일드는 "나는 소소한 기쁨들을 가장 좋아한다. 그것들은 콤플렉스를 막는 최후의 보루다."라고 말했다.

그때 아이 나이 17세 정도라면 우선 아이의 마음속에 있는 말을 들어주고 아이의 눈높이에 맞춰 대화도 할 수 있고, 아무리 유명한 사람이라도 인간은 누구나 콤플렉스 하나쯤은 갖고 있다는 것을 아이에게 말해 주고, 꼭 공부가 아니더라도 아이가 배우고 좋아할 수 있는 어떤 것을 함께 찾아도 보고, 엄마한테는 세상 무엇과도 바꿀 수 없을 만큼 네가 얼마나 소중한지를 말해 주었다면, 그랬다면 아이가 조금이라도 덜 방황하고 덜 외로워했을 텐데 나는 왜 그러지 못했을까.

바보 같은 후회는 꼭 다 지나가고 나서야 알게 된다.

얼마 전 작은아들에게 어린 시절에 대한 편지를 받았다.

"엄마 정확히 기억은 못 하겠어요. 제가 열등감을 느끼기 시작한 건 중학교를 들어가면서부터였던 거 같아요. 처음 중학교에 입학했을 때 형이 다니는 학교라 너무 좋았어요. 저도 열심히 공부해서 첫 시험에 뽑혀 영재반에 들어갔는데 영재반에는 형을 가르쳤던 선생님들이 저에게 성적이 조금만 떨어져도, 수학 문제 하나만 못 풀어도 형은 잘하는데, 너 준이 동생 맞아? 학교 다니는 내내 '준이 동생으로' 시작해서 '준이 동생이니까'로 끝났던 것 같아요.

그렇게 어느 날부터인가 점점 의욕이 떨어졌고 열심히 공부한다고 해도 성적은 오르지 않고 엄마 실망시켜 드릴까 봐 고민도 많이 했어요. 그래서 고등학교는 형과 다른 학교로 가고 싶었지만, 고등학교까지 형이 다니던 학교에 다니게 되었어요. 교문에서 경비아저씨까지 너 준이 동생이지? 그런 말을 들으면 좋으면서도 '나'라는 존재는 없는 것 같아 반항심이 생겼고 엄마 마음속 상처만 주는 잘못을 저질렀어요.

그때 엄마가 교무실에 오셔서 담임선생님께 잘못 교육시켜서 죄송하다고 계속 빌었을 때 마음속으로 얼마나 울었는지 몰라요.

엄마, 이젠 걱정하지 않으셔도 됩니다. 저도 이제는 마음마저 건강한 아들로 잘 컸고요. 형하고도 잘 지내며 형이 나의 형이라서 얼마나 자랑스럽고 고마운지 몰라요.

형은 저의 정신적 지주예요. 제가 남자라서 표현이 서툴지만, 엄마 덕분에 형이나 제가 이렇게 잘 성장했어요. 엄마는 우리가 평생 갚아도 갚지 못할 사랑을 주셨어요. 그러니까 절대로 미안해하지 마세요."

작은아들의 편지를 읽고 나는 울컥 눈물이 쏟아졌다. 어린 나이에 처음으로 엄마라는 역할을 하면서 아이를 인격체로 대하기보다는 늘 내 기준에서 맘대로 휘두른 건 아닌지, 착한 두 아들에게 성숙한 엄마가 되어주지 못한 걸 아이들이 다 크고 나서 깨닫고 있다는 게, 그럼에도 불구하고 어느새 훤칠한 큰 키와 마음까지도 따뜻한 사람으로 너무 잘 커 주었다.

나는 아들과 며느리들에게 편지를 자주 쓴다. 내용의 반 이상은 아들들에게 마음의 빚을 갚는 내용이다. 그 이유 중 하나가, 많은 학자의 연구에 의하면 아이가 태어나서 3세 미만까지는 스펀지처럼 주어지는 대로 모든 것을 흡수하고 찰흙처럼 만드는 대로 형태가 달라지는 대단히 중요한 때라고 한다.

그 시기에 나는 큰 아이에게는 책도 많이 읽어주고 책 읽는 습관을 길러 주었다. 하지만 작은아이에게는 내가 직장에 다니면서 안아주고 눈 맞추고 쓰다듬어주는 신체적 접촉이 가장 필요할 때 항상 시간이 부족했다. 그래서 그때 많은 시간을 함께 있어 주지 못한 것이 작은아이를 볼 때면 늘 마음이 아프다.

아들이 보낸 편지에 나는 이렇게 답했다.

"엄마한테 힘들다는 말도 못 하고 아들 혼자 견디느라 얼마나 힘들었니? 엄마는 네가 성격이 밝고 좋아서 늘 씩씩한 줄 알았지 마음에 열등감이나 자괴감이 자리하고 있는 줄 몰랐다. 미안하다. 너는 누구보다 똑똑하고 장한 아들이었어. 너로 인해 엄마가 얼마나 행복했었는데, 험난하고 숨 막히는 인생의 강을 건너 이렇게 엄마가 잘 살아낸 것도 다 너희들이 있었기 때문에 더 큰 용기와 힘을 얻을 수가 있었단다.

 사랑하는 아들아, 너는 형이랑 비교 대상이 아니야. 누구에게나 저마다의 능력과 무한 잠재력은 타고난다고 엄마는 생각한다. 그런 것을 발굴해 줄 수 있는 것도 부모 역할이다. 그것은 가장 너답게 살 때 빛나는 너의 미래를 만들 수 있다고 엄마는 확신한다.

 사람을 움직이는 동력 중의 하나는 자존감인데 꽤 오랜 시간 억압된 열등감으로 정신은 물론 너의 일상생활까지 힘들게 했던 모든 것들을 다 벗어던지고 이제라도 엄마에게 말해 준 너에게 너무 고맙다.

 학교 다닐 때 엄마가 네 책상 위에 '꿈의 목록'을 붙여 놓았던 것처럼 이제는 네가 써서 붙여 놓고 올해도 하나씩 하나씩 이루는 한 해가 되길 바란다. 지금도 후학들을 가르치고 새로운 도전을 하고 있는 아들아! 힘들 때, 돌아보고 싶을 때 언제나 네 곁에 너의 지혜로운 아내와 엄마의 응원을 잊지 말고 힘내서 꿈을 이루길 바란다. 끝으로 백 번 천 번을 말해도 부족한 말 이 아침에 또 한다. 아들 사랑해……."

 편지에 다시 덧붙여 말한다.

 세상의 잣대가 가리키는 이상적인 삶보다 중요한 건, 너 자신의 소중한 삶을 위해 같은 곳을 바라보며 사랑하는 아내와 언제까지나 함께 가는 길이다.

 아무리 부富와 명성名聲을 이룬 사람이라도 알고 보면 그들의 삶 또한 결코 녹록지 않다는 사실이다.

 대문호 레오 톨스토이는 "행복한 결혼생활에서 중요한 것은 서로

얼마나 잘 맞는가보다 다른 점을 어떻게 극복해 나가는가이다."라고
했다.

엄마는 이 말이 너의 삶과 인생에 지표指標로 삼아도 좋을 명언이라
고 생각한다.

엄마의 가슴속에 너는 언제나 영재이고 누구한테라도 자랑하고 싶
은 다정다감한 애인 같은 아들이다. 최선을 다하며 작은 것이지만 아
내와 알콩달콩 사는 재미를 느끼며 살아가는 것이 진정한 행복이 아
닐까.

가족은 최고의 스승이다

* * *

시집을 가면서부터 나는 일기를 쓰기 시작했다. 몇십 년 써 온 일기장을 훑어보았다. 1990년 3월 어느 일요일 친구를 만난 날이다.

"오랜만에 웃었다. 내일 또 울어야 할지도 모르지만, 오늘은 그냥 웃었다."라는 글귀가 눈에 들어왔다.

고된 시집살이에 친구를 만나러 간다거나 친정에 다녀오는 건 그 당시에는 일 년에 한두 번 있을까 말까 한 기회였다. 그것도 시어머니 기분이 좋을 때나 허락을 받았다.

시집살이하면서 일상의 유일한 친구는 일기장과 메모장이었다. 그때 내가 제일 좋아했던 것 중의 하나가 해 질 녘이다.

곧 해가 지면 내일 아침까지 온전한 나의 시간이라는 생각에 가슴이 벅찼다. 그리하여 늦은 밤 편지도 쓰고 일기도 쓰고 책도 읽었다. 새벽이 오지 않기를 간절히 기도한 적도 있었다.

30년, 20년 전 자정이 넘은 시간 밤하늘을 바라보며 일기를 썼던 그때, 글을 쓰고 있노라면 비명을 지르지 않아도, 소리 내어 울지 않아도 그 순간만큼은 가슴속이 뚫리는 것 같았다.

일기 속에는 숨 쉬는 것조차 힘들어하며 살았던 세월의 흔적들이 고스란히 남아 있었다. 먼저 기억해 달라고 손을 내미는 사연들이 하나둘 스쳐 지나가고 눈가에 하나 가득 안개 같은 눈물이 앞을 가렸다.

다른 일기장을 펼쳐보니 구구절절이 내 의지로는 어느 것 하나도 결정할 수 없던 날들의 연속이었다. 그냥 덮어버리고 싶었다. 20대와 30대의 눈이 부시도록 아름다워야 할 나이에 지워버릴 수 없는 상처와 모진 서러움뿐이었다.

아이들만 아니었다면 이 세상을 그만 놓아버리고 싶을 만큼 견디기 힘들었을 때 엄마 생각이 간절히 났다. 엄마라면 지금의 나를 구해 줄 것 같았다.

신神만이 기적을 일으키는 게 아니라 무조건 나를 믿는 엄마라면 우리 가족이라면 가능할 것 같았다.

그동안 숨겨왔던 힘든 생활을 엄마에게 다 말했을 때, 엄마는 지금이 무슨 조선 시대도 아니고 그렇게 끔찍한 시집살이를 혼자 어찌 감당했느냐며 나를 끌어안고 펑펑 울었다. 천지간 나 혼자뿐이라고, 세상까지 버리고 싶었던 내 마음에 한 줄기 빛이 들어왔다. 내 인생 전부인 엄마와 희망의 아이들과 함께 힘을 얻고 친정의 도움으로 제2의 삶을 다시 시작했다. 그때 당시 아이들 아빠는 외국에 있었다.

갑자기 집안의 가장이 되었지만, 마음은 하늘을 날았다. 시집살이할 때는 퇴근 후 회식 같은 것은 엄두도 못 내고 일찍 귀가해야만 했던 내가, 가로등 환하게 켜진 밤거리를 아이들과 걷고 있을 때면 하늘을 둥실 날아다니는 것 같았다. 누구도 세상 부러울 게 없던 마음이었다.

그러나 그런 마음도 그리 오래가지는 않았다. 두 아이를 키우려니 처음엔 어디서부터 어떻게 시작해야 할지도 몰랐고 결국엔 생활고에 시달려야 했다. 다행히 아이들은 공부도 운동도 잘했고 정신도 건강했다.

아이를 둘이나 키우려면 맞벌이도 힘들다고 하는데 혼자 모든 것을 감당하려면 무슨 일이든 닥치는 대로 해야만 되었다. 그런데도 항상 머릿속엔 아이들을 위해 교육과 인성人性에 상관되는 미래지향적인 일을 찾았고 뛰고 또 뛰었다.

그렇게 열심히 살다 보니까 윤택하지는 않았지만, 형편이 차츰 좋아지기 시작했다. 무슨 일이든 먼저 베풀어야만 하는 줄 알고 살아왔지만 그래도 인복이 많아서 사람과의 관계가 좋았고 도움을 주는 사람도 많아서 어디를 가도 최고가 되었다. 같은 월급 가지고는 만족할 수가 없어 영업직으로 이직을 하고 나서, 나는 여러 번 신인여왕상도 받았고 전국 1등도 했다.

나의 어릴 때 꿈이 두 가지였는데 하나는 대통령 부인이 되는 거였고 다른 하나는 선생님이었다.

40세가 되어 꿈 하나를 이루고 스피치 강사가 되었다.

누군가를 가르치고 스승이 된다는 건 가슴 뛰는 일이다. 그러나 지금까지 강의를 할 때마다 내가 배움을 주는 것보다 그들에게 더 많은 것을 배운다. 그때 스피치 강사가 되기 위해 5년을 고시생처럼 열심히 공부했던 기억이 난다. 무대에서 강의할 때 나의 가장 행복한 모습을 보았다고 친구가 말한 적이 있다.

그것은 무슨 일이든 좋아하고 즐기면서 최선을 다하는 일이라면 그 누구라도 인생 최고의 정점에 도달할 수 있다고 생각한다.

8년 전 메모장을 보니 '인생의 꽃은 39세'라는 신문 기사를 적어 놓은 게 있다. 얼마 전 같은 질문으로 인터뷰를 한 기사가 생각이 났다. 95세의 노학자는 "내 인생의 황금기는 65~75세까지다. 이 시기는 집 마련하느라 허리띠 졸라맬 일 없고 아이와 씨름하며 공부시킬 걱정 없고 남과 비교하며 애면글면할 것도 없고 이 나이 되고 보니 걱정이라면 그저 아프지 말고 죽어야지 하는 것 하나뿐이다."라고 말했다.

많은 걸 느끼고 나를 돌아보게 되는 대목이다.

스피치 강의할 때 내 나이 몇 살을 빼고 싶은가라는 제목으로 3분 스피치 발표를 할 때가 있다. 그러면 제각각 다양한 의견이 나온다.

초등학생부터 대학생으로 돌아가고 싶다는 사람도 있고, 인생에서 10년, 20년을 빼고 싶다는 사람도 있다.

나는 몇 살을 빼고 싶은가 생각해 보니 처음엔 시집살이할 때 모진 세월의 시간이었다고 생각했다. 하지만 그 아픈 시절, 고통 속에서도 보석 같은 아이들이 나에게로 왔고 그렇게 아이들이 커가는 모습과 소중한 시간은 어느 것 하나라도 뺄 수 없는 것들이다. 그리고 그런 시간이 있었기 때문에 나는 지금이 너무 좋다.

그리고 나의 꿈꾸던 모든 것들이 이루어졌다. 지금 내가 이렇게 행복할 수 있는 것은 글을 쓰면서 희미해진 시간을 떠올려 보니 모든 걸 포기하고 싶을 만큼 힘들었지만, 근원적 삶의 원동력은 아이들이 있어 인내하고 견디어낼 수 있었다. 그 위대한 사랑의 능력은 엄마라는 이름이 아니고서는 결코 할 수 없는 것이다.

좋은 책의 글귀를 보는 일은 인생에서 엄청난 카타르시스를 준다. 내가 아들들에게 잘한 일은 삶의 지혜를 얻을 책 읽는 습관을 길러 준 일이다.

이 세상에서 무엇과도 바꿀 수도 없고 귀한 선물 같은 아이들, 어릴 때는 나이보다 어른스럽고 상대방을 배려할 줄도 알고 무슨 일이든지 언제나 기대를 저버리지 않던 큰아이, 늘 다정다감하고 웃음이 많은, 사랑스러운 작은아이를 위해 엄마의 이름으로 못 할 일이 무엇이겠는가.

서머셋 모옴의 "우여곡절도 겪고 발버둥 치기도 하며 항상 가난했지만 그럴만한 가치가 있었다. 내가 내 자식들을 둘러볼 때면 아아! 인생은 백 배쯤 더 그럴만한 가치가 있는 것이라 말하게 된다."라는 구절을 읽어보니 그야말로 인생 절창이다.

아이들이 "엄마" 하고 부를 때 나는 나의 엄마를 떠올릴 때가 많다.

어린 시절을 불행하게 살고 결혼해서 힘들게 키운 4남매로 모자라서 나는 엄마에게 기쁨을 주기는커녕 양어깨에 무거운 짐만 얹어 주었으니 참 불효막심한 딸이었다.

세상엔 무슨 일이든, 때가 있고 끝이 있는 법인데 불효엔 끝이 없어 보인다. 아마도 엄마 앞에 당당한 자식임을 말해 보라고 한다면 그 누구도 떳떳하지 않을 것이다. 인간이 할 수 있는 수많은 말 가운데 가장 마음에 울리는 단어는 무엇일까. 단언하건대 그건 지금도 앞으로도 영원히 '어머니'뿐이다.

어디로 가야 할지 어두운 터널을 헤매고 있을 때 나에게 한 줄기 빛이 되어준 것은 가족뿐이었다. 언제나 묵묵히 자리를 지켜 준 등대 같은 나의 언니와 형부, 인정이 많아 자기 몫도 남기지 않고 퍼 주지만 꼭 부자가 될 여동생 부부, 우여곡절 끝에 어엿한 사업가로 변신한 남동생 부부, 가끔 떠난 자리가 사무치게 그리운 아버지, 자식들에게 자기 몸 다 희생하고도 아직도 끝이 없는 엄마의 사랑, 나를 최고로 행복하게 만들어 주는 아들들까지 나는 지금이 가장 행복하다.

인생에서 최고의 스승이 누구냐고 묻는다면 선생님을, 책을 말하는 사람도 있고 경험에서 온다고 할 수도 있다.

힘들었던 숱한 날들의 연속일 때 나에게는 인생의 가르침을 준 것도 배운 것도 가족이었다. 그리하여 인생의 터닝포인트를 할 수 있게 해준 최고의 스승은 나에게 있어 가족이라고 자신 있게 말할 수 있다.

이 글을 빌어 우리 가족에게 다시 한번 감사함을 전한다. 항상 건강하고 꿈꾸는 대로 현실이 되길 바라며 나도 그런 사람이 되고 싶다.

세대로 이어지는
끈끈한 사랑

김경옥

의료 · 복지사업 경영자, 버츄 퍼실리테이터, 전문코치,
광신대학교 복지상담융합학부 사회복지학과 초빙교수

농어산촌에서 의료법인과 사회복지법인을 운영하고 있다. 사범대학을 졸업하고 중등교사, 경영학 석사, 사회복지학 박사로의 배움의 여정에서 얻은 지식과 지혜로 노인복지 · 정신건강복지 · 지역복지분야의 세 축으로 지역사회에 이바지하고 있다. 감사, 버츄, 칭찬의 조직문화로 의료복지모델의 선도병원을 향해 정진하고 있다.

전자우편: ceokim5@hanmail.net

나도 어머니처럼, 며느리도 나처럼

***

가지런한 장독대에 가을 햇살이 눈부시게 부서지는 어느 날 오후, 크고 작은 항아리 저마다 그림자 키 재기 하며 무료함을 달랜다.

아직은 이른 듯한데 겨울나기 김장에 필요한 갖가지 식재료에 대한 가격 결정이 매스컴에 심심찮게 오르내리고, 주부들은 김장준비에 몸과 마음이 분주하다.

우리 집도 여느 집과 다른 바 없었다.

어머니는 촘촘하게 김장준비를 챙기곤 하셨다. 장독대에서 김칫독 고르기, 김칫독 소독하기, 마른 고추 다듬기, 묵은 소금 갈무리하기, 소에 넣을 청각, 버섯, 황태 등 마른 것 챙기기, 소금 간을 할 넓은 그릇 챙기기 등…….

어린 내 생각에 김장은 준비 기간이 긴 하나의 커다란 프로젝트였다. 어머니는 찬바람이 문턱을 넘어서면 무가 얼기 전에 일찍 동치미를 담그시고 배추, 무, 당근, 파, 갓 등 채소를 고르러 몇 차례 시장에 가셨다.

드디어 배춧속에 버무릴 소를 준비하는 날, 온 가족이 모여 각자의 손과 마음을 보탰고, 그날 저녁은 김이 모락모락 오르는 수육에 생김치를 곁들여, 가족이 함께 모여 최고의 식사를 할 수 있었다.

그런데 김장을 마친 어머니가 "김장했으니 이젠 죽어도 여한이 없겠다."라고 하신 그 말씀이 얼마나 슬펐는지 나는 혼자서 남몰래 눈물 짓곤 하였다. 이제 와서 돌이켜보니 김장은 어머니에게 큰 역사였고 큰 짐이었음에도 행복이었을 것이 자명하다.

병원운영과 사회복지사업을 병행하는 내 삶의 대부분이 일에 우선순위를 두다 보니 올해도 손수 김장을 한다는 것은 단지 생각뿐이다.

직장생활을 하다가 넷째를 낳고 육아휴직 중인 며느리는 부식 중에 김치를 아주 좋아하고 소중히 여긴다. 그리하여 김장철이 다가오자 함께 이런저런 궁리를 해본다.

직장생활을 할 때도 그렇지만, 육아휴직 중에 김치를 담그기는 더욱 어렵기만 하다. 결국 올해도 솜씨 좋은 분께 부탁드려 김치 저장고에 담을 그릇을 준비하고 사례를 할 채비 중이다.

내가 어머니와 김장했던 그때 그 시절의 추억이 아직도 생생한데 나는 정작 내 며느리에게 그 알록달록한 추억을 만들어주지 못하는 아쉬움이 크다.

최근 개봉된 김도영 감독의 영화 〈82년생 김지영〉의 사례를 굳이 가져다 들먹거리지 않더라도 직장을 비롯한 사회의 유리천장으로 인해 솟구치는 분노 진정시키기, 끊임없이 이어지는 가사일 전담 등 마음고생, 몸 고생하는 여성들은 만능 다기능 보유자가 되어야 한다.

30대 후반인 영화 속 김지영은 우리 며느리보다 한 살이 위다. 따라서 김지영의 생각에 상당 부분 공감이 갔고, 어떤 대사는 내 무의식 깊숙이 숨어 있던 미해결된 감정을 달래주어 위로되기도 하였다.

60대 중반인 내 생각이 그와 다른 게 있다면 생각을 용기 있고 의연하게 표현하는 것이 다를 뿐, 그 아픔이 절절하게 다가온다.

영화장면 중에 각각 다른 이유로 분노를 표출하는 시어머니와 친정 어머니, 두 여성의 입장을 떠올리며 나의 지혜롭고 상냥한 며느리의 마음을 가만히 헤아려본다. 살아계셨다면 80대 후반인 어머니는, 언감 생심 그런 표현은 꿈에서조차 생각하지 못하시고 세상을 떠나셨다.

지난봄까지, 어머니는 내 삶에서 일과 수면시간을 제외한 가장 많은 시간을 함께한 분이셨다. 지금 무슨 생각을 하실까? 무엇을 해드리면 기뻐하실까? 이럴 때 어머니는 어떻게 하셨을까?

팔순이 지나며 귀가 어두워져서 전화통화도 자유롭지 않으셨던 어머니를 그리워하며, 나 혼자 묻고 답하는 과정에서도 늘 나와 함께 계셨다.

만물이 소생하는 봄날, 소리 없이 떠나가신 어머니 생각이 가득한데, 가을바람 스산하니 나도 몰래 주머니 속 손수건에 눈물을 담는다.

문득 그립다. 친정에 가면 하얀 가제 손수건 한 다발씩 침대 머리맡에 두셨다가, 찬바람 막으라고 목에도 둘러주시고, 손에도 쥐여주시던 어머니, 여전히 어머니는 그 순백의 순수함으로, 진진한 사랑으로 내 마음속에 함께 계신다.

21세기를 대표하는 영적 교사인 에크하르트 톨레는 "더할 나위 없이 작은 미미한 것, 가장 가벼운 것 등 순간순간에 집중하면 이 작은 것들이 최고의 행복에 이르게 해준다."라고 하였다.

어머니는 평생을 공무원이셨던 아버지 뒷바라지하시느라 배려받고 존중받기보다는 늘 이해하고 헌신하는 삶을 살아내셨다.

오 남매를 아낌없는 사랑으로 정성껏 키우시고, 직장에 다니는 자녀들을 대신하여 손주들 돌봄까지.

그때그때 도움을 청할 때마다 마다하지 않으시고 기꺼이 잘 키워주신 영원한 승리자셨다. 한 땀 한 땀 손바느질하듯이 쉴 새 없이 손놀림하시면서도 늘 잔잔한 미소로 '너희들만 바라보면 배가 부르다.'라고 행복해하셨다. 하지만 그 척박한 시절에 오 남매를 키우시며 얼마나 힘드셨을까?

일전에 아이 돌봄 사업에 참여하시는 분(생활 관리사)들 대상으로 특강을 준비하면서 어머니 생각을 더 많이 하게 되었다. 강의를 구상하던 중, 아이 돌봄의 힘듦을 인정하고 무슨 말이 위로될 것인가 한참을 생각해보았다.

"배 아파서 낳은 내 아이도 키우면서 쉽지 않았는데……." 잠시 침묵 후 "마음고생이 많으시지요?" 하고 말문을 열었다.

그 몇 마디에 눈가에 눈물이 어리는 분도 계시고, 고개를 떨어뜨린 채 막힌 말문을 대신한 분도 계셨다.

아이들 어머니의 대역을 맡는 일은 아주 존귀하고 소중한 일이다. 더욱이 지금 당장 도움이 필요한 아이들에게 꼭 필요한 '단 한 사람'이 되어 사랑과 이해로 힘과 용기를 전하는 일이지 않은가?

내 어머니 같은 사랑을 품은 그런 분들이 집집이 방문해서 부모의 빈자리를 감사로 채우는 서비스를 제공해주는 참 좋은 정책인 듯하다. 늦게나마 의미 있는 일에 참여하는 소중한 분들을 위해 작은 재능을 이바지할 수 있어서 기쁘다.

여성가족부에서 이런 소소한 부분까지 촘촘하게 엮어가는 일들이 점차 많아질수록 인구절벽, 삼포현상으로 인한 부작용이 줄어들 것으로 생각한다.

며느리는 아이들을 키우면서 기저귀를 뗄 때까지는 어린이집에 보내지 않고 가정에서 키우겠다고 선언했다. 자신이 키워도 힘들다며 젊은 선생님의 마음을 미리 읽어낼 줄 아는 며느리는 아이들에겐 참 좋은 어머니이며, 나에게는 여전사 같은 믿음직한 동반자이다.

40년 전, 신혼 초에 학교에서 근무할 때, 분만휴가 2개월 동안 아이를 키우며 산후조리하고, 출근해야 했던 그 시절에는 상상할 수도 없었고, 예측하지도 못했던 육아휴직이라는 큰 선물은 요즘 가임기 여성들에게는 당연한 특권이 되었다. 참으로 다행스러운 일이다.

날이 갈수록 변화되어 가는 가족생활에 맞는 정책으로 내 어머니의 삶보다 내 삶이 더 나아지고, 나아가 정책도 내 며느리, 손주 세대의 사회현상에 걸맞게 변화되어 가리라.

어머니라는 역할에 주어진 짐, 굴레가 여성의 책임으로만 규정지어지지 않고 연례행사 김장처럼 가족이 함께 나누어서 분담할 수 있다면, 훗날 자식들이 나처럼 생전의 어머니의 힘듦을 안타까워하며 눈물짓는 일은 없을 것이다.

함께 행복했던 삶의 장면 장면들을 떠올리며 미소 짓고 행복해할 텐데…….

언니의 함박웃음

***

주홍빛 홍시가 나뭇가지에 등불을 환히 피울 때 우리 집 거실 한편에 놓인 커다란 탁자의 홍시들도 환한 미소 띠며 햇빛, 달빛, 별빛으로 채색한 각자의 꼴을 자랑하느라 부산스럽다.

구례 깊은 산속에서 나들이 온 홍시 하나하나의 때깔은 감나무보다 웃자란 갈대 바람으로 상처투성이이다. 하지만 언니, 형부의 따뜻한 마음과 환한 웃음, 그윽한 정성이 보태어져서 맛은 아주 그만이다.

형부가 먼저 공직에서 퇴직하자 서울에서 영어교사로 재직하던 언니 역시 연이어 명예퇴직하였다. 그리고는 서울에서 구례까지 주말 농장처럼 선산을 관리하러 다니시더니 늦가을이면 때맞춰 그중에 제일 크고 좋은 홍시로만 골라서 배송해온 것이다.

내가 좋아하는 주황빛 친구들을 들여다보고 솔솔 피어나는 산골 이야기를 들으면서 여름 내내 시달린 겨울 아이의 심신을 달래곤 하였다.

덕분에 가을 한동안은 훨씬 더 행복할 수 있었다.

언니, 형부의 선물이 어디 홍시뿐이랴.

이른 봄에는 두릅나물로, 봄이 깊어 가면 고사리나물로 식탁을 향기롭게 할 수 있었다. 한겨울에는 잘 말린 무청으로 된장국을 끓여 온 집안이 구수한 향으로 행복한 밥상을 나눌 수 있었으니 온 계절을 언니와 형부의 따뜻한 마음과 함께한다고 해도 과언이 아니다.

구례 깊은 산중에서 태어난 형부와 한 가족이 된 언니는 당시 영어 교사였다. 지금처럼 1년 육아휴직이라는 산모의 긴 휴식 기간이 없을 당시, 언니는 큰아들인 형부에게 시집가서 아이 둘을 낳고 키우면서 학생들을 가르쳤다.

아이들이 자라서 성인이 되자 각기 짝을 지어 주고 친가와 시가의 형제자매들을 건사하느라 미루고 미루다가 그토록 소원하던 공부를 늦깎이로 시작하더니 상담학 박사가 되었다.

큰딸이 오 남매 중 세 번째로 박사가 되던 날, 부모님 얼굴에 기쁨의 함박웃음을 선물한 언니였지만 그 이듬해 채 꽃도 피우지 못한 채 퇴직하여 박사 농부가 되었다.

워낙 속이 깊고 너그러워 현실적응력이 뛰어나 보이는 초긍정파인 언니는 시부모님 공양은 물론 일곱이나 되는 시누이와 시동생을 챙기고, 워킹맘으로 눈코 뜰 새 없을 때조차 항상 평온한 표정에 함박웃음이 가득했다. 심지어 박사 공부를 한다고 애쓰면서도 집안 행사가 있으면 빠짐없이 참석해 웃음을 전도하는 언니였다.

평온함을 청하는 '어쩔 수 없는 것을 받아들이는 평온함을 주시고……'라는 기도문을 볼 때마다 어릴 적 물자가 풍족하지 않았던 시절, 평온하지 않았던 내 모습이 떠올라 회심의 미소를 짓곤 한다.

당시 언니와 나는 두 살 터울이라서 항상 언니의 책이며 참고서, 학용품은 기본이고 옷까지 물려 입곤 하였다. 심지어는 고등학교도 언니와 같은 여학교에 입학하는 바람에 교복까지 물려 입어야 했던 그 시절 나는 불만이 많을 수밖에 없었다. 특히 명절 때는 계속 키가 자라는 언니나 남동생에게는 마땅히 새 옷과 신발을 사주어야 했을 터이지만, 언니의 옷을 물려 입었던 둘째인 나는 왜 그리 슬펐는지 모른다. 그리하여 알게 모르게 언니에게 투정도 하고 무례한 행동도 많이 하였다.

혹여 내가 먼저 시비를 걸어도 양보하여 싸움이 이루어지지 않던 언니는 말도 많고 발도 빠른 나와 달리 조용하고 느긋하며 취향도 달랐다.

영문학을 전공하여 늘 두꺼운 영영사전, 원서들과 씨름하던 언니는 성적도 우수하여 졸업 후 대학원에 가라는 교수님의 제언을 부모님께 말씀드렸다가 퇴짜를 맞고 한참을 슬퍼했던 것을 지금도 기억하고 있다.

늘 차분하게 웃던 언니가 침묵과 더불어 슬픈 표정을 짓고 있는 모습을 보노라면 괜스레 나도 슬퍼서 언니가 울면 나란히 앉아서 나도 따라 울며 언니에게 미안해졌던 기억이 난다.

줄줄이 동생이 넷이나 되고 바로 이어서 꼭 대학에 가야 하는 내가 눈을 크게 뜨고 있어서였을까, 언니는 부모님의 희망대로 학교 교사가 되었고 적령기에 선을 봐서 시집을 갔다.

나와 달리 별 불평을 하지 않고 내 옷을 물려 입고 학용품을 물려받

왔던 넷째 여동생, 형의 모든 것을 대물림하였던 다섯째 남동생은 어리기도 했지만 나보다 착하고 순했던 것 같다. 별다른 불만을 토로하지 않았고 나처럼 납부금을 주지 않으면 학교에 안 가겠다고 투정하는 모습도 못 보았다.

지금 생각해봐도 나는 참으로 유별났던 것 같다.

그래도 돌이켜보니 2년 앞서서 세상을 헤쳐나간 언니로부터 많은 혜택을 받았다.

초등학교 때는 4년간이나 언니의 손을 잡고 다녔고, 고등학교에 입학하여 1년 동안 같이 다닐 때도 3학년이었던 언니 친구들의 사랑을 흠뻑 받았다.

대학에 입학해서는 언니의 학과 친구들과 교수님들의 사랑을 많이 받았다. 그뿐만 아니라 영문과 학생이었던 언니의 안내로 ESU 영어회화클럽에서 활동할 수 있었고, 방학 때 이루어지는 농촌 봉사 활동에도 함께 참여하였거니와 학교행사에도 적극적으로 활동할 수 있었다.

그런데 왜 그때는 그것들을 당연하게 받아들였는지 모르겠다. 감사하다는 말도 표현하지 못하고 그저 좋기만 했던 시절이었던 것 같다.

그래도 예쁜 언니를 좋아하던 남학생들의 편지를 전달하기도 했고 상대가 언니의 근황을 물어보면 알려주기도 하였다. 언니가 결혼하게 되었을 즈음, 언니를 그토록 좋아하였으나 이루어질 수 없었던 선배 남학생의 하소연을 들어 주고 언니의 마음을 헤아려 그의 마음을 토닥여주기도 하였다.

하지만 아쉬운 건 지금처럼 철이 들었더라면 세상의 이치를 배우게 해준 언니에게 감사하다는 말을 많이 했을 터인데 미안하기만 하다.

이제 손주들이 자라는 것을 가까이서 바라보면서 첫째 손녀 아래인 둘째는 손자라서 다행이라 여겼다. 하지만 둘째였던 나처럼 엄마 사랑을 쟁취하기 위해 욕심도 부리고 사소한 것에도 불평 섞인 울음을 왕왕 터뜨리는 모습을 볼 때, 둘째라 그런가? 아니면 나를 닮았나 하고 실소를 금치 못하곤 한다.

누전으로 집이 전소되어 모든 가재도구를 소실하여 망연자실하여 있던 나에게 언니가 가끔 가족 단톡방에 올려준 어린 시절 사진들은 정다운 추억의 순간들을 회상시켜주곤 하였다.

사진을 바라보는 짧은 순간은 번잡한 일정에도 한숨 돌리게 하는 한 줄기 햇빛처럼, 신선한 바람처럼, 기쁜 휴식의 시간이다.

간혹 언니에게 감사의 느낌을 올리면 "밥은 먹었니? 한숨 쉬고 하렴!"이라고 올려주는 메시지만으로도 참 훈훈하다.

언니의 함박웃음과 따뜻한 마음이 가까이서 느껴지는 듯, 잠시나마 일상에 지친 심신의 힐링 시간이 되곤 한다.

문득 송가인 데뷔로 더욱 인기가 있는 가수 나훈아의 '홍시'라는 노래가 떠오른다. 가사 중 울 엄마 대신 울 언니를 넣어 읊조려본다.

'생각이 난다. 홍시가 열리면 울 언니가 생각이 난다…….'

지난해 엄마가 하늘나라로 가신 후로 더더욱 동생들을 살갑게 챙기는 언니는 내게는 전보다 더 자주 묻곤 한다.

"밥은 먹었니? 한숨 쉬고 하렴."

친정에 들르면 엄마가 늘 하시던 '밥은 먹었느냐.'는 말과 '한숨 쉬어가라.'라는 말이 그대로 언니에게 전달된 걸까, 언니를 보면 새록새록 엄마가 생각이 난다.

결혼하고 아이들을 낳고 기르면서 철이 들어가고 인생의 단맛 쓴맛을 경험하면서 만난 분들로부터 얻은 지혜가 나를 성숙하게 하였을까? 불현듯 자라면서는 언니와 남동생 사이에서 혼자서 생존 분투하느라 관심을 두지 못했던 여동생이 떠올랐다. 결혼해서는 아이들 키우고 일하느라 사랑을 주지 못했던 넷째 여동생에게 서서히 미안한 마음이 들기 시작했다.

동생은 20여 년 전 제부가 국외지사로 발령이 나서 가족이 이주하여 타국 멀리 우리와 떨어져 살았다. 해외 체류 기간이 끝나고 제부는 귀국하고 동생은 제3국 캐나다에서 세 아이를 키웠다. 그리고 두 아이와 함께 10년 만에 귀국하였다.

배움의 강점을 가진 내가 벌써 5년째 안내하는 길잡이 역할을 할 수 있었던 것도 오래전부터 우리 언니의 지극한 사랑을 받았기 때문이 아닐까 싶다. 언니로부터 내게로 흘러넘친 사랑이 내게서 동생에게로 흘러가는 양이 참 기쁘다.

어릴 적부터 공부 잘하고 예쁘고 얌전하여 늘 주위의 칭찬을 받던 언니보다 잘난 척할 수 없어서 다른 방법으로 엄마에게 잘 보이기 위해 착한 아이가 되기로 작정한 나는 부지런하게 집안일을 돕고 솔선수범하여 심부름도 잘했었다.

철모를 때 첫째 셋째 사이에서 늘 자신이 손해 본다는 생각이 커서 자기의 이익밖에 모르고 관심을 받고 싶어 하던 미숙한 아이가 언니의 넘치는 사랑으로 이제 동생을 사랑하는 마음이 어떤 건지, 언니의 역할이 어떤 건지 알 것 같다.

괜찮아, 그건 일도 아니야

***

주말 오후 갑자기 생긴 교육 일정으로 뒤늦게 송정역발 서울행 열차를 예약하려 하니 이미 전 좌석 매진이다. 간만에 영광에서 출발하는 서울행 버스에 올라탔다. 버스를 타는 손님들이 각자 목적지에 가는 이런저런 이유가 있겠지만 손님을 맞이하는 기사님이 좀 더 웃어주고 상냥하게 대해주시면 좋을 텐데……. 오늘 내가 타는 버스를 운행하실 기사님은 꽤 머리가 무거우신 듯 보인다. 출발 전부터 말 한마디 없으시고 입가에 웃음기가 피어난 지 언제인가 싶다.

목적지까지 전체 이동시간을 헤아려보면 버스 편이나 열차 편이나 큰 차이가 나지 않는데 같은 구간을 승용차, 열차, 지하철, 도보로 세분화하면 열차 편이 더 짧게 느껴지는 것이 신기하다.

잦은 교육 일정으로 '서울이 앞마당'이냐며 체력을 걱정해주는 남편의 말을 사랑의 언어로 귓전에 감고 배낭을 메고 나섰다. 신년 초첫 교육 수강을 위해 야심 차게 나선 나는 배움이 첫 번째 강점이라는게 참 다행이다. 격변하는 시대에 밀려오는 크고 작은 일들을 잘 해내기 위해서는 끊임없는 배움이 필수적이기 때문이다.

40년 전 가을, 청바지 톤의 정장에 노란 티셔츠를 입고 결혼을 전제로 한 첫 만남에 나온 남편은 짧은 순간 잔잔한 내 마음에 파문을 일으켰다. 평소 무채색 정장이 꽤 잘 어울리는 아버지의 모습에 익숙한 내 시야를 두 배나 넓게 만들었다.

　원래 좋아하는 색은 주황색인데 같은 계열의 노란색이 끌렸을까 생각해보니 그보다는 환한 웃음과 말이 없이 그저 들어주는 양에 맘이 끌렸었나 보다.

　당시 나는 중등교사였으니 한참 사춘기 시절인 아이들과 공부 외에도 고민과 미래의 꿈 등 많은 말을 나누었다. 우리는 주중에는 각자의 일터에서 일하고 주로 주말에 만났다. 만나면 지긋이 바라보면서 내 얘기를 잘 들어주고 웃어주고 끄덕여주는 수용적인 그 모습이 좋았다. 나중에 결혼하고 난 후에 그 모습이 점차 줄어들었다.

　남편은 시골에서 약국을 경영하느라 다양한 계층을 상대해 온 직업인으로 나와 결혼한 이후로 시간 가는 줄 모르게 이야기를 재미있게 하였고, 배우고 가르치는 것을 좋아해서 좋았다고 한다.

　만난 지 6개월 만인 이듬해 봄에 결혼한 우리는 시부모님의 집 가까이에 위치하여 새롭게 단장하고 사람이 들기만 간절히 기다리던 한옥에 살림을 꾸렸다.

　70년대 후반, 당시 세탁기가 흔치 않던 시절, 신혼여행을 다녀와서 큰 플라스틱 통에 빨래를 잔뜩 넣고 빨래를 하다 보니 갑자기 쏟아지는 눈물을 걷잡을 수 없었다.

　시집오기 전 시골 학교에 근무하다가 주말에 집에 빨래를 가져가면 잘 세탁하여 다리미질까지 해서 가방에 담아주시던 나의 어머니…….

'이게 시집살이인가?', '시어머니는 그렇게 안 해주시는 분이구나.'

언감생심 그런 생각도 하였다. 그러나 시어머니는 따뜻하고 다정하게 첫째 며느리를 대해주셨다. 시어머니는 사 남매 중 고명딸을 시집보내고 이듬해 큰 며느리를 맞이하셨는데 결혼 후 채 한 달도 되지 않아 내 마음속에 시댁에서 가장 고마운 분으로 자리 잡았다.

지금 병원에서 근무하는 이주여성들을 보면서 더 잘 이해하고 좀 더 따뜻하게 대할 수 있었던 것은 생면부지의 시골로 시집와서 낯설고 외로웠던 그때 그 시절, 친절하게 대해주셨던 시어머니의 인자한 모습이 고맙고 행복하였던 기억을 간직하고 있었기 때문인지도 모른다.

아침에 학교로 출근하면 남편은 집에서 가까운 시어머니댁에 있는 상가약국에서 일하면서 조산사이신 어머니와 함께 근무하였다.

간혹 근무가 일찍 끝나는 주말, 학교가 쉬는 날이나 장날, 일찍 퇴근 후에 약국에 나가 보면 남편은 어머니의 도움을 많이 받으면서도 어머니께 꽤 투정을 부리곤 하였다. 나중에야 알게 되었지만, 불특정다수와 대면해야 하는 약국 사업이 무척이나 스트레스가 쌓이는 일이고 시골에서 한정된 사회 문화자원으로 그 고통을 풀어내는 방법이 마땅치 않았다는 것이다.

남편은 시골에서 한정된 자원으로 섭렵할 수 있는 다양한 유흥거리로 그 스트레스를 풀며 나름 환경에 적응해나갔다. 고객을 확보하고 사업을 확장하려고 하는 남편과 관심사가 다르다 보니 잘 가르치기 위해 지속해서 연구에 매달려야 했던 나와는 점점 대화하는 시간이 짧아지기 시작했다.

아이들을 낳고 키우며 설레던 일상과 즐거운 학교생활에 익숙해지면서 남편과는 가치관과 성격의 차이로 점점 소원해지고 심신이 지쳐가고 있었다.

결혼 3년이 되어갈 즈음, 시동생이 의과대학을 졸업하고 의사시험에 합격한 후 시골 보건지소장으로 발령이 났다. 그러나 금의환향 축하잔치를 위해 준비를 많이 하셨던 시어머님이 갑자기 쓰러지면서 집을 에워싼 튼튼한 울타리가 태풍에 무너지는 듯, 갑자기 회오리가 불기 시작하였다.

하지만 고민할 틈도 없이 홀로 되신 시아버님 모시고 가장이 되어버린 남편과 함께 두 시동생을 결혼시키고, 손아래 시동생이 의과대학을 졸업하고 전문의자격을 획득하자 병원을 설립하게 되었다. 놀랍게도 학교에서 아이들과 즐겁게 성장하는 모습을 보람으로 여기던 내게 전혀 예측하지도 않았던 병원에서 근무하게 되면서 내부 관리하는 일은 내 몫이 되고 말았다.

당시는 걱정 반 두려움 반이었으나 어찌할 수 없게 병원 일을 맡게 되었고 스스로 부족함을 인지하고 그때부터 시작한 내 배움의 행로가 아직도 공사 중이다.

남편은 평소 자타의 경계가 불분명하더니 친구들의 사업에 줄줄이 보증을 서고 본의 아니게 이런저런 사업에 뛰어들게 되었다. 잘 나가는 듯 보이던 남편의 사업이 보증을 선 친구의 부도로 연쇄 부도가 났다.

집안 어른들과 상의하여 38세의 나이에 개인병원을 의료법인으로 전환하고 이사회를 구성하여 나는 꿈에도 생각하지 않았던 대표이사를 맡게 되었다.

그리고 농어촌 및 산촌주민들의 삶과 정서에 익숙하지 않은 내게 일어난 부지기수 일들의 성공과 실패를 통한 성장궤도를 되돌아보면서 큰 힘이 되었던 것은 무엇보다도 남편 특유의 격려 표현이었다. 갑작스러운 사건 사고에 견디기 어려울 정도로 마음 아픈 일들 앞에 잠 못 이루고 걱정하는 내게 "괜찮아, 그건 일도 아니야."라는 남편의 말을 듣는 순간 그때는 매우 황당하였다.

하지만 시간이 가면서 실마리를 찾아 해결해 나갈 수 있었던 것도 말대로 된다는 믿음이었을까? 병원을 살리기 위해서는 어떻게든 문제들을 해결해야 했고 줄줄이 생겨나는 크고 작은 문제들 앞에 자신 감은커녕 성공을 확신하지 못한 내게 그 몇 마디가 힘이 되었다.

10여 년 전, 왓칭(관찰)이라는 책을 처음 받아 보면서 그 책이 출간하기도 전에 남편의 왓칭은 이미 시작되었구나 싶었다. 증거기반으로 일 처리를 해야 마음이 편했던 나에 비해 직관력이 뛰어난 남편은 내가 범접하기 어려운 세계를 품고 있는가 싶다.

경영에 대한 틀을 잡아가기 시작할 때쯤, 계속해서 내면에서 의문들이 생겨났다. 나를 포함한 인간에 대한 궁금증을 풀어보기 위해 꾸준히 공부하면서 보이는 것보다 보이지 않는 것들의 존재를 조금씩 알아가고 받아들이게 되었다. 예전보다 좀 더 너그럽게 세상을 바라보면서 초연할 수 있게 된 것이다. 애초에 그 실마리는 나의 이해의 영역을 뛰어넘어선 남편의 삶을 바라보고 고민하면서부터인 듯하다.

남편은 활력이 넘치던 30대, 40대에 사업을 키우면서 종횡무진으로 움직이다가 본성을 잃고 암흑을 헤매더니 결국 쓰러졌다. 남편의 빚잔치를 수습하면서 힘들었던 15년여의 삶은 참으로 고되었지만 이겨내야만 한다는 나의 결단이 있었다.

아이들이 결혼하고 나면 책임을 다한 것이니 조용히 떠나려 했던 나의 독심을 회상해 보며 단순하고 짧은 생각에 실소를 금치 못한다. 이제야 비로소 결혼 전 내 생각의 그릇과 세파에 시달리면서 조금씩 커진 생각의 그릇의 격차를 알아차리게 되었다.

학교 모범생이 최선인 줄 알았던 나는 나의 힘듦의 대상이 분명하였던 시절이 있었다. 무엇 때문에, 누구 때문에 등 불편함의 대상이 결혼하면서 가정을 등한시하는 남편에게로 투사되었다. 그것이 어디서부터 시작되었는지 알아볼 생각도 없이 살아왔던 그 시절, 돌이켜 보면 내가 얼마나 불행했는지 모른다.

이제는 그 생각의 굴레를 벗어나 모든 것이 나로부터 시작되고 있음을 알게 된 것이다. 단 한 사람 남편을 이해하기 위해 공부를 시작한 것이 불로소득으로 자신을 조금씩 더 알아가게 되었다. 지금은 경영현장에 있으면서 코치로서 활동하고 있다.

특히 정신건강 사회복지 분야의 슈퍼바이저로서 후배들과 지역사회의 정신건강 영역에 창의적이고 지혜로운 생각들을 입혀서 덜 방황하고 행복을 찾아낼 수 있도록 돕고 싶다.

언제부턴가 삶의 여정에서 나의 작은 마음 그릇으로 본의 아니게 상처 주었을 가족들과 학생들과 동료들을 생각하며 미안함을 갖게 되었다.

전문 코치다운 경영자가 되는 꿈으로 열심히 공부하고 있는 나는 모든 인간은 그 자체로 온전하고, 잠재력이 충분하여 문제를 스스로 해결할 수 있고, 특별하고 창의적인 사람임을 믿는다.

　코치로서 나는 자신의 해답을 아직 알아채지 못한 그에게 알아차릴 수 있도록 스스로 내면을 들여다보고 확신을 하고 나아가게 하는 역할을 하고자 하는 것이다.

　그 시절, 나는 매사를 내가 만든 작은 자로 재고 판단하며 고개를 설레설레 흔들며 '아니'라는 말을 많이 하며 살았다. 내게 엄청나게 크고 단단한 문제들을 무장 해제시키고 전진할 수 있게 했던 것은 "괜찮아, 그건 일도 아니야."라는 말이었다. 그 말을 붙잡고 문제의 수수께끼를 풀기 위해 연구하며 이어온 삶이 나의 지경을 넓히고 주변 사람들을 좀 더 행복하게 할 수 있는 전문코치로 거듭나게 한 것이라면 남편은 나에게 멘토인가 은인인가?

저는 엄마의 아들이잖아요

* * *

"짱구 드세요, 엄마!"

원조와 복사본이 치열한 경쟁인 짱구 시장에서 '신짱'으로 갈아탄 아들은 밀레니얼 세대이다.

가족 여행을 마치고 돌아온 아들이 서재에서 씨름하고 있는 나에게 과자봉지 꾸러미를 건넸다. 짱구에 닿은 아들과 나의 시선은 오래전 그 시간을 기억한다.

늦깎이로 대학원에 입학하여 경영학을 배우면서 주경야독하던 시절, 밤늦은 시간, 까까머리 중학생이 된 아들이 숙제하다가 공부방에서 나와 '드시면서 하세요.'라고 짱구를 다섯 손가락에 끼워 입에 넣어주면 받아먹으며 함께 웃었던 그 시절이 그립다. 먹을 것을 곁에 두고도 앞에 산적한 과업만 생각하며 식사시간도 거르면서 일하고 공부하던 시절이었다.

1973년 대학 입학하던 해 출시된 짱구를 한 개씩 손가락에 끼워 입에 넣는 순간 담백하고도 달콤한 맛도 그만이지만 계피향 함께 '와작'하고 쏟아지는 소리가 왜 그리 시원했는지 모른다.

언젠가 아들이 '엄마는 왜 짱구를 좋아하세요?' 하고 물었다.

"글쎄, 여학교를 졸업하고 대학에 갔는데 마을처럼 넓고 큰 캠퍼스와 지식창고인 도서관, 사유의 잔디밭, 새로운 교수법, 새로운 친구들, 새로운 동아리 활동들이 얼마나 신나고 신기했는지 몰라. 여고 시절, 교복 속에 묶여 있던 생각들이 날개를 달고 창공을 날아다니면서 반짝이는 내 생각들이 정말 즐거웠어. 그런데 야외 행사 때 간식 속에서 짱구를 발견했어, 나와 짱구의 첫 만남이야. 잊을 수 없는 그 담백하고 달콤한 맛이 계피향과 함께 최고의 간식이었어."

아마도 달콤하고 당당하고 자유로웠던 대학 시절의 내 마음의 콘셉트와 과자의 맛, 질감이 맞았는지 모르겠다. 그 이후로 지금까지 기분 좋은 날이면, 짱구는 나의 간식 목록에서 터줏대감이 되었다.

매 주말 저녁이나 특별한 행사가 있을 때 가족들 모두 한자리에 모여 손수 마련한 식사를 하곤 한다. 식사 중에 음식의 맛을 표현할 때 색감, 질감, 온도, 염도 등 조리한 사람 못지않게 민감성이 뛰어난 아들의 피드백을 들으면 놀랍고 행복하다.

"이 꽃게국은 맛이 참 순박해요, 신선한 육질도 부드럽고 뜨거운 온도가 적절하고 간이 딱 그만이에요. 참 맛이 좋아요."

"와아, 이 밥은 보양식이네요. 잡곡이 골고루 들어가서 밥만 먹어도 맛있고 씹히는 맛이 그만이에요. 몸이 건강해질 것 같아요."

"이야아, 냉이 보릿국이 입에 들러붙네요. 냉이와 보리가 새우와 만나니 맛이 절묘하네요. 최고예요."

보통 "맛있게 먹었어요."라고 해도 기분 좋은 일인데 마치 짱구 꾸러미를 들고 와서 손가락에 끼워 입에 넣어주던 것처럼 음식 칭찬도 꾸러미로 실감 나게 줄줄이 묘사한다.

어릴 적 아들에게 가끔 새로운 음식을 만들어서 이웃에게 가져다 드리고 오라고 하면 어떤 심부름보다 신나게 다녀왔다. 이웃에게 칭찬받고 와서 그 말과 제스처를 그대로 묘사하며 애쓴 엄마를 웃게 하던 아들이었다. 음식을 만들어 맛을 봐 달라고 하면 먼저 내 입에 넣어주고 다음에 자신이 맛을 보았다. 마치 남편이 처음 만나서 내게 그리 하였듯이 그때 태어나지도 않았던 아들이 '보지도 않은 대역을 어떻게 하지?' 하고 착각하기도 하였다.

아들이 초등학생일 때 어느 날 일찍 귀가하여 청소하다가 깜짝 놀랐다. 평소에 유난히 총을 좋아해서 걱정하였는데 장난감 총 20여 개가 아들 공부방 한쪽 바닥에 가지런히 놓여 있는 것이었다. 모양과 크기가 다른 장난감 총들이 나란히 정렬되어 있는 모습이 그럴싸해 보이기도 하였지만, 순간 당황하였다. 가만히 앉아서 어떻게 하면 좋을지 곰곰이 생각해보았다.

온순하고 조용한 아들 내면에 표출하기를 기다리는 분노가 있는가? 생각이 깊어지면서 걱정이 되어 학원에서 돌아온 아들을 앉혀두고 들어보니 대수롭지 않게 이야기한다. 속마음까지 다 말하진 않았지만 내가 사주지 않자 용돈이 생기는 대로 친구들과 색다른 총으로 바꿔서 집안 곳곳에 숨겨두고 한 번씩 정렬해서 바라보는 즐거움이 있었나 보다.

장난감 총은 정리하기로 마음먹고 아들과 대화하면서 아들도 울고 나도 울고 나의 강요로 결국 아들이 승복하였다. 결국 나의 기우일 수도 있는 총기사건으로 진화하진 않았지만 어린 아들이 소장하고 싶었던 장난감 총 수집이 수포가 되어 상당히 충격이 컸던 듯하다.

사람은 환경의 동물이다. 자신이 자주 만나는 사람 다섯 명의 평균이 자기 자신이라고 하지 않던가. 그렇다면 자신이 하루 중 무슨 일을 하는데 시간을 소요하는지 순위로 다섯 가지를 정리해보고 그것이 자신이며 5년 후, 10년 후의 자신의 미래를 결정짓는다고 할 수 있을 것이다. 다소 강압적이긴 했지만, 그때 그 대화 시간에 단호한 결단과 요청이 옳았다고 생각한다.

내가 30대 중반에 들어서면서 상당 기간 개인적으로, 가정적으로, 직장에서까지 삼중고로 어렵고 힘들었던 시절이 있었다. 앞이 보이지 않을 것 같은 암울한 현실 속에서도 아들은 어렸지만 내게 꿈이었고 희망이었다. 집 앞 푸르른 소나무처럼 알게 모르게 서서히 자라면서 어느새 푸르고 멋진 모습으로 우뚝 서서 힘들어하는 엄마를 묵묵히 지켜보며 긴 터널을 함께 지나온 고마운 아들이었다.

어느 겨울, 아들이 대학에 합격하고 내 생일이었던가 싶다. 간소하게나마 자축하기 위해 양식당에 갔을 때, 음식을 주문하면서 아들이 평소 시켜보지 않은 가장 비싼 음식을 시키는 것이었다. 너무 과하다 싶어서 바꾸려 하자 막무가내로 막아선다. 엄마는 비싼 음식을 먹을 만큼 아주 훌륭하다며 주머니에서 용돈 모은 것을 내미는 것이었다.

생전 먹어보지 않았던 맛있는 음식을 앞에 두고 단둘이서 눈물로 식사했던 기억을 아들은 기억하는지 모르겠다. 각자 눈물의 의미가 다를 수 있었겠지만, 그날 밤, 감정을 수습하고 식사를 마치고 나오면서 듣고 보았던 그 레스토랑의 아름다운 캐럴과 함께 이어지는 부드러운 상송과 화려한 실내 분위기는 아직도 기억에 선하다. 그리고 서로의 따뜻한 마음의 온기로 그동안 아프고 힘들었던 기억들을 들어내고 대학입학과 함께 새로운 날을 기약할 만큼 힐링의 순간으로 기억된다.

대학 재학 중 군대 입대를 위한 신체검사결과가 합격으로 나오자 친구들은 보충역인데 자신은 입대라며 섭섭해하는 아들의 힘없는 목소리가 전화 너머로 들렸다. 왜 그리 생각하는지 물었더니 2년이 아깝다는 것이었다.

"물론 힘들 것이다. 그러나 힘든 만큼 얻는 것도 분명히 있을 것이다. 대한민국 군인으로 합격받은 건강한 사람임을 인증받아서 축하한다. 낳아준 엄마 아빠에게 감사해라. 어서."

머뭇거리는 아들에게 "엄마 감사합니다."라는 말을 기어이 받아내고 "아들, 자랑스러워, 그리고 축하해. 우리 아들은 군대에 가서도 탁월하게 잘 해낼 거야."라며 전화를 끊었다. 그 말대로 아들은 잘 복무하고 명예롭게 제대하였다.

아들이 훈련소에 입대하여 전방의 ○○ 부대 CP병으로 배치되어 복무할 때 남편과 언니, 형부와 함께 딱 한 번 위문차 부대를 찾아갔었다. 한참을 기다리자 뛰어나온 아들이 늠름하고 건강해 보여 안도의 숨을 내쉬었다. 유난히 절도 있게 말하고 태도도 똑바른 것이 약간 낯설기도 했지만, 국민의 의무를 다하고 나라를 지키는 국군이 된 아들이 참 자랑스러웠다. 그 후로 아들 부대 인근의 연천군 ○○ 부대 내 포격 사건이 있었다. 얼마나 놀랐는지 모른다. 그 부대에 복무하는 사병들의 부모들은 얼마나 놀랐을까 싶다. 희생된 군인들 부모들의 아픔은 어떤 말로 위로가 되겠는가.

제대 전 마지막 휴가차 나온 아들이 한 차례 큰 소동을 냈다. 청소년기에 자신과 엄마에게 아픔을 주었던 아빠와의 화해를 참으로 요란스럽게 하고 난 뒤 자신도 성실하게 살 테니 아빠도 가정을 지켜달라고 다짐을 받아냈다. 그리고 군 복무 중에 구상해온 향후 인생설계서를 엄마 아빠에게 선언하고 하나씩 실행해왔다. 결혼 후 10년째인 지금까지도 아들은 뚜벅뚜벅 서두르지 않고 앞으로 나가고 있다.

지금 운영하는 세무회계사무소도 재학 중에 시험에 합격하기로 계획하였다. 3학년 재학 중에 합격하여 졸업하자마자 먼저 대도시에서 근무하며 경영을 배우고, 다음 중소도시에서 근무하며 세부적인 업무들을 익히고, 자신이 준비되었다는 생각이 들자 지금은 고향에서 운영하고 있다.

섬세하고 예의 바르며 분별력 있는 아들이 책임감 있는 태도로 일을 잘 처리하고 있다는 고객들의 이야기를 들으면 아들에게 얘기해 준다. 아들은 그때마다 환하게 웃으며 곧바로 "저는 엄마의 아들이잖아요."라고 대답한다.

노동집약적인 업무들이 많은 다양한 직종이 모인 병원을 경영하는 나는 소수정예 부대로 전문화된 아들 회사의 시스템을 보면서 한편 부럽기도 하다. 하지만 사회의 요소마다 각자 맡은 바 임무를 잘 해내야 원활하게 공동체가 작동하듯이 건강한 시민으로서 각자의 역할을 잘 해내는 것이 아주 소중한 일이리라. 누구에게도 지금 현재, 순간의 과정들이 모든 이들을 위해 중요하다고 생각한다.

문득 퇴근할 때 현관에 놓인 남편의 신발을 보면서 서정주 시인의 시 한 구절이 생각났다.

'그립고 아쉬움에 가슴 조이던 머언 먼 젊음의 뒤안길에서 인제는 돌아와 거울 앞에 선 내 누님같이 생긴 꽃이여'

먼 길 방황하다가 이제는 내 집안에 들어선 아빠의 신발을 볼 때마다 아들의 모습이 클로즈업된다.

아빠가 필요할 때 아빠의 빈자리를 견뎌내고 장성하여 지혜로운 여성을 만나 가정을 꾸리고 두 부부가 함께 네 남매를 잘 건사하는 모습이 참 보기 좋다.

아들 사무실이 바쁘지 않은 주말이면 체험학습이다, 직업체험이다, 뮤지컬공연 등 일정을 미리 계획하여 떠난다. 자신이 자라면서 받지 못한 부분까지 아이들에게 경험시켜주는 좋은 아빠 역할을 하면서 아들은 내면에 남아 있는 작은 잔챙이들을 스스로 치유하고 있을 것이다.

그동안 성공과 실패의 여정에서 함께 한 이들을 통해 배운 지혜로 잘 빚어진 현재 아들의 모습이 자랑스럽고 고맙다. 아직도 내 가슴 한 쪽에는 더 잘해 주지 못해서 미안함이 그득하다.

할머니는 내 편이야

* * *

"낮에 놀다 두고 온 나뭇잎 배는 엄마 곁에 누워도 생각이 나요."

손녀가 요청하는 신청곡 1번이다. 가끔 학원에 가는 일을 도와줄 때 자동차 속에서 육성으로 들려주는 여러 가지 동요 중에서 유난히 좋아하고 자주 불러 달라고 하며 제법 잘 따라 부르는 곡이다.

초등학교에서 동요가 많이 불리면 좋을 텐데 전보다 정기적으로 배정된 음악 시간이 줄어든 요즘에는 동요 소리가 듣기 어려워졌다. 꿈 많은 시기에 동요는 아이들의 상상력을 키우는 데 유익할 터인데 아쉽다.

사 남매 중 큰 손주인 우연이는 벌써 할머니를 열광적 팬으로 두고 있다. 손주 바보 할머니인 나는 웬만하면 손주 편이다.

며느리가 말하기를 "3층에서는 말을 잘 안 듣는데 애들이 2층에만 오면 이상해져요."라고 한다. 그도 그럴 것이 나는 어쩌다 아이들을 만나게 되니 잔소리할 시간이 없다. 진심을 담아 아이들이 그리됐으면 하는 모습으로 호칭을 붙여서 불러준다. 왕자님, 공주님은 예사이고 탁월한 학자, 너그러운 누나, 상냥한 형, 친절한 동생이라고 불러

주면 손주들은 그 속뜻을 분명히 아는지 모르는지 참 좋아한다.

　나의 몇 가지 꿈 중의 하나인 좋은 할머니가 되는 것은 아이들의 바람과 현 상황에 맞춰야 하므로 세심한 관찰과 정성과 변신이 필요하다. 그중에서도 순간순간 동생들의 뒷바라지를 돕는 큰 손주 우연이는 나의 고객 1호이다.

　저녁에 함께 요가학원에서 나오면서
　"할머니 오늘 서점 갈 수 있을까요?"
　"할머니 문구점 갈 수 있을까요?"
　하고 물으면 언제나 대기 중인 내 대답은 늘 "그럼. 그럼."이다.

　서재에서 집중하고 있으면 찾아와 요청한다.
　"할머니 색종이 있어요?"
　"할머니 풍선 있어요?"

　아이들이 자주 사용하는 학용품들이 갖춰진 나의 작은 방에는 갖가지 풍선, 크고 작은 사포, 다양한 색종이, 색연필, 크레파스, 자석칠판 등으로 가득하다. 매주 한 번쯤은 지역의 문구점을 찾아 구매하며 간혹 대형할인점에 가는 일이 생기면 꼭 문구류 파는 곳에 들러서 새로운 트렌드를 확인하고 구매해 둔다. 강의할 때 준비할 부재료이기도 하지만 손주들의 기호에 맞게 준비해둔다. 그래서 나의 대답은 늘 "그럼. 그럼."이다.

또래 아이들은 형제자매가 외동이나 두셋 정도가 대부분이라서 동생들까지 돌보아야 하는 첫째 우연이는 친구들과 비교해볼 때 불리하다. 그래서 나는 온전히 우연이에게 힘을 보탠다. 동생들 투정을 받아주다가도 동생이 울면 첫째가 뒤집어쓰고 혼날 때가 있다. 시무룩한 우연이에게 나는 "아이구, 우리 너그러운 우연이가 힘들었구나."라고 마음을 읽어주면 언제 다퉜냐는 듯이 우는 동생에게 다가가서 동생들 등도 토닥여주고 훨씬 의젓하고 너그럽게 말하는 긍정적인 태도를 보인다.

2학년 때는 창의적이고 탁월한 담임선생님을 만난 우연이는 신이 났다. 시간이 나면 감사와 버츄, 칭찬 놀이를 하곤 하는 우연이가 선생님 칭찬을 이름 삼행시와 감사로 써놓은 것을 보고 나는 참 놀라웠다.

O우주 선생님은 우주 최고의 진짜 좋은 선생님이십니다.

저는 2학년 때 O우주 선생님 반이 되어서 정말 좋아요!

3학년 때도 꼭 저희 선생님 반이 되어주세요.

아래의 내용은 선생님께 감사의 메시지를 보낸 것 중 일부이다.

매일 즐거운 수업을 해주셔서 감사합니다.

청소를 꼼꼼히 잘했다고 칭찬해주셔서 감사합니다.

저에게 맞는 방학 숙제를 고르게 해주셔서 감사합니다.

제가 발표할 때 목소리가 작아도 꾸중하지 않고 잘 들어주셔서 감사합니다.

선생님 덕분에 용기가 났어요.

저희에게 '인성'이라는 좋은 말을 알게 해주셔서 감사합니다.

잘 모르는 수업내용이 있을 때 한 명 한 명 또 잘 가르쳐주셔서 감사합니다.

저희가 친구들과 이야기를 하느라 교실이 시끄러워도 무섭게 화내지 않고 이해해주셔서 감사합니다.

체육 시간에 저희 뒤에서 체조를 같이해주셔서 감사합니다.

여름방학을 할 때 밝은 표정으로 "얘들아, 좋은 방학 돼라!"라고 말씀해주셔서 감사합니다.

아이의 시각으로 일상에서 다양한 감사를 발견할 수 있다는 것은 참 좋은 달란트다.

특히, 두 살 터울 동생에게 과외 아르바이트를 하고 엄마로부터 용돈을 받는 우연이는 가르치는 장르가 여러 가지이다.

훌라후프 돌리기, 요가 따라 하기, 줄넘기와 같은 운동요법부터 글씨 쓰기, 숫자 세기, 더하기 빼기, 동화책 읽어주기, 그림 그리기, 색종이 접기, 젠가 쌓기, 계속 늘어가는 장르가 무궁무진하다.

칠판 앞에 서서 지휘봉을 들고 제법 선생님 노릇을 하는 우연이는 동생들에게 새로 배운 요가를 가르쳐주는 것이 가장 재미있다고 한다. 과목별로 500원씩을 받아서 꼬마 저금통에 넣는 우연이는 통장이 다 차면 은행에 저금하여 목돈을 만들어 소중한 일에 쓴다고 한다.

그리고 손녀와 얘기하면서 나도 나의 어린 시절의 추억을 되살리고 기억하지 못했던 무의식의 저장고에 보관된 미해결과제를 하나씩 의식 선상에 올려놓고 만나면서 해결의 실마리를 찾아내곤 한다. 무엇보다도 상냥한 손녀로부터 나의 내면의 상냥함을 회복한다.

어떤 수식어보다 '탁월한 우연이'라고 불러주면 참 좋아하는 우연이는 그림 그리기를 좋아한다.

어릴 때 연필을 잡을 수 있게 되자 하얀 전지에 아이를 앉혀두고 크레파스를 펼쳐 주었다. 처음에는 크레파스를 손에 잡고 선도 긋고 원도 그리더니 점차 그림의 형태를 갖추기 시작하였다. 무엇보다도 한 장을 그림으로 채울 때까지 집중하는 모습은 가히 장원감이다.

전지에서 그림연습을 하던 우연이에게 반지, 사절지 크기로 점차 작은 종이에 그리게 하였다.

우리 집 벽에는 우연이 그림이 날짜와 서명까지 더하여 여러 장 붙어 있다. 본격적으로 그림을 배우면서 점차 스케치북에 그리는 세밀화 그림을 그리는데 전체를 보고 부분을 그리는 역량이 탁월하다는 말을 듣게 되었다.

과학책을 읽고 마인드맵으로 요약하고 정리할 줄 아는 우연이는 버츄카드 뽑기를 하고 맘에 드는 글귀를 필사도 한다. 그리고 그 느낌을 이미지로 그리고 색을 덧칠한다. 자기 생각을 말과 글로, 이미지와 색상으로 표현할 수 있다면 그 자율성과 주도성은 앞으로 위대한 일을 할 수 있는 반석이 될 것이다.

언젠가 손녀가 "할머니는 내 편이지요? 하고 묻자 바로 '그럼.' 하고 대답하였다. 아마도 동생 때문에 혼난 일이 있었나 보다.

며칠 후 며느리가 말하기를 우연이에게 혼낼 일이 있거나 심부름을 시키면 갑자기 "할머니는 내 편이야." 하며 으쓱하고 지나친단다. 정작 하고 싶은 말이야 많겠지만 "할머니는 내 편이야."라고 말하면서 어쩌면 스스로 자가 치유하고 있을 거란 생각이 들었다.

우연이를 위로하고 싶은 마음을 '우연이의 귀여운 슬픔'이라는 자작시에 담아보았다.

동생 생길 때마다 / 멀어져 가는 엄마
동생들이 사랑스러운 만큼 / 귀여운 슬픔 쌓인다
우연아 / 동생 생길 때마다 / 엄마 사랑은 / 너에게 더 가까이 가는 거란다.
가슴에 손 얹어봐 / 엄마 사랑은 / 첫째에게 맡겨놨단다.

좋은 할머니가 되기 위한 준비를 잘하여 우리 손녀 친구의 부모님, 할머님들을 교육하는 일을 해보고 싶은 나는 오늘도 퇴근 시간 무렵이면 "할머니, 요가 몇 시에 출발하나요?"라는 손녀의 메시지를 받고 "네, 우연 낭자님, 6시 반에 갈까요? 8시에 갈까요? 선택하세요."라고 답신한다. 그럼 우연이의 "할머니, 저는 8시가 좋아요."라는 응답에 곧바로 "감사해요."라고 답신한다.

힘들고 어려운 일이 생기거나 죽음 앞에서도 떠오르는 단 한 사람이 있으면 이겨내고 살아내는 힘이 생긴다고 했다. 혹여 힘들 때 떠올릴 수 있는 어른이 되고자 정성을 다하는 나는 가능한 한 아이들 앞에서 일관성 있게 행동하고자 한다.

가끔 내 생각을 점검하고 일상의 궤적을 되짚어보고 행여 실수했는지 가늠해본다. 그리고 동요를 들으며 동심으로 돌아간다.

가족

------------ **지안** ------------

자기계발 작가, 동기부여가, 역사, 성공학 강사

건국대학교 멀티테라피 미술치료 학과에서 공부하다가 일본 HEART@COLOR 색채 심리 전문가 과정을 수료했다.
경제적, 정서적 어려운 청소년기를 보내며, 독학으로 가정학사 학위를 받았고, 자기계발적 노력을 해왔다.
우리역사바로알기(사단법인) 강사, 유네스코 문화해설사로 수백 회의 강의를 하였다.
현재는 생존독서를 통해 인간심리·사회·경제·패션 심리를 연구하고 있다.

전자우편: heanvenrose@gmail.com

가장이 가족보다도 더 사랑한 것들

***

3명의 자녀를 둔 한 부부가 버스정류장에 서 있다.

곧 텅 빈 버스가 도착하고 문이 열리자 아버지는 본인 요금만 내고 문 앞 첫 번째 자리에 착석, 어머니는 운전기사 뒷자리에 앉고, 중고 등학교에 다니는 삼 남매는 뒷자리에 앉는다.

가족인지 남인지 알 수 없을 정도로 그냥저냥 서로가 무심한 게 익숙한 그런 가족이다.

자신을 보지 못하고 무심히 떠나버리는 버스에도 상처를 받는 것이 사람인데 매일 한 공간을 공유하며 동상이몽의 모습으로 살다가도 상처받지 않기 위해 더 이상의 기대도 주지 않는 마음의 벽과 시선의 커튼을 치기도 하는 가족.

그러나 색색의 실들을 제 나름대로 꼬고 엮어 만들어낸 털목도리, 털양말처럼 가족이기 때문에 만들어낸 이야기들이 있을 것이다.

각자의 마음 한구석에는 언젠가는 돌아가 언 손을 녹일 수 있는 화로를 피워놓은 마음의 고향을 기대하기도 한다.

수많은 이야기가 있지만 너무도 사적이고도 행복의 척도가 되는

가족들만의 이야기가 있다

그런 가족……. 그 세계는 나에게 어떤 의미였는가?

"사람은 제 먹을 것을 타고 난다.' 하니, 생긴 아이는 낳지 뭐……."

가장인 아버지가 11살 어린 아내에게 셋째 아이가 생기자 하신 말씀이다

아버지는 그런 믿음이 있었던 때문인지, 처자식을 먹여 살려야겠다는 생각은 없으셨다. 그럼에도 불구하고 까마귀가 끼니를 물어다 주기라도 하듯 양식이 떨어진 날은 없었고, 가족들 산 입에 거미줄 치는 일도 없었다.

누군가가 아버지 대신 그 공급자가 되었던 것이다.

결혼할 당시에는 할아버지, 고모들, 결혼 이후에는 아내가 대신했고, 맏딸은 살림밑천이라 했듯 장녀인 내가 고등학교 졸업을 앞두고 소녀가장 노릇을 도맡게 되었다.

이렇게 생계를 맡은 역할자들은 어김없이 준비되었고 시계가 톱니바퀴 맞물려 돌아가듯이 가족이라는 하나의 시스템은 삐거덕 소리를 내며 다람쥐 쳇바퀴 돌 듯 매일의 일상 안에 돌아가고 있었다.

하다못해 주변 지인들조차 나에게 "너희 아버지 왜 그러니?", "너희 어머니 왜 그러지?" 하며 물어볼 정도로 보통사람들이 이해하기 어려운 독특한 캐릭터를 지니셨다.

어린 나로서는 다들 그렇게 살아가는 줄로만 알았고, 인생에 대한 질문을 가득 품고 사색을 즐겨하는 성장기를 보냈던 것이다.

가장인 아버지가 아내와 세 자녀인 가족보다 더 사랑한 것은 아마

도 바둑과 황도 통조림으로 기억된다.

장인의 솜씨로 재단된 가로세로 줄이 일정하게 그어진 두툼하고도 묵직한 바둑판 위로 아버지의 손안에서 온종일 흰 돌, 검은 돌 두 나라는 서로 먹고 먹히는 전쟁이 종일 벌어졌다.

아버지의 심기를 건드리지 않아야 했기에 집안은 적막한 고요함을 유지해야만 했다

어린 여동생은 아버지의 뿜어대는 두 갑의 담배 연기로 자욱한 방안에서 TV 음악 프로그램 방송을 틀어 무음으로 켜 놓고는 백댄서 무희라도 된 듯 스카프 한 장을 온몸에 휘휘 감고 온 방을 휘저어댔다.

어느 때는 바둑판에 딱 붙어 무아지경에 앉아 계신 아버지가 자욱한 담배 연기로 인해 몽환적인 분위기가 연출되어 혹시, 무릉도원의 신선이 아닐까 하는 상상도 했었다.

말 한마디 없이 심오한 바둑 세계에 심취되어 현실에 있는 우리와는 어떤 공감대도 갖지 않는 것이 다른 차원을 사는 듯했다.

하지만 그러한 상상은 오래가지 않았다. 담배 연기로 인해 기침을 달고 살게 되자 곧 현실로 전환되었고 상상은 깨져버렸다.

"아빠, 담배 연기가 괴로워요."

"…… 응, 너희도 군인들 화생방 훈련하는 것처럼 적응력과 면역력을 길러야 해."

삼 남매가 기관지가 좋지 않은 이유는 분명, 엄마가 우리를 뱃속에 갖고 있을 때도 어김없이 담배 연기로 방안을 채우셨을 것이 분명했기 때문이다

바둑으로 한 수 배우고자 하는 사람들이 집에 자주 찾아왔다.

언제나 친구들에게 환대받고 인기 있으며 가족의 생계를 책임지지 않아도 이상하게 그 누구 하나 그런 아버지의 팔자에 불만을 토로하지 않았다.

고등학교 시절 장녀인 내가 그런 아버지의 모습을 고민하며 고모님에게 털어놓았다.

"네가 왜 그런 불만을 느끼니? 그건 우리 오빠 인생인데……."

아차, 내 실수였다.

고모님은 그런 아버지를 가져본 적이 없어서 이해할 수 없었다. 그도 그럴 것이 고모의 아버지, 즉 나의 할아버지는 함경도 이북 분이셔서 전쟁통에 모든 가산을 정리해 남한으로 가실 것을 결심하시고 내려오시다 고향에서 해오시던 편물 사업과 집, 그리고 땅문서 등을 폭격에 이리저리 다 잃어버려 새 터전을 마련하기 위해 악착같이 살아오신 생활력 강한 분이기 때문이었다.

당시 15살이었던 큰고모님은 폭격으로 인해 허벅지 살이 헤져 생사를 다투게 되었고 온 가족이 방공호에 숨어 있다가 자식들을 안쪽에 앉히고 입구 쪽에 앉아 계시던 할머니는 쉴 새 없이 하늘에서 쏟아지는 폭격에 그만 목숨을 잃고 말았다.

지금 생각해 보니 그 당시 13세 소년이었던 아버지는 자신을 애지중지해주던 어머니를 잃은 탓에 온 세상을 잃은 슬픔과 충격을 받았을 것이다.

전혀 예상치 못했던 사랑하는 어머니의 상실은 더 사랑하는 사람을 잃고서 상처받고 싶지 않은, 그래서 사람에게 마음과 정을 주지 않기로 한 독특한 자기만의 틀에 갇혀버린 아버지가 보였다.

자신이 상처받지 않기 위해 철창을 만들고 그 안에 혼자 갇혀버리셨다. 사랑의 이야기를 만들고 싶지 않고 마음을 주어 상처받지 않고 상실의 날들을 두려움 없이 맞이하기 위한 아버지만의 자기방어란 생각이 들었다.

상처받지 않기로 결심이라도 한 듯이……. 아버지가 살아온 삶의 모습은 그렇게밖에 설명되지 않는다. 더 이상의 상처를 허락하지 않기 위해, 상처받을 여지를 만들지 않기 위해, 그래서 택한 것이 살아 숨 쉬지 않는 바둑, 그 어떤 헤어짐도 상처도 주지 않는 바둑알만 붙들고 자신의 상처 결핍을 치유하며 달래고 있었나 보다…….

바둑을 하며 한 수 배워가려는 도전자들은 순서를 정해서 대련했고 그들의 고마움의 표시로 아버지 주머니에는 돈이 떨어지지 않았지만, 가족을 위해 내놓는 경우는 없었다.

다람쥐가 겨울을 준비하며 두 볼 가득 도토리를 넣어 제 곳간에 저장하듯 혼자만의 주머니를 따로 만드셨다.

초등학교 저학년일 때의 일이다.

어머니는 생선이 놓인 밥상을 차리셨고 밥상이 들어오자 어린 자식들이 올망졸망 둘러앉았다.

어른 손바닥만 한 생선은 먹음직스러웠지만 적은 양이었다.

열 개의 눈동자는 일제히 생선 몸통에 시선이 꽂혔다. 그러나 그 누구도 먼저 먹고자 들이대는 자가 없던 그때였다.

"음~ 너희들은 어려서 맛난 것을 먹을 기회가 많으니 아무래도 일찍 죽는 내가 먹어야겠다."

결국 아버지 차지가 되었다.

그 당시 TV나 오락거리가 많지 않은 시절이라 많은 사람이 밤낮 모여 바둑을 두는 기원이라고 하는 곳은 아버지가 집에 계시지 않는 날에는 어김없이 가 계신 곳이었다.

어머니는 기원에서 바둑을 두느라 며칠이고 집에 들어오지 않는 아버지를 확인하고는 5~6살 된 맏딸인 나를 아버지 옆에 두고 오셨는데 그제야 어린 내가 신경이 쓰여 더 대련을 포기하고 집으로 들어오셨다고 한다.

생활력이 강하신 할아버지께서는 셋이나 되는 손자들이 하나씩 태어날 때마다 세를 받을 수 있는 집을 사주셨지만, 아버지는 그조차 지키지 못했고, 그러한 남편을 둔 어머니는 도매시장에서 옷을 사 와서 아주머니들께 선을 보이고는 웃돈을 받고 파셨다

그뿐만 아니라 엿 장사, 순대, 떡볶이 어묵 장사, 칼, 거북이 등 여러 모양으로 굳힌 설탕과자 뽑기 장사, 붕어빵 장사, 포장마차 등 집 앞에 벌여놓고 매번 업종을 바꿔 가며 바쁘게 사셨다

'엄마가 또 장사를 바꾸셨구나.'

나는 그렇게 살기 싫었다. 우리 가족 안에는 대체 행복이 보이질 않았다. 엄마의 여자로서의 삶에도…….

이런 이유로 나는 엄마 마음에 기쁨을 주는 자식이 되기로 했다.

선비 같은 아버지가 어머니를 돕는 법은 없었다. 아버지는 혼자 방 안에서 바둑에 심취하셨고 하루 두 갑의 담배 연기는 고스란히 어린 삼 남매가 나눠 마셨다.

어머니는 연약한 여인이 이것저것 장사랍시고 하다 보니 사기도

여러 번 당해서 훌쩍이기도 하셨는데 어린 나는 세상 사람들 모두 그렇게 사는 줄로만 알았고 무지했다.

바둑, 사진 찍기 취미, 그리고 황도 통조림.

어느새 지금은 80세를 넘기신 아버지의 인생이 그러했다.

학창시절 친구들과 사진을 찍으러 이곳저곳을 다니시고 몇 개의 앨범에는 외국 남녀 배우 사진을 빽빽하게 보관하고 있지만, 정작 아내와 자식들을 직접 찍어준 사진은 한 장도 없다

집에 들어오실 때는 검은 비닐봉지에 황도 통조림을 몇 개씩 사 오셔서 쌓아놓고 드셨다.

어느 날은 황도를 드시는 모습을 지켜보고 있으니 한 조각을 내게 덜어주던 게 특별히 추억의 이름으로 가장하여 기억에 남아 있다.

집안에 고장이 나거나 수명이 다한 등을 갈아주거나 하는 일도 없고 처자식 밥 한번 외식하자고 나가서 사준 적도 없다.

그저 야생마처럼 방목해놓은 망아지들과 같은 자식들이었다.

나의 집이란 장소가 아니라 사람들이다.

- 로이스맥마스터 부욜

어머니, 그녀도 위로가 필요하다

***

얼마 전, 우연히 몽골 낙타에 관한 이야기를 TV 영상을 통해 접하게 되었다.

척박하고도 황량한 몽골 땅에 새끼 출산이 임박한 어미 낙타가 고통스러워한다. 낙타는 출산 후, 진이 빠지고 탈진한 듯 초췌하다. 지난밤부터 오랜 시간 산고로 신음한 연고다.

새끼 낙타는 태어나 익숙한 체취를 더듬어 어미 곁으로 가 몸을 비빈다. 하지만 어미 낙타는 살갗 접촉을 거부하고 등을 돌려 시선도 주지 않은 채로 외면하며 새끼와 멀어진다.

버림받아 어찌할 바를 모르는 새끼 낙타는 망연자실하여 털썩 주저앉았다. 눈에는 눈물이 고인다.

이 상황을 지켜보던 몽골인들은 너무도 익숙한 듯 그제야 악기를 켜며 어미 낙타만을 위한 위로의 노래를 불러준다. 인간이 해줄 수 있는 다정하고 친절하게 쓰다듬어 주는 것이다. 눈 맞춤과 함께…….

'그래, 너 고통스러웠구나……. 알아. 우리가 다 알아, 그래, 그래, 매우 두렵고 아팠지…….'라고 말하듯 치유의 노래를 불러준다.

그제야 냉담하고 새끼를 외면하던 어미일지라도 결국 눈물을 흘린다. 위로받은 안도의 눈물을 보인 어미 낙타는 비로소 엄마가 되어버린 자신을 보게 된다. 어미 됨을 인정한 듯 더 이상의 거부는 하지 않고서…….

그때 다리에 힘이 빠져 넋을 놓고 있는, 새끼 낙타를 일으켜 세워, 어미 낙타 곁으로 데려가 젖을 물린다. 그제야 어미는 그 상황을 받아들이며 제 젖으로 허기진 새끼의 배를 채운다. 어미로 사는 삶도 받아들인다. 마침내 새끼와 보조를 맞춰 걸으며 보살피기를 시작한다. (출처: 새끼낙타 거부하는 어미, 마두금 연주에 눈물. SBS TV 동물농장 애니 뭘 봐.)

함박눈이 비로 바뀌며 입은 옷이 젖어버렸던 어느 겨울날, 몸에 차갑게 감기는 청바지를 입고, 손과 두 발은 시리고, 입술 파리한 채로 바람을 무심히 지나치는, 초점 없는 눈빛의 십 대…….

이것이 학창시절 그려지는 내 모습이다.

고등학교 졸업 전 한 학기 동안, 다들 진학을 위한 공부를 할 때, 난 취업을 해야만 했다. 새로운 항공사가 생겨 고등학교 졸업자를 대상으로 충원코자 하는 내용이 학교로 전달됐고, 나는 학교에서 추천을 해주어 지원했으나, 마지막 항공사 스튜어디스 최종 면접에서 떨어져 다른 일을 찾고 있었다. 남대문 인형 판매 점원은 안 하겠다 하니, 어머니는 내게 음악 카세트테이프와 책 판매 영업을 시키셨다.

결혼 후에도 수중에 돈 한 푼 없었는데, 아버지의 무심함은 그렇다 해도, 친정엄마는 왜 내게 한 푼의 비상금도 챙겨주지 않았을까 하는 서운함도 들었다.

가족의 생계를 위해 소녀 가장인 듯 살아온 시간……. 10년 가까이 가족을 위해 앞만 보며 살아왔다. 그 후 희생이라는 익숙한 이름을 벗고 싶었고, 일한 것에 대한 보상도 없이 도피하듯 결혼을 선택했다.

자식인 나도, 어머니도 그렇게 위태하게 살아왔다. 행복하려고 애쓰지도 않았다. 행복이 무언지 알아야 그것을 갈망할 수 있다. 하루하루 생계를 위해 바빠서 좋은 것들을 놓치고 사는 줄도 모르고…….'

'생각하는 대로 살지 않으면, 사는 대로 생각한다.'라고 했듯, 자신의 시야에 들어오는 세상이 전부인 양, 좁고 편협된 생활의 연속이었다.

선장 없는 배의 운명은 정해져 있다. 잔잔한 날에는 풍랑을 언제 만나게 될까 봐 조마조마 하지만, 거친 파도가 이는 날에는 여기저기 떠밀려 목적지를 잃은 신세가 된다. 그렇게 어머니는 그 배를 혼자 지켜오시듯 인생을 지나오신 듯 보인다.

선택권이 내게 있었다면 나는 내 어머니, 아버지를 선택했을까?

인생에서 인간으로 사는 삶에 부모를 선택할 권한을 신은 인간에게 주지 않았다. 자유의지를 주고서 왜 그것을 허락하지 않았을까? 인간 한계를 알게 하기 위해서일까? 도무지 이해 못 할 부모님들의 성향으로 초년고생을 톡톡히 치렀다.

핏줄…….

그 끊을 수 없는 관계의 고리. '부모가 이해되기 시작하니, 자신은 어느덧, 부모를 닮아 있더라.'라고 누군가 한 말도 뇌리에 맴돈다.

일상적인 시간이 흘러가던 어느 날, 어머니의 사연 한 토막이 무심히 입에서 흘러나왔다.

내 친정엄마는, 시골에서 서울로 상경해 11살 많은 남편, 가족생계는 나 몰라라 하는 남편을 만나 평생 바삐 살면서도 눈물로 보내셨다.

보이는 현실이 다라면, 우리에게 희망이란 어디에도 없었다. '보이는 것은 잠깐이지만 보이지 않는 것은 영원하다.'라고 했던가?

친정엄마는 언제부턴가 신을 의지하셨다. 그 후로는 아내, 여자로서의 슬픔을 신앙으로 승화시키며 살아가는 모습이었다. 그러자 생기를 찾으시고 자신을 가꾸기 시작하시며 편안해 보였다.

팔 남매에 막내, 어리광부릴 나이에 친엄마를 여의고, 돌봄을 제대로 받지 못하며, 10대 시절에는 외국인 가정에 입양되어 2년을 살았지만, 그들이 고국으로 떠날 때, 홀로 남겨지게 되었다는 사연을 무심히 흘린 어느 날, 자식인 우리에게 살갑지도 않고, 웃어주지도, 마음이 전해지는 눈빛 대화조차 기대할 수 없는…….

그런 친정엄마를 이해할 수 없었던 모습이, 그녀의 사연을 통해 퍼즐 맞추듯 해석되기 시작했다.

어린 나이에 파양으로 버림받은 경험이 있어서인지, 지나가다 팝송이 들리고 영어로 대화하는 소리만 들려도 잠시 걸음을 멈칫한다.

어눌하지만 지금도 영어 회화를 배우러 가시는 걸 보면, 어린 시절, 수년 동안 외국인들과 생활하셨던 향수와 그리움을 잊지 못하신 이유일 것이다.

어린 나이에 어른들의 보살핌 없이, 자신을 지켜내기 위한 시간이 그녀에게도 있었다. 서울 타지, 낯선 이방인들과의 생활과 목적지 모르는 정처 없이 살아온 인생에 대해, 친정엄마도 위로가 필요했다. 신의 위로와 함께 가족들의 위로가…….

낙타가 출산의 고통으로 새끼들을 거부했듯, 자식들에게 살뜰하지 않으셨다. 상한 마음이 상한 영혼을 안을 수 없다. 자신의 상처로 아픈 영혼은 남을 돌아볼 여유가 없다.

'그래, 너 고통스러웠구나! 알아. 우리가 다 알아, 그래, 그래, 아주 두렵고 아팠지…….' 하며 말하는 듯 위로의 노래를 불러준다.

그제야 냉담하고 새끼를 외면하던 어미는 눈물을 흘린다.

우리네 어머니들은 누구에게 위로받아 왔을까? 누가 위로해 주었던가? 인간에 비교할 수 없는 미물조차 그러한 위로를 기대하는데, 내 친정엄마는 너무도 자신에게 친절하지 않은 삶을 선택하며 살아왔다. 위로받아야 하는 상처는 남편에게, 자식에게 외면당하고 마음과 몸의 병으로 바꾸어 살아왔다.

친정엄마가 신앙을 가지셨다는 건……. 위로를 기대할 수 없는 인간들을 향해 기대를 내려놓고, 사랑을 강요하지 않고, 위로를 요구하지 않기 위한, 자기치유의 방법이었다. 그렇게 신을 바라며 아픔과 어둠을 벗고 계셨을 것이다.

매일 새벽 엎드려 신의 세계를 바라보는 것으로 시작하여 그렇게 신앙심을 키워가셨다.

신앙생활을 해 오시며 성품, 성향도 많이 바뀌었다. 화병으로 심신도 아픈 곳이 많았지만, 건강도 호전되셨다. 그리고 매해, 의료인들과 함께 미얀마 오지에 가서서 그 지역 주민들 특히, 아이들과 여자들을 돌보시고 물질적, 정서적 지원을 해오셨다.

첫걸음을 했을 적에는 마을이 낙후되고, 헐벗고, 행복도가 낮았으나, 해마다 의료 봉사자들과 그 지역 주민들을 찾아가 의료진들에게 처방받은 약을 환자들 손에 건네주며 신의 사랑을 나눴고, 병환을 돌보고, 마음을 살피고, 아이들을 챙겼다.

현재는 그 지역 생활고가 몰라보게 해결되고, 거처들이 안전하게 되며, 가정마다 행복한 웃음소리가 들려오고, 아이들은 건강해졌다. 개인경비로 다녀오며 지원하고 오시지만 오히려 준 사랑과 비교할 수 없는 보람과 사랑을 도리어 받고 온다며 감사하는 모습을 지켜볼 때면 내 마음도 밝아진다.

고생을 지나 떳떳하고 존경받는 삶의 모습이 된 지금. 얼마나 다행인지……. 그래도 순간순간 고비마다 잘 선택하며 살아가려 애쓰셨구나 하는 안도와 안심을 하게 된다.

친정엄마를 이해하기까지……. 분명 나는 힘들고 아팠었음을 인정하며, 나 자신을 토닥여 안아주고 싶다.

학교 근처는 가보지도 못하여 공교육도 일절 받지 못했고, 그러한 배움이 없는 가운데 생활고와 나름의 무지를 헤쳐 나아가기 위한, 현실싸움을 싸우고 있었을 것을 생각해 보면, 친정엄마를 이해 못 할 것도 아니건만…….

제 속으로 낳은 자식들과 좋은 추억 하나 만들기가 버거울 만큼, 마음에 여유가 없었던 그녀. 이제야 비로소, 그 모습 그대로 인정하게 되는 건 자식이라는 이름을 가졌기 때문이다.

어머니, 그녀도 위로가 필요했기 때문이다…….

가족은 중요한 것이 아니다. 그것은 모든 것이다
— 마이클 J 폭스

막내 잉꼬의 고별식

***

가까운 지인에게 12년 동안 집안에서 기르던 잉꼬가 있었다.

아침에 주인이 방에서 나올라치면 새장 안에 있던 파랑 잉꼬는 늘 그래왔던 것처럼 새장 문을 열어달라며 시끄럽고 요란스럽게 새장 안을 뜀박질하며 다녔다.

아침 인사말을 건네며 새장 문을 열어주면 베란다 키 큰 나무 화분 위로 올라가 놀이터 삼아 분주히 돌아다니는 게 일상이었단다.

평소 주인의 자연주의 철학대로, 새장 안에서만 살게 하지 않고, 온 집안을 자유로이 활개 치고 다니도록 해주었는데, 베란다 나무들을 종횡무진 뛰어다니던 잉꼬가 오후에는 왠지 힘이 없어 보이더니, 날 개를 접고는 앞으로 꼬꾸라져 있더란다.

몇 시간째 눈을 뜨지도 않고, 찍찍 소리도 없는 새를 앞에 두고, 가 족들은 한순간 서로를 바라보았다.

'드디어, 올 것이, 왔구나!' 하는 생각에, 모두 시선을 맞추며 일제히 얼어버렸다. 임종의 시간을 예감한 것이다. 가족들의 심경에는 많은 생각이 스쳐 지나갔다. 추억들도 회상되며 마음 한구석이 서늘하다.

가족들을 미소짓게 해주던 일, 가족들의 사랑을 받아 비록 말 못 하는 존재이지만 교감하고 있었던 그 시간…….

12년을 함께 살면서 간혹 우울해한 적은 있었지만, 이런 일은 없었다. 새들의 수명은……. 설마 설마 하며 깨어나기를 몇 시간째 기다렸다.

그간 새와 함께 해왔던, 작지만 아련한 기억들을 떠올리며, 작은딸은, 막냇동생이라 여기며 살아왔던 새에게 편지를 썼다.

가족들은 새 주위에 둘러앉아 착잡한 마음으로 새에게 한마디씩 건네고 편지를 읽어주었고, 지인이던 안주인은 강사인 직업적 동기를 발동하여 축문까지 간단히 지어 장례까지 진행했다.

그렇게 애도를 하고 나니 비로소 새의 죽음을 받아들일 수 있었다. 마음에 이별을 준비하는 시간이 인간 가족에게 필요했다. 신문지로 조심히 싸서 새장에 고이 넣어주고는, 그렇게 천국으로 가기를 기도했다. 조용한 가운데 편히 보내주려 했다.

밤이 되니 잠결에도 그간 쌓아온 추억들이 여운을 남기며 꼬리를 물듯, 깊은 잠을 내쫓았다. 선잠을 자고서, 새를 어디에 묻어 줄지를 곰곰 생각해 보았다. 자주 가는 산책길 가, 볕이 잘 드는 길옆에 묻어서 들를 때마다 안부 인사를 하고 싶었다.

어찌해야 하지……. 그날 아침 가족들은 잉꼬에게 마지막 인사를 하고 묻어 주기 위해 일제히 새장으로 모였다.

사람을 잃는 슬픔도 크지만, 한낱 말 못 하는 미물에게 마음과 정을 주어 헤어나오기 힘든 상실의 방에 그 어떤 것도 들여놓지 못할 것이라고……. 아니, 인연을 맺지 않겠노라고 다짐하는 심정들이었다.

그런데 경건한 마음으로 가족들이 새장 가까이 다가가자 죽었던 새가 부활해 있었다. 죽었다가 우주의 에너지를 다시 충전하고 환생한 부활 생명처럼 더욱 건강한 모습으로, 새장이라도 부수고 하늘이라도 날아다닐 듯 날개를 퍼덕거리며 새털 눈 축포를 뿌려대며 야단법석이었다.

새장 문을 열어달라며 평소보다도 더 팔짝팔짝 뛰며 활개를 치고 있는 잉꼬가 보였다.

'내가 여기 있다. 인간 가족들……. 깜짝 쇼에 속았지? 매우 반가워요!'라고 말하듯, 어제 꼬꾸라져 있던 모습과는 도무지 매치가 되지 않았다.

가족들을 골탕 먹이는 '몰래카메라' 놀이라도 한 것인 양, 감쪽같이 가족들을 속여 먹이며 존재감을 알리고 있었다. 저에게 일제히 쏟아지는 가족 눈에서 나오는 스포트라이트에, 스타라도 된 듯 그 생기 흩뿌려대는 바람에 빠지는 털은 고스란히 가족들의 멍한 얼굴에 함박눈처럼 얹혔다.

이윽고 새장 문이 열리자, 감격에 겨워하는 가족들 몸을 타며 이리저리 정신을 빼놓았다고 한다.

이렇게 막내 잉꼬의 애교는, 인간 가족들의 관심을 다시금 독차지했고, 죽은 부모님이 다시 살아 돌아온 것처럼 집안 분위기는 이루 말할 수 없었다고 한다.

다시 만날 수 없을 것 같았던 잠깐의 이별 경험으로 더욱더 애틋한 시간을 보내게 될 것이 아닌가?

청개구리와 수년째 동거하면서 먹이를 챙겨주는 사람들, 닭을 예뻐라 하며 아기 포대기에 싸서 업고 다니는 아주머니, 온 집을 앵무새 수십 마리로 채워 애완용으로 기르고 있는 지인의 자녀들, 전철역에서 소스라치게 놀라게 했던 주인 어깨에 얹힌, 커다란 녹색의 이구아나…….

인간 가족이 아닌, 그러나 가족이 된 동물 가족들.

웅, 배고프구나? 엄마가 얼른 먹이 줄게! 뽀뽀, 엄마 뽀뽀해줘~ 착하지~~.

말을 못 하거나, 인간이 아닌 미물들을 받아들여 가족으로 여긴다는 것, 인간 가족들이 그들에게 기대하는 것은 무얼까?

우울증으로 힘들어하던 친척 언니에게 아들이 데려온 강아지 한 마리. 평생 동물의 털이라면 혐오하고 싫어하더니, 어쩔 수 없어 며칠 데리고 있다 보니, 강아지 애교에 마음을 빼앗겨 7년 동안 키워오고 있는데, 가족들에게서 얻지 못하는 행복감을 얻게 된단다.

개와 눈을 지그시 마주하고 있어도 행복 호르몬인 옥시토신이 나와 사랑하는 감정이 생겨 가족으로 받아들이게 되고 애정을 주기도 한다.

우리는 나면서부터 사랑받고 싶고, 사랑하고 싶은 애정 결핍증에 걸려 있다. 어디에든 마음을 주고 사랑을 느끼도록 만들어진 불완전한 존재로서 존재하는 것이다.

일본은 애완동물에 이어 이제는 애완 AI 로봇까지 가정으로 들여와 정서적인 안정과 친밀감을 높여주어 심리 치료적 효과를 보고 있다고 한다.

사람에게 상처받은 마음을, 말은 못 해도 아니, 말을 못 하기에 오히려 위로를 받게 되는 존재로서, 마음 한쪽에, 그것들이 또 다른 가족으로서 자리하게 되는 것이 아닐까?

　사람으로도 채울 수 없는 '공허감', '영혼의 허기'라는 마음의 공간이 있어서 채우려고들 하나 보다.

　밥을 잔뜩 먹고서 '디저트 배는 따로 있다.'라는 대부분 사람의 말처럼, 사람으로 가득 채울 수 없거나, 채워져도 외롭거나, 사람의 그것으로 채우고 싶지 않아 마음 한구석을 내어준 것이리라.

　전 세계 소식을 실시간 뉴스로 알아볼 수 있는 시대이다 보니, 여기저기에서 상속을 받은 애완견이나 애완 고양이 소식 등도 접하기 쉬워졌다.

　자식 없이 남편을 사별한 부자가, 반려 고양이에게 상속하기 위해 재단을 만들어 반려묘가 죽을 때까지 돌봄을 받을 수 있도록 조치해 놓았다는 소식, 유명 패션디자이너 칼 라거펠트의 사망으로 엄청난 금액이 그의 애완 고양이에게 남겨질 것이라는 이야기 들은 세상 사람들에게 이슈 거리가 된다.

　이렇게 애완동물들에게 마음을 준 사람들이 그들을 가족으로 여겨, 상속재산을 남기는 예는 더욱 많아지고 있다.

　우리나라도 이러한 추세에 대비하여, 현재로써는 그 동물들에게 직접 상속은 안 되지만, 상속인들의 의도와 요구 사항에 적절한 방법들이 모색되어지고 있다 한다. 애완동물뿐 아니라, 이제는 애완 로봇의 존재도 인간들 가족이 되고 있다.

　로봇이 가족보다도 더 친밀한 가족으로 한 가정 내에 공존해 살아가게 된다는 이야기는 이미 영화나 드라마를 통해 우리의 무의식에 자연스럽게 세뇌하고 있는 듯하다.

인공지능 로봇^{AI}으로 인해 인간 간의 갈등과 변화로 상상 예측되는 영화의 내용처럼, 가까운 미래, 우리 사회에 현실적으로 벌어질 일들이라고 미래학자들은 예견하고 있다. 애완동물에 이어, AI 로봇도 인간의 가족이 될 것이라고, 또한 상속자가 될 수도 있다고 미래학자들은 전망한다.

현재 일본의 경우, 부품이 단종되어 더 고칠 수 없게 된 로봇의 장례를 치러주는 절이 있다고 한다. 그들 대부분 혼자인 노인 가정에서 인공지능 애완 로봇을 들여 함께 살다가 함께 할 수 없는 순간을 맞게 되자, 그것들과 헤어짐을 애도하고 마음에서 떠나보내는 의식을 하는 시대인 것이다.

불편한 몸과 심신 약한 상황에서, 자신에게 의지가 되고, 웃게 해주며, 곁에 있어 주었던 그것들을 위한 장례식이다.

멀리서 찾을 필요 없이 가까운 지인에게도 그러한 예는 있었다.

돈 많은 그녀에게는 딸이 하나 있는데, 자신의 마음을 몰라주고 살갑게 대해주지 않는 모습들을 대할 때, 마음에 들지 않는 모습과 행동을 보일 때면, 기르고 있는 애완견에게 상속하고픈 생각도 든다고 말하는 걸 보면 말이다.

인간은 자기가 갖고 싶은 것을 찾아서 세상을 방황하다가 가정에 돌아와 비로소 그것을 발견한다.

— 조지 무어

가족의 온도

* ** *

수년 전, 슬프게도 아기들이 버려지는 일들이 많이 생기자 베이비 박스 설치 여부를 놓고 논쟁이 벌어졌다. 베이비 박스를 설치하면 아기를 버리는 일이 많아질 것이라는 의견이 나왔지만, 특히 한겨울 버려진 아기들의 안전을 우선으로 하여 결과적으로 몇몇 곳에 그것들이 설치되었다.

베이비 박스를 통해 들어오게 된, 갓 태어난 아기들과 시설에 있던 돌쟁이 아이들이 함께 생활하며 지내고 있는 방이 있다.

그 어린 생명에게 작은 도움이나마 되고 싶어서, 아는 지인들과 봉사 모임에 소속되어 시설에 방문하면서 아기들 목욕시켜 주고, 이유식을 먹이고, 돌보는 시간을 정기적으로 가졌다.

아기들은 들어온 과정과 상황이 평범하지 않았고, 모두가 애정과 관심을 갈구했다. 자기를 안아주지 않고 다른 아기를 안고 있으면, 경쟁심과 질투를 느껴 몸을 뒤로 젖혀 바닥으로 벌렁 넘어지거나, 팔을 뻗어 애원하는 눈빛을 보내며 집착적으로 사랑을 갈망하는 아기도 있었다.

아기들이 들어올 때의 상태는 대부분 정서적으로 불안하고, 신체적으로 다소 약한 경우가 많다고 한다. 친부모들의 어떤 사정으로 인해 시설 기관까지 오게 되었지만, 상주하는 담당 사회복지사들과 봉사자들의 품 안에서 애정과 사랑을 아낌없이 받고 있었다.

직원으로 근무하면서 자비를 들여 아이들에게 옷도 사입히는가 하면, 상주하는 인력 부족으로 여러 명의 아기를 데리고 자게 되어, 밤을 홀딱 새며 잠을 설치는 모습 등 피붙이처럼 살갑게 대하는 모습에 마음이 짠했다.

시설로 들어온 날을 생일이라며 기억하여 첫 돌을 축하해주었고, 아기들은 한 명이 아닌, 봉사자 여러 엄마의 품에서 밝은 얼굴로 자라고 있었다.

아기들은 입양이 되거나, 고등학교 다닐 때까지 보육원에서 성장하게 된다. 그렇게 피는 섞이지 않았지만, 함께 살아가야 할 가족이 된 것이다.

책임을 진 그분들은 지속해서 그들의 성장에 관심을 두고, 보살피며 아이들과 함께 생활하게 된다. 어쩌면 우리가 잃어버린 가족의 온도는 이곳에 있는 것이리라.

가족의 이름을 가졌다 해서 모두 행복을 만들어 가지는 못한다. 그런데 혈연으로 맺어진 그들은 왜 가족의 온도를 잃거나, 잊어버리거나, 외면해 버릴까.

내 가족만 염려하고, 내 가정의 행복만 챙기던, 자신의 모습을 반성하는 심정으로 그들을 대했다. 보육원의 더 많은 아이와 청소년들을 접하며 대화하다 보니 그들의 사연과 어려움도 알게 되었다.

미처 보지 못했던 세상의 집들에는 많은 가족의 사연이 있었고, 그 사연들이 어린 영혼들의 마음에 상처를 내었다. 말하지 않으면 짐작이라도 할 수 없는 아물지 않은 아픈 상처를, 그렇게 자신 혼자 꽁꽁 싸매고 견디고 있었다. 아이들의 슬픈 이야기들이 행복해 보이는 가정들의 이야기와 세상에 공존하고 있다는 게 현실이었다.

1930년대 해리 할로우라는 심리학자에 의해 원숭이 애착 실험이 있었다. (출처; 신체접촉과 사랑의 본질-원숭이 애착 실험 가짜 원숭이 실험·키스 키스세븐)

갓 태어난 새끼원숭이들의 행동심리에 관한 연구로 그들은 어느 것에 집착할까 하는 것이었다.

가짜 원숭이 엄마를 만들어 놓은 방에 새끼 원숭이를 넣어보았다.

A – 포근한 촉감의 천으로 만든 원숭이 모형.
B – 우유가 장착된 철사로 만든 원숭이 모형.

한 방에 A와 B를 설치하여 새끼 원숭이가 자유로이 왕래할 수 있도록 하였다. 과연 새끼 원숭이는 어느 엄마를 선택했을까?

모든 새끼 원숭이들의 거의 공통된 행동은, 배가 고플 때만 우유가 있는 철사로 만든 원숭이를 찾아가 배를 채우고, 우유는 없지만 포근한 느낌의 천으로 만든 원숭이 모형으로 가서 대부분 시간을 보낸다는 결과를 얻었다.

생존을 위한 식욕보다도, 촉감을 통해 얻는 안정감의 욕구를 더욱

더 갈망한다는, 심리학적 측면에서 신체접촉의 중요성을 많은 사람이 알게 되었다.

아기가 울 때마다 안아주고, 포대기로 등 뒤에 찰싹 붙여 업고 일들을 처리하며 돌보는 우리네 양육방식과는 달리, 그 당시 서양의 양육방식은 아이를 부모와 떨어져 독립된 방에서 혼자 재우고, 밤에 아무리 울어도 울다가 지쳐 스스로 적응하도록 키우는 방법들이, 어찌 보면 '서양 부모들이 참 매정하다.'라고 느낄 정도의 양육방식이었다.

그의 연구 결과로 신체접촉을 많이 해 주어야 정서적 안정을 얻게 되며, 성장 발육, 신체적인 면에도 영향을 미친다는 그들의 생각이 바뀌는 계기가 되었다.

전 세계적으로 신체접촉을 생활화해야 한다는 양육방식의 붐도 일어났다. 하지만 아이러니하게도 해리 박사는 이러한 실험 연구에 매진하며 세월을 보내는 바람에, 가족들과의 행복을 만들어내지 못했고, 그의 가정은 불행으로 치닫게 되었다.

부인과 자녀와의 관계에서 이별과 사별이 연속되더니 자신마저도 알코올 중독에서 헤어나오지 못하고 절망적인 삶을 살았다 한다.

정작 박사 자신은 가족과 행복한 가정을 만들지 못했다는 이러한 이야기가 참으로 안타깝게 느껴진다.

새끼 원숭이들에게 극한 고통의 상황을 만들어 그들 행동의 수정을 기대했지만, 그럴수록 더욱더 포근한 촉감의 안정감에 집착했다 한다.

그의 연구에서 마음의 안정감은, 연구에 동원된 새끼 원숭이들이 목숨 위협의 순간에서도 집착했던 생물의 본질적인 욕구라고 말할 수 있을 것이다.

어찌 보면, 가족의 온도는 가족관계에서 얻는 친밀감으로 인한 마음의 안정감이 아닐까? 가족들 간에 물질이 풍부하고, 지식이 방만해도 서로의 친밀감을 놓쳐버린다면, 그들은 행복할까? 행복하다면 그것은 지속해서 유지될 수 있을까?

태어난 지 1년이 안 된 아장아장 기어 다니는 아기들을 상대로 한 실험이다. (출처: 스토리온 우먼쇼. 웃는 엄마 vs 무표정한 엄마)

아기들을 엄마와 거리를 두어 멀찍이 떼어 놓고, 아기 앞에 투명 유리로 덮은 낭떠러지를 두었다.

실험에 임한 거의 모든 아기는 공통적인 행동을 보였다. 엄마에게로 가려 하자, 낭떠러지를 발견하고는 멈칫했지만, 다시금 엄마가 편안한 미소를 보여주니 두려움을 떨쳐버리고 안심하고 용기를 내어 유리판으로 덮인 낭떠러지를 서슴없이 건너 엄마에게로 와 안겼다.

엄마가 웃어주는 아기는, 바로 앞 낭떠러지 장애물을 의식하기보다 엄마에게 시선을 고정한 채로 장애물의 두려움을 떨치고 과감하게 지나간 것이다.

가족의 힘이라는 게 이런 것 아닐까?. 편안함과 안정감을 주는 존재……. 믿어주고, 믿음을 주는 관계, 자신을 반기고 바라봐주는 시선에, 상상 이상의 힘과 용기를 발휘하게 되는…….

서로를 향해 웃어주고, 믿어주는 존재가 있다는 것만으로도 힘이 나는, 그런 존재일 것이다.

위 실험과 연구들의 결과를 보면서, 내 어린 시절의 모습을 떠올려보았다.

성장 과정에서 정서적 지지를 받고, 미래를 함께 고민하고 공감해줄, 멘토의 부재와 경제적 어려움을 극복하기도 쉽지 않았고, 자존감을 높이고 자신감 있게 살아가기도, 행복을 만들기도, 참으로 버거웠다. 그때는 나를 이해해주는 따뜻한 정을 얼마나 기다리고 바랐었던가…….

결핍을 못 느끼며 성장하는 가정의 자녀가 과연 얼마나 될까?

가족, 그들이 원하는 건 친밀함에서 나오는 안정감과 행복감이지만, 자신들의 속마음을 자신들조차도 읽어내지 못하고 해결하지도 않고서는, 마음이 뻥 뚫린 채로 살아가기도 한다.

옳은 방향성의 친밀함…….

이것이 가족관계에 더해진다면 위기를 겪는 많은 가정은 비 온 뒤 땅이 더욱 굳어지듯 위기를 기회로 여길 힘을 얻게 되어, 그것을 극복하며 행복을 발견하기도 할 것이다.

가족들은 성장하고, 행복을 만들 수 있는 비결을 가정 안에서 배우게 될 것이다. 가족이라는 이름이 줄 수 있는 최고의 의미와 가치들을 누리며 살게 될 것이기 때문이다.

언젠가 출산 당시 병원에서 아기가 바뀐 줄도 모르고 십수 년을 살아가다 우연한 계기로 이러한 사실이 밝혀졌다. 많은 혼란 속에, 심리적 갈등의 과정을 겪은 후, 자신들의 친자식을 데려와 생활하기를 포기하고, 그냥 키우던 아이와 계속 살아가기로 한 부모들…….

아이가 입양되었는데 훗날, 친부모와 상봉했지만 낳은 모성보다 키워준 모성을 선택했던 이야기들은, 가족 안에서 자신이 지키고 싶고, 유지하고 싶은, 기대하고 있는 가족의 온도가 있기에 가능한 선택이리라.

'82년생 김지영' 영화에서는 잘나가던 전문직 여성 지영이, 결혼과 출산, 육아와 가사로 인해 자신을 잃어버리고 현실과 멀어지면서 정신적인 어려움도 겪게 되는데, 그동안 마음에 무의식적 내재하여 있던 하고 싶었던 말들을 대상들에게 다른 인물로 빙의되어 억눌려 왔던 감정의 말들을 쏟아 놓으며 문제가 커질 무렵, 아내를 위하는 남편의 현명한 대처와 중재로 차츰 자신의 모습을 되찾아 간다는 이야기였다.

아내를 걱정하면서 아내가 겪고 있는 어려움과 문제를 해결하고자 전문가를 찾아 나서고, 부모님께 도움을 요청하고, 가장으로서 극복해 나아가려는 남편의 시도들과 책임감을 보며 영화를 보는 내내 '저 가족의 온도는 앞으로 행복을 만들 수 있도록 달구어지고 있구나!'라고 느꼈다.

가족들의 모습만 봐도 집안 분위기와 가족 간의 결속력, 행복한 정도까지도 예측할 수 있지만, 장담할 수는 없다. 쇼윈도 부부들처럼 위장할 수 있기 때문이다. 이에 반해, 정작 그들이 하나 되어 느끼고 있는 '가족의 온도'는 본인들만이 알 수 있으며 자신을 속일 수는 없다.

우리 주변 가정들을 보면 아들딸들이 살갑지도, 세심하지도 않고 단답형의 대화만 오가는 경우가 흔하다.

중년의 주부들이 설거지하다가 그릇을 툭 내치며 혼잣말을 하거나 외로움으로 인해 거울에 비친 자신과 대화를 하기도 한다. 가족의 온도가 따뜻하지 않기 때문이다.

그래서 그녀들은 자기계발에 나선다. 그녀들은 가족에게 상처받기보다는 자기 성장에 승부를 걸고 싶어 한다. 집안일을 집 밖으로 넘겨 버리고, 더는 부엌을 지키는 존재로 인식되는 것을 거부한다. 그동안 소홀히 여겼던 여자로서의 젊음과 건강과 아름다움을 관리하고 자기의 가치를 높여가려 한다.

반면 중년의 가장들이 고된 업무와 씨름하다 늦은 퇴근을 할 때에는, 자신을 반가이 맞아 주는 건, 애완동물밖에 없다며 하소연을 하기도 한다.

이 모든 것이 그들이 원하는 가족의 온도가 식었기 때문일 것이다.

모든 가족은 행복의 온도가 다르다. 가족 안에는 분명 가족의 온도가 있다. 가족의 온도란 온천수 온도 재듯 잴 수 있는 것이 아니며, 열정적이고 기복적인 감정 상태의 정도가 아닌, 가족 목표에 맞는 방향성을 잃지 않는 행복한 친밀감이다. 가족들 개개인의 성장이 있고, 가족의 갈등과 문제를 해결해 나가며, 위기를 기회로 바꾸고 행복을 만들어 나아가는 것, 그것이 집마다 간직한 가족의 되기 때문이다.

저녁 무렵 자연스럽게 가정을 생각하는 사람은 가정의 행복을 맛보고 인생의 햇볕을 쬐는 사람이다. 그는 그 빛으로 아름다운 꽃을 피운다.

- 베히슈타인

로봇에 대체되지 않는 가족

***

몇 년 전, TV에서 보그 맘이라는 드라마가 방영되었다.

아들을 출산하다 세상을 등진, 아내의 모습을 실현한 사이보그 로봇(컴퓨터와 인간 육체를 합성한 인공지능 로봇)을 로봇 계발자인 아버지가 오랜 기간 계획, 제작하여 유치원생 아들의 생일날 집으로 가져와 가족들에게 선보인다.

친엄마를 만나 본 적도 없고, 추억이라 할 만한 것도 만들어 본 적 없는 아들은, 로봇으로 만든 엄마인지 모른 채로 유학을 다녀온 엄마로 알고 한 집에서 생활하게 된다.

엄마라는 존재를 그리워하며 얘기로만 들어오던 아들은 어느덧 엄마의 빈자리를 느끼고 있었고, 엄마에 관한 모든 것들이 입력된 엄마로봇은 가족들에게 요리며, 청소며 가정주부의 임무를 수행한다.

가족들의 감정까지도 입력된 지식과 엄청난 양의 데이터를 통해 인지적으로 교감함으로써 가족들과 친밀성을 갖게 된다.

감정에 좌우되지도 않고, 인간과 생활하면서 야기되는 문제와 갈등을 해결하는 면에서도 뛰어나다.

사람들과 공존해 살면서 그녀의 뛰어난 해석력과 분석력으로 가정의 분위기는 부드럽게 유지되고, 인간을 효과적으로 위로하고, 합리적으로 소통하고, 원만한 관계를 형성함에 가족들에게 활력과 행복감을 가져온다. 가족들은 이렇듯 로봇을 엄마로 여기며 살아간다. (출처: 블로그 완벽하지 않은 나를 사랑하는 era의 마음 여행. 보그 맘)

죽음으로 이별한 상태에서, 현실로는 다시 만날 수 없는 엄마이자 아내이자 가족이란 존재였지만, 실체는 사라졌어도 사람 기억 속 그리움과 행복을 다시 회복시키는 것들은 꼭 실체의 사람이 아니어도 되는 시대가 오고 있다.

미래사회에 등장할 사이보그나 안드로이드 로봇은 인간보다 지적, 신체적 능력이 우월하면서도, 인간의 감정을 이해하여 더욱더 사람과 같이 반응하도록 계발이 진행되고 있다. 이전에 우리가 알고 있던 로보캅 같은 기계적이고 이질적인 느낌의 로봇이 아닌, 인간의 모습을 가진, 인간과 소통을 할 수 있는, 어떤 면에서는 인간보다도 더 이상적인 로봇이 인간을 위해 가정에 들어오게 된단다.

아기가 울어도 왜 우는지 추측을 해야 하는 불완전한 인간의 엄마들과 달리, 인공지능 로봇은 아기 울음소리를 과학적 통계치로 파악, 우는 원인을 알아내고 맞는 적절한 조치를 할 것이며, 아기의 신체적, 심리적 상태와 생체리듬까지도 파악하여 불편을 제거해 주어 인간 아기는 그것들로부터 만족감과 친근감을 얻게 될 것이다.

육아에 서툰 인간의 엄마들은 육아를 도와줄 로봇을 집에 들여 아이를 돌보고 눈높이에 맞는 적절한 학습과 놀이를 담당케 하고, 인간이 하기 싫고, 귀찮은 단순 노동은 로봇 청소기나 심부름 로봇에 담당시킬 것이다.

이렇듯 인간 생활과 가정 안에서 그들과의 공존은 필연적이다.

이미 원격으로 조종되어 사람이 운전할 필요가 없는 자율주행 차가 기획되어 완성도 면에서 지속해서 업그레이드되고 있으며, 인간의 모든 생활 속에 미래를 그려왔던 공상 영화 장면처럼 하나씩 우리 곁으로, 현실 안으로 들어오고 있다.

앞으로 펼쳐질 미래는 우리의 상상을 초월한다. 조선 시대 사람들이 지금의 우리 생활상을 상상하지 못했던 것처럼 말이다.

인공지능 로봇이 결국 인간에게 여러 유익을 주는 반면 어떤 부분에서는 위협이 될 수 있기에, 우리는 마음의 준비를 해야 한다고 전문가들은 말하고 있다.

로봇들을 통제하여 그것들을 활용할 것인지, 또 그것들이 인간에게 노동력재창조와 부의 재생 산적 측면에서 인간에게 자유를 줄 것인지, 더 나아가 로봇의 딥러닝(스스로 학습 업데이트)으로 인간이 통제 당할 것인지에 대한 것들이 화두가 되고 있다.

미래 일은 누구도 장담할 수 없겠지만, 가정마다 가족들의 편의를 위해 들어왔던 가정부 로봇이 엄마를 대체하고, 아내의 마음을 몰라 주는 무심한 남편을 대신하여 로봇이 아내의 마음을 빼앗아 버리고, 엄마 아빠보다도 자녀를 심리상태에 맞게 상대하며 지식적 학습과 공감적 대화를 해 주는 자녀 양육 로봇, 그것들이 들어와 가족에 대한 개념에 혼란을 가져올 수도 있을 것이다.

영국 드라마 Humans는 이러한 일들이 일어날 것을 소재로 하여

TV로 방영되었다.

미래 우리 생활 속에 일어날 인공지능 로봇과의 생활상을 상상하여 연기자들의 리얼한 연기로 그려내고 있다.

엄마의 일손을 돕기 위해 주문되어 집으로 들어오게 된 가정부 로봇은, 직장 생활하는 엄마의 부족한 부분들을 대신해주며 아이들과 남편과의 관계에서 진짜 엄마보다도 긴밀하고, 친밀한 관계를 갖게 되어 벌어지는 일들을 주 내용으로 삼고 있다.

첫째 딸은 로봇 시대의 도래로 인해 변화되는 생활과 사회상황에 갈등을 겪지만, 어린 딸 소피는 친절하고 다정한 로봇 엄마에게 의존적으로 된다. 방대한 지식으로 아이에게 필요한 눈높이 교육과 친절한 육아를 하고, 불완전하고 바쁜 엄마보다 더 애착을 형성하여 엄마가 함께하지 못하는 순간에 엄마의 자리를 차지하여 추억들을 만들어간다. 로봇은 가족들의 성향을 파악하고 점점 인간들 관계 안으로 들어오게 된다.

급기야 엄마에게 로봇인 자신이 그녀보다도 더 아이들을 잘 돌볼 수 있고, 기억력이 좋으며, 화내지도, 감정에 치우치거나 술과 마약 등 중독에도 빠지지 않고, 우울증에 걸리지 않으며, 엄청난 지식과 정보로 신속한 일 처리와 심지어 두려움도 느끼지 않는다. 그렇지만 인간을 사랑하지는 못한다고 말하기는 해도 엄마는 이미 가정 안에서 자신이 로봇에 의해 대체되고 있다는 불안한 위기의식을 느끼고 있었다. (출처: 인간 ys 기계 인공지능과 영드 Human'인공지능 / 책그림)

로봇은 인간을 사랑하지 못한다. 사랑의 감정을 못 느끼는 로봇을 인간이 짝사랑하게 되므로 변화될 트렌드가 상당할 것이다.

몇 년 전, 일본인 남성이 로봇과 결혼을 했다는 소식이 들려왔다. 이렇듯 가정의 위기는 시작되고 있다. 로봇이 가족이 되는 시대가 이미 우리 곁에 와 있다.

인간 생활에 안드로이드 로봇, 인공지능 로봇 AI가 인간을 밀치고, 더 월등한 관계성을 발휘한다면 그것들로부터 도움을 받고 친밀감을 느끼게 된 인간들은 어느 순간, 가족 간의 결속력이 약화되고, 가족 안에서 자신의 존재감이 로봇에게 밀려나거나, 대체되거나, 소외될 것이다.

로보캅 같은 인간 신체의 힘과 능력의 한계를 뛰어넘는 파괴적일 수 있는 로봇보다도 사소한 대화를 나누거나, 단순 노동들을 처리해 주고, 인간의 감성을 자극하는 등의 빈번하고도 대면적인 영역에서 상대해야 하는 인공지능 로봇은 어쩌면 가족들보다 더 사적이고도 긴밀한 내용을 비밀로 공유하게 될 수도 있을 것이다.

고차원으로 업그레이드된 인공지능 로봇은 생활 속에 깊숙이 침투해서 많은 시간을 함께 지내며 인간과 추억을 만들어 갈 수 있다.

머지않아 실현 가능한, 안드로이드 로봇, AI 인공지능 로봇의 현실 등장과 실용화를 주시해야 한다고 미래 학자들은 말한다.

그것들은 우리 가족 영역으로 들어와, 머지않은 미래의 20년 전후로 부모와 자녀들의 자리를 위협하는 존재가 되고, 가정의 정의를 다시 내릴 수도 있기 때문이다.

로봇은 인간을 사랑하지 못하지만, 로봇을 사랑하는 인간들이 생겨남에 따라, 가족의 화목보다는 가족 간 갈등과 문제를 발생시키기도

할 것이다.

　사랑의 감정을 못 느끼는 로봇을 인간이 짝사랑하게 됨으로써, 변화될 가정의 생활 모습과 사회의 트렌드는 우리의 예측, 그 이상이 될 것이다.

　로봇과 결혼식을 올렸다는 소식도, 수명이 다한 애완동물을 가족처럼 생각하여 장례를 치러주는 일도, 단종되어 부품을 구할 수 없게 된 애완 로봇을 로봇 장례 전문 업체를 통해 장례식으로 애도하는 일들이, 이웃 나라 일본에는 일반화되고 있다.

　이러한 추세로 간다면, 가정을 구성하는 가족원은 꼭 인간이 아니어도 될 미래사회가 그려지기도 한다.

　무심한 가장, 대화와 감정 코드가 맞지 않고 잔소리꾼인 엄마, 사춘기를 지나는 반항적인 청소년 자녀, 아내의 결핍된 애정 욕구에 반응치 않는 남편, 가족으로부터 인정받지 못하는 남성 갱년기를 겪는 가장들…….

　각 가정에 이러한 문제들이 한둘쯤 존재하기 마련이다.

　가족 내 갈등과 문제를 해결하고, 성장과 성숙해가려는 화목한 가정을 만들지 못한다면, 가족에게 상처받은 가슴들은 서로를 향한 눈빛을 거두고, 그 자리에는 가족의 이름이 아닌 다른 많은 가능성이 대신 자리하게 될 것이다.

　애완동물 로봇에게 주는 다정한 눈빛, 나를 나보다도 더 잘 파악하고 이해해주는 인공지능 로봇에게 마음을 빼앗겨버린 자신을 어느덧 발견하게 될지도 모른다.

로봇과는 보다 가까워지고, 인간과의 관계는 점점 냉담해지는 문제도 야기될 것이다.

다시 말해, 가정의 위기를 기회로 만들어 나아가지 못한다면, 의식하지 못하는 사이에 가족보다 더 친근해진 로봇들에게 마음을 내어주거나, 진짜 가족보다 더 사랑하게 될지도 모를 일이기 때문이다.

가정이야말로 고달픈 인생의 안식처요, 모든 싸움이 자취를 감추고 사랑이 싹트는 곳이요, 큰 사람이 작아지고, 작은 사람이 커지는 곳이다.

- H.S 웰스

어머니에 대한
오해와 사랑

------------ **길선숙** ------------

자기계발작가, 동기부여가, 웃음치료사, 레크레이션 강사

어렸을 때부터 마음의 상처를 받고 자랐기에 어른이 되면 그와 같은 사람들에게 희망을 주는 사람
이 되고 싶었다. 그래서 웃음치료사, 레크레이션 강사 자격증을 취득했고 더 나아가 책을 써서 작
가가 되고 싶다는 꿈도 생겼다. 지금은 그 꿈을 달성하기 위해 책을 집필하고 있는 중이다. 그리고
이 책을 통해 많은 사람들에게 조금이나마 도움이 되었으면 하는 바람이다.

전자우편: myprince1052@naver.com

엄마의 진심

***

중학교에 다니던 어느 날, 집안으로 들어서기 무섭게 엄마는 내 방을 따라 들어 오더니 라디오 케이블을 빼내어 사정없이 나를 때리기 시작했다.

이게 무슨 날벼락인지…….

"야이, 가시나야! 니 언니들도 이렇게 못하지는 않았다."

그때까지만 해도 엄마는 나에 대한 기대가 크셨던지 집으로 날아온 성적표를 보시고는 화가 잔뜩 나셨고 그만큼 충격이 크셨던 것 같다.

요즈음은 유행처럼 중2병이라는 것이 있어서 감히 엄마들도 건들지 못한다고 하지만 나 역시 사춘기에 접어들면서 방황하기 시작했고 그렇게 엄마의 눈총을 받으면서도 공부와는 담을 쌓고 친구들과 어울려 다니며 그때 당시 한참 유행하던 농구에 정신이 팔리기도 했다. 그러나 첫사랑이라고 할 과학 선생님을 동경의 대상으로 삼으면서 그나마 중학교 시절을 잘 넘길 수 있었다.

고등학교로 진학해서는 글짓기동아리도 가입하게 되었고 그곳에서 다른 아이들이 쓴 글을 퇴고하기도 했다. 또한 방송반에도 들어가면서 중학교 때와는 전혀 다른 학교생활을 하게 되었고 자연스럽게 공부도 재미를 붙일 수 있었다.

그때까지만 해도 이제 엄마는 내 공부에 대해서는 포기하고 말았을지도 모른다.

고등학교 입학 당시만 해도 반 석차 15등을 했지만, 다음 시험에서 2등을 한 성적표를 받아들고는 30분 거리의 집을 어떻게 뛰어왔는지 엄마 앞에 성적표를 놓고도 가쁜 숨이 멎지 않았다.

"엄마, 이거 봐."

나는 내 입으로 직접 얘기하기보다는 엄마가 보시고 기뻐하기를 바랐다. 하지만 한참 성적표를 쳐다보던 엄마는 마치 쓸모없는 종이 다루듯 앉은 자리 옆으로 살짝 밀어놓으며 한 말씀 하셨다.

"니네 반은 이 정도 성적 가지고 2등을 하냐?"

그 이후로는 좀 더 성적을 올리려고 노력했지만, 항상 영어와 수학 과목에서 평균 성적을 까먹고 말았다. 그러던 중 글쓰기동아리에서 '수학 강사가 꿈'이라는 내용의 글을 퇴고하게 되었다.

마침 같은 학년의 친구에게 동아리를 마칠 때쯤 잠깐 남아서 얘기 좀 하자고 하고는 그 친구에게 부탁했다. 그러자 친구는 흔쾌히 방과후에 1:1 과외수업 진행을 하기로 했다. 어차피 이번 기회에 자기도 수학 강사의 꿈을 연습 삼겠다고.

처음엔 어렵고 복잡했지만 조금씩 풀리는 수학 문제가 마음속에 있던 응어리를 풀어주는 기분이었다. 어찌나 신기하던지 그 이후 직장을 다니면서도 쌓인 스트레스를 수학 문제로 풀게 되었다.

어찌했든 보람이 있어 드디어 반 석차 1등을 하게 되었고 이제 대학입학을 꿈꿀 수 있었지만, 엄마는 돌변해서 대학을 보내줄 수 없다는 것이었다.

"너처럼 남동생도 갑자기 대학을 간다고 하면 어쩌라고. 그래도 아들은 대학을 보내야지."

그럴수록 오기가 생겨서 밤새워 공부한다고 더 열심히 공부한 다음 날에는 마치 약이라도 올리듯 이 말씀을 반복하시는 엄마. 그럼 나는 한껏 속이 상해서 나보다 여섯 살 많은 큰언니에게 전화해서 울며 이야기를 털어놓았다.

그리고 큰언니와 형부는 집에 올 때마다 내 손에 용돈을 쥐여주었다.

"형부가 도와줄 테니까 처제는 공부만 해. 걱정하지 말고."

그 후 수능시험을 보고 성적에 맞춰 대학입학원서를 내고는 기다렸지만, 합격자 명단에 없어 실망하고는 포기하고 말았다.

그러던 어느 날 엄마는 나중에 합격증이 왔지만, 어차피 대학을 보낼 형편이 안 되어 그냥 불태워버렸다고 하신다.

아, 합격증이라는 것이 어떻게 생긴 건지 보여주기라도 하시지…….

그 원망은 쉽게 가시지 않았다. 후일 직장에 다니면서도, 결혼해서도 사라지지 않았다. 그리고 '당신은 사랑받기 위해 태어난 사람'이라는 노래를 들을 때면 오히려 하염없이 눈물이 흐르기 일쑤이고 엄마와 트러블이라도 생기면 악다구니 쓰듯 "이럴 거면 날 왜 낳았어?" 하고 소리 지르기 일쑤였다.

요즈음은 아무리 좋은 대학을 나와도 취업하기가 하늘의 별 따기라고 한다. 그런 뉴스를 접할 때마다 내가 만일 대학에 진학했다면 어땠을까 하고 상상을 해봤다. 아마도 나는 대학가에 늘어선 선술집을 드나들며 시간을 보내지 않았을까, 혹은 남자친구와 어울려 소위 젊음을 구가한답시고 마냥 청춘을 불사르지는 않았을까 하는 생각이 든다. 당연히 내가 지원했던 학과는 전공하고 싶은 것도 아니었거니와 내 성적으로 맞추어 지원했던 것이니까…….

오히려 지금까지 쌓은 사회생활이 인생을 살아가는 데 더 도움이 되지 않았을까 하는 생각이다.

원하는 직장에도 다녀볼 수 있었고 그리하여 이렇게 좀 더 일찍 결혼할 수 있지 않았을까 하는 생각이 들기 시작하면서 이제 엄마에 대한 원망은 사라지고 말았다.

스물두 살에 상경해 엄마가 보고 싶을 때마다 전화했다.

"엄마, 사랑해 하고 한 번만 해줘."

그럼 엄마는 퉁명스럽게 대답하신다.

"끊어이, 가시나야."

엄마는 감수성은 풍부했을지라도 표현력은 아주 부족하셨다. 따라서 오랜만에 집에 가서 애교를 부리기도 했다.

"엄마, 사랑해. 나 한 번만 안아줘."

"저리 가이, 가시나야."

아무리 졸라도 항상 핀잔을 주고 말았지만 난 포기하지 않고 엄마에게 애정을 받기 위해 애를 썼다.

드디어 스물네 살에 결혼을 하고, 스물다섯 살에 첫 딸을 낳았는데 우리 딸아이가 6개월 즈음 엄마가 오셨다. 그리고 열심히 TV 받침대를 오르려 애쓰는 외손녀를 보시며 한마디 하셨다.

"어쩜 너랑 똑같냐."

엄마의 눈물

***

내가 서른 살이 되던 한여름의 어느 날, 엄마가 전화하셨다.

"우리 딸, 보고 싶은데 언제 안 와?"

그리하여 무슨 일인가 걱정이 되어 밤에 전화를 드렸더니 끊기 전엔 "우리 딸, 사랑해." 하셔서 놀라고 말았다.

아무 말도 나오지 않았고, 아무 생각도 나지 않았다. 그냥 아무 생각 없이 '나도, 사랑해.'라고 대답했을 뿐이다.

당시 보험회사에서 근무하던 터여서 엄마와 연세가 비슷한 분과 통화를 하며 엄마에 관한 얘기를 털어놓자 아마도 몸이 약해져서 마음마저 약해지셨을 거라고 하신다.

며칠 후, 걱정되는 마음을 안고 엄마가 계신 금산으로 향했다.

엄마는 큰언니가 결혼하기 이전, 그러니까 생기지도 않은 사위들을 위해 몇 년 전부터 술을 담가놓으셨다. 그리고는 아버지가 드실까 봐 남몰래 꼭꼭 감춰두셨는데 큰 형부가 약주를 좋아하는 편이라 이미 드셔서 남아 있지 않았을 것 같은데도 우리 남편에게는 허름한 반창고에 날짜와 열매 이름이 적힌 낡은 병 하나를 주셨다. 나도 함께 마셔봤는데 그 어디서도 맛볼 수 없는 향기와 혀끝에 맴도는 감칠맛이었다.

남편은 고개를 살짝 돌리더니 몰래 눈물을 훔친다. 이전에 형부도 그러시더니 우리 엄마가 사위들에게 감동을 주는 하나의 방법인 것 같았다.

"금산엔 별이 없어져서 너무 실망했다. 이 넓은 하늘에 그 많던 별들은 다 어디로 갔을까?"

몇 달 후 엄마는 쓰러지셨다가도 다시 일어나셔서는 한 번 더 서울에 오셔서 외손자들과 함께 한강에 가서 시간을 보내주셨다. 그리고 며칠 후 걸려온 큰언니의 전화, 엄마가 중환자실에 계신다는 것이었다.

나는 새벽에 택시를 타고 대전까지 달려갔다. 중환자실 밖에서 네 시간가량을 기다리다 엄마를 만났는데 힘없는 팔을 뻗으며 나에게 손짓하는 엄마, 나는 그만 엄마 품에 안겼고 엄마의 얼굴에 눈물이 한 줄기 흘러내렸다.

장례식에서는 이상하게도 눈물이 나진 않았다. 내가 조르지 않고도 엄마에게 안겨봤다는 것이 너무 황홀해서였을까.

장례식 마지막 날 밤엔 이제 문상객들도 발걸음이 없고 해서 빈방에 잠깐 누워 있었다. 어두운 방 안에서 잠시 눈을 붙이고 있는데 갑자기 천장이 파래진다. 파란 하늘처럼. 그 가운데에 하나님이 우리 엄마를 감싸 안고 엄마는 하나님의 어깨에 기대어 앉아계시는 모습이 보였다.

평소 성당을 열심히 다니시면서 새벽에도 촛불을 켜놓고 기도하는 엄마의 모습이 생각났다.

대구에서 고아들을 모아놓고 돌봐주는 곳에서 자란 엄마는 그곳에서 8형제의 첫째이셨다. 그리고 성장해 금산으로 시집을 가서는 아버지에게 사랑받기는커녕 술만 마셨다 하면은 집에 와서 엄마를 때리고 괴롭히던 아버지.

왜 난 그럴 때마다 방 한구석에 쪼그리고 앉아 행여 아버지가 던지는 그 무엇이라도 날아올까 봐 겁만 냈을까. 인제 그만 엄마 좀 내버려 두라고 화라도 한번 낼걸.

아버지는 엄마가 성당만 다녀오면 집기를 부수며 난리를 쳤다. 그리고 크게 사고가 나서 장애인이 되니, 엄마는 병원에서 아버지를 돌봐드리느라 외출도 제대로 못 하시던 모습을 생각하니 나 같으면 이미 도망치지 않았을까 싶다. 물론 그로써 아버지가 성당을 다닐 수 있는 계기가 되었지만…….

2011년에 돌아가신 엄마는 이제 천사가 되신 걸까.

2014년에 나는 병을 앓기 시작했고 사람들의 말에 상처를 받았고 가뜩이나 우울증에 시달리던 터라 앞뒤 생각할 겨를도 없이 3층에서 뛰어내렸는데 이상한 느낌을 받았다. 나무에 걸린 듯 무언가 날 받아준 느낌이 들었다. 그러고는 다시 떨어지다가 한 번 더 그런 느낌이 들었다. 그런 후 바닥에 떨어졌으니 내가 생각한 것보다 비참한 일이 벌어지지는 않았다.

태어난 지 6개월밖에 안 되었을 때 다른 아이(옆집 언니)에게 등을 물리고는 그 이후부터 한 번 울기 시작하면 그칠 줄 모르고 경련을 일으키고는 했다고 한다.

10개월 즈음에는 열세 시간을 넘게 울다가 깨어나지 못하자 한의원에서 그냥 집으로 데리고 가라고 했단다.

초등학교 6학년 때는 다리를 다쳐서 엄마가 한의원에 데리고 갔는데 엄마가 한의사에게 "얘가 걔예요." 하자 그 한의사가 놀라며 "얘가 걔예요?" 하였다. 무슨 말인가 싶어 치료를 받고 나오는 길에 엄마에게 여쭤봐서 알게 된 얘기다. 그런데 그런 증상이 심한 사람들은 어른이 되어서 간질로 나타나기도 한다고 한다.

나는 스무 살이 되어 한 고등학교로 취직하게 되었는데 어느 날 갑자기 시작된 발작이 일었지만 그나마 다행히도 경증이라 쓰러지지는 않았다. 잠깐 나 혼자서 두려움을 느끼다가 나도 모르게 소리를 지른다는데 그래도 주위 사람들은 아주 무섭기도 할 것이다.

나 역시 그러고 나면 주눅이 들고 죄책감에 시달리기도 한다. 그나마 첫 사회경험인 고등학교에서는 선생님들께서 겉옷으로 덮어주시고 의자에 앉혀 안정을 취하도록 도와주셨다.

사실은 집에서도 그런 증상은 있었고 두려움을 느낀 잠시의 시간이 흐른 뒤 무언가 이상한 느낌이 들었다. 무슨 일이 있었던 것 같은데 아무 말 없이 갑자기 싸해진 분위기를 감지했고, 엄마의 숨겨진 표정에서 내 발작 증세를 눈치챌 수 있었다.

엄마는 겉으로는 표현하지 않으셨지만 지금 생각해 보니 남편에게 고마우셨을 것이다. 그리고 엄마는 미안해하지 않아도 될 것들을 괜히 미안해하며 나를 위해 눈물을 흘리셨나 보다.

엄마 탓도 아닌데…….

내 딸아, 네가 있어 행복하단다

**

정말로 간절한 소원은 들어주신다는 말이 맞는 걸까?

나에게 가장 기억에 남는 것은 고등학교 시절 글짓기동아리에서 퇴고하다가 읽게 된 어느 후배의 글이었다. 금전적 문제로 고민을 털어놓은 글이었다.

당시에는 주변에 학교를 다니는 것을 반대하는 어머니들이 많았다. 내 주변에도 그런 친구가 있었는데 수업료를 내지 못해서 결국 자퇴를 하고 나에게 말도 없이 떠나버렸다. 그리하여 그 후배의 글을 보면서 '저에게 돈이 생겨서 애한테 수업료 좀 보태게 도와주세요.' 하고 기도하면서 잠이 들었다. 그런데 다음 날 잠깐 졸고 일어났더니 짝 꿍이 묻는 것이다.

"야! 아까 방송에서 네 이름 불렀는데 교무실 갔다 왔어?"

나는 그 소리를 듣자마자 4층에서 두세 계단씩을 뛰어 허겁지겁 내려가니 이게 웬일인가, 교감 선생님께서 장학금을 주시는 것이다.

기적처럼 어제 기도한 대로 이루어진 것이다. 그래도 고민이 될 수밖에 없었다. 나 역시도 항상 수업료를 달라고 할 때마다 차마 말을 꺼내기 힘들어 몇 달을 미루다가 할 수 없이 내는 형편인데…….

조금 있으면 좋은 칠 것 같고, 이 사실을 집에서 알게 되면 우리 엄마에게 호되게 질책당할 것이 뻔했다.

나는 교무실과 뒤에 있는 후배 교실, 그리고 위층에 있던 우리 교실을 사이에 두고 한참을 헤매다가 결국 뛰었다.

'야! 얼른 수업료를 내야지!'

그리고 며칠 동안은 숨죽이며 살았다. 혹시 엄마가 알았을까 봐.

그러나 기우처럼 아무 일도 일어나지 않았고 그 후배도 무사히 나 졸업할 때까지는 고등학교를 버틸 수 있었다.

난 사실 결혼은 정말 자신이 없었다.

병원에서는 나에게 기형아를 낳을 확률이 높다고 아기를 갖지 말라고 권하고 싶다고 했다. 사실 나는 아무리 경중이라고 해도 간질 증상만 없었어도 어린이집 선생님이 되고 싶도록 아이를 좋아했다. 그리하여 하루하루 절망적인 시간을 보내다가 어느 순간부터는 원형탈모가 되기 시작했다.

결국 병원에 가서 아기를 가지면 안 되겠느냐고 했더니 그렇게 해 보라는 주치의의 성의 없는 대꾸에도 희망을 품게 되었고 마침내 아이를 갖게 되었다.

그리고 그해, 아직 2월인데도 자두가 먹고 싶다고 하니까 남편은 경동시장이며 동대문, 그리고 중앙시장을 들러 다행히도 자두를 사서 가지고 왔다.

이윽고 딸이 태어나자 돌이 될 무렵부터는 동네 시장을 돌아다니다가 과일가게를 지나가면서 시식해보라며 내놓은 바구니의 과일조차 민망하도록 먹어버렸다.

딸아이는 예정일보다 1주일 전에 태어나서 2.43kg으로 인큐베이터에 들어갈 뻔했지만, 다행히도 무럭무럭 잘 자라 주었다.

아이가 네 살이 된 11월의 어느 날 아들에게 모유를 먹이고 있는데 자고 일어나더니 어정쩡한 자세로 휴지를 뜯는 것이었다.

"쉬 했어?"

물어보니 아니라고 하면서 갑자기 우는 것이었다. 그리하여 왜 우느냐고 물으니 쉬 하고 싶다는 것이었다. 그럼 얼른 쉬를 하고 오라 해도 계속 울기만 하기에 재차 물었더니 엄마한테 사랑받고 싶어서 운다고 하는 것이었다.

맞아, 당연히 동생에게 사랑을 뺏긴 기분이겠지 생각하고는 바로 얘기해주었다.

"우리 딸, 엄마한테 많이 서운했구나. 엄마는 너를 얼마나 사랑하는데."

그러자 그 한마디에 다시 기분이 좋아져서 이 방 저 방을 뛰어다니던 모습이 지금도 눈에 선하다.

딸이 여섯 살 되던 어느 날, 일하면서 힘들기도 했고 토요일이어서 조금 늦게 일어났더니 주방과 거실 바닥이 흥건하게 젖어 있었다.

"아니, 이게 무슨 날벼락이야?"

난 영문도 모른 채 아이들을 혼낼 뻔했다.

그러자 딸아이가 대답했다.

"엄마 힘든 것 같아서 설거지해봤어요."

아들도 옆에서 자기도 같이했다고 한다. 하지만 시어머님과 함께 살면서부터 이 모든 드라마는 깨져버렸다. 앞으로 평생 할 일을 왜 벌써 하게 하냐며 말리신 까닭이었다.

딸아이는 나를 닮아서 욕심이 많았다. 어린이집을 다닐 때부터 피아노학원에 다니고 싶다고 해서 보내주었더니 초등학교에 들어가서는 학당에 등록시켜달라는 것이다.

'워낙 유명한 학당이라 가고 싶겠지. 나 같아도 그렇겠다.' 싶은 마음에 등록시켜 주었다. 그러면서도 딸아이가 그 수업을 따라간다는 것이 더 신기할 뿐이었다.

그런데 이번에는 또 갑자기 미술학원에 다니고 싶다고 하면서 출근길을 힘들게 했다. 피아노에, 학당에, 학습지에, 거기에 또 미술까지. 며칠은 신중히 생각해 보라며 딸을 설득했지만 날마다 딸아이의 눈에 맺히는 눈물을 보노라니 어쩔 수 없이 등록해주었다.

딸이 처음 피아노학원에 등록하고 지켜보시던 선생님은 남다른 아이라고 했다. 다른 아이들은 한번 가르쳐놓은 악보를 연습하라고 하면 대충 10분 정도 칠까 말까 하는데 딸아이는 30분은 친다고 했다. 어린이집에서도 이 아이는 초등학교 가서도 스스로 할 아이라며 어머님은 걱정하지 않으셔도 되겠다고 했는데 잘 이해할 수 없었지만 좋은 뜻으로 받아들였다.

어느 날, 딸이 피아노를 어느 정도 배운 후 대회를 나가게 되어 시어머님을 모시고 함께 참석하게 되었다.

초등학교 3학년 치고는 키가 너무 작아서 드레스를 입어도 꼬마 인형처럼 보였지만 피아노를 치는 모습은 최소한 엄마가 된 나로서는 보기에 훌륭했다.

결과를 앞두고 딸은 자기가 어느 부분이 틀렸다면서 그냥 집으로 가자고 한다. 그래도 나는 일단 기다려보자며 옆에 함께 앉아 있는데 잠시 후 우리 딸이 특상을 받게 되었다. 그리고 동네 피아노학원 앞에 우리 딸의 이름과 특상이라는 팸플릿이 걸려 있었다.

딸은 날마다 나에게 자신의 꿈은 피아니스트, 미술가, 요리사, 패션 디자이너라고 얘기를 했다. 그러자 남동생이 누나는 왜 그렇게 꿈을 많이 가지고 있냐고 하니까 꿈은 가지고 있는 것만으로도 훌륭한 것이라며 친절하게 설명했다.

하지만 나에게는 모든 것이 현실과는 달랐다. 딸에게도 죄책감을 느끼는 것만 같고, 더 아이들이 이런 불행한 환경 속에서 살지 않기를 바라는 마음뿐이었다.

그런데 딸이 어떻게 내가 몸이 좋지 않은지를 알게 되었는지……. 난 그에 대해서는 내가 먼저 말을 꺼낼 수가 없었는데 자꾸만 시어머님께서 '살려놨더니 나를 왜 살려놨어?'라는 말씀에 어쩔 수 없이 딸을 불러 털어놓았다.

"엄마가 이렇게 몸이 안 좋아서 다른 사람들이 엄마가 무섭다고 하는데 그럼 너랑 동생은 어린 나이에 얼마나 더 무서웠겠니. 엄마 마음 알겠니? 미안해."

그리고 딸 앞에서 내가 더 헉헉대고 울어버렸다.

얼마 후 딸은 체르니까지는 피아노를 치고 싶었다고 말했다. 그 소리가 아쉬움보다는 나에 대한 원망의 목소리로 들렸다.

그래도 우리 큰언니의 말마따나 우리 딸은 의지할 수 있는 아빠라도 있어서 다행이다. 그것도 정말 큰 축복이라고 할 수 있다.

딸아, 엄마는 네가 있어서 정말 행복해. 고마워. 내 딸이 되어주어서. 우리, 함께 즐겁게 웃으며 대화할 수 있는 그날까지 엄마는 기다릴게.

우리 딸, 사랑해.

상처 속에 피어난 사랑

***

스물두 살에 서울로 올라와서 E 대학 식당에 취직하게 되었다. 주문을 받으며 그날의 주문량을 계산하고 정리해서 보고하는 일이었다.

무작정 상경해서 유명하다는 종로3가 고시원에 방을 잡고, 벼룩 신문에 나온 일자리를 찾은 곳이 마침 TV에서만 보던 대학교였다.

무서운 서울 거리였지만 항상 정신을 바짝 차리면서 출근했다. 그러나 퇴근할 때는 잠시 긴장감을 내려놓으면 다시 길을 헤매곤 했다.

그런데 며칠 후 식당에서 간질 증세를 일으키고 말았다. 학생들의 말이 많았는지 다음 날 원장실로 불려갔다.

"안 되겠어요. 학생들이 입맛이 떨어진대요."

그래도 서울에 유명한 대학이고 이곳은 대한민국의 수도 아닌가? 같은 말을 해도 어떻게 이런 식으로 말을 할까……. 서울이라는 곳이 이런 곳이구나…….

그리고 스물세 살에 만난 남편.

나는 어렸을 적 옆집 언니에게 물린 후유증으로 발작을 일으킬 때

쓰러지기보다는 나 혼자서 두려움을 느끼다가 소리를 지르면서 편안한 사람에게로 달려가서 손을 잡아달라고 하는 것 같았다.

또다시 발작을 일으켰을 때는 남편보다 다른 사람을 먼저 알았기에 남편을 찾지 않았지만 그게 그렇게 서운했다고 털어놓는 남편이었다.

그리고 어느 순간부터 자신에게 손을 내밀었다는 것에 그렇게도 좋아하던 남편이었지만 서울에 올라오자마자 받은 충격이 너무 커서였는지 남편이 내 곁에 있는 것이 오히려 부담스러웠다. 그런데도 나를 더 감싸주며 그런 건 신경 쓰지 말라며 챙겨주고 도와주려 애쓰는 남편을 만나다 보니 저절로 마음이 가게 되고 이윽고 시간이 흘러 결혼을 하게 되었다.

하지만 시댁에는 그런 사실을 말씀드리지 못하고 있었는데 결혼 후 그 약이 기형아를 낳게 할 확률이 높다며 아기를 갖지 말라고 하는 것이었다. 다른 방법이 있다면 약을 먹어보다가 10년 후에 아기를 가져 보자는 것이었다.

평소 아이를 좋아하고, 그 병이 아니었다면 어린이집 선생님을 꿈꾸던 나는 좌절할 수밖에 없었고, 원형탈모까지 생겨버렸다.

나와 남편은 열 살 차이가 나는데 결혼하고 시간이 점점 흘러도 아무 소식이 없자 어느 날 어머님께서 조심스럽게 아기 소식은 없느냐고 물어보셨다.

"아기 키우려면 돈도 많이 든다고 하는데 돈 좀 벌어놓고 천천히 가지려고요."

"그래, 네 나이도 어린데 좀 천천히 가져도 되지 뭐."

간신히 거짓말로 한 번의 위기를 넘겼지만, 어느 날, 함께 저녁 식사를 하다가 그만 발작을 일으키고 말았다. 정신을 차리고 보니 어머님께서 컵을 들고 걱정스러운 눈빛으로 나를 바라보고 계셨다. 난 어머님의 반응에 더 놀라서 눈물을 흘리며 말씀드렸다.

"어머님, 죄송해요. 미리 말씀드려야 했는데 말씀 못 드려서 죄송해요."

더 신기한 건 다음 날이었다.

"몸은 좀 괜찮나? 어제 보니까 많이 힘들어 보이던데 힘들면 좀 쉬면서 해라."

어머님께서 전화를 주신 것이었다. 사실 그러고 보면 우리 친정엄마는 내가 독립해 살면서 전화를 드려도 내 건강상태에 대해서는 물어봐 주지 않으셨던 것 같았다.

"저는 괜찮아요. 제 걱정하지 마시고 제발 어머님 건강 생각하셔서 허리 좀 펴고 일 좀 쉬엄쉬엄하세요."

너무 부지런하시고 젊었을 때부터 고생을 많이 하신 어머님은 지금 81세이신데 허리가 휘셔서 그냥 걷기도 힘드실 정도이다.

같이 살기 전에는 살림을 제대로 할 줄 모르는 며느리 때문에 집에 오시면 국도 끓여주시고, 반찬도 만들어주시고 오히려 일만 하고 가셨다. 그렇게 하시고도 내가 빨래 좀 널려고 하면 꼭 거들어주시고, 아무리 내가 혼자 해도 된다고 해도 꼭 도와주시는 어머님이었다. 심지어는 식사가 끝나고 반찬을 정리하는 동안에도 설거지하고 계셨다.

"제가 할게요. 주세요."

"아이고, 됐어. 이미 손 담근 김에 내가 하면 돼."

어머님과 함께 살기 얼마 전, 그러니까 2014년 어느 날, 그전부터 시달리던 극심한 우울증으로 큰 사고를 쳐버렸다. 간질증세로 인한 회사 사람들의 말로 날마다 상처를 받아온 것이다.

남 보기에 좋아지라고 웃은 것도 아니고, 그냥 일하면서 기분이 좋은 건데 고객들은 오히려 내가 증상을 일으킨 걸 보고도 '어떻게 이런 질병을 갖고도 1년 365일 항상 이렇게 밝을 수가 있었어요?' 하면서 놀라기만 했는데…….

회사에서는 몸 상태가 안 좋으면 '이럴 거면 출근을 하지 말든지', '저럴 거면 일찍 집에 들어가든지', '네가 재채기만 해도 심장이 두근거린다.', '큰 소리로 웃기만 해도 깜짝 놀란다.', '넌 그 고객들한테 끝났다.'라는 말로 상처를 줬다.

그 당시 딸은 초등학교 3학년이고 아들은 1학년이었다. 그 아이들을 보며 '얼마나 고통스러울까, 날마다 나 때문에 두려움에 떨면서 사는 건 아닐까.', '내가 저 아이들에게 오히려 고통이 되는 존재가 아닐까 하는 죄책감에 하루하루를 지내다 보니 어느덧 확신까지 하게 되면서 3층에서 뛰어내렸다.

"살려줬더니 나를 왜 살려났냐고?"

어머님은 지금도 가끔 나에 대해 화가 나시면 하시는 말씀이다.

그날 의사는 내가 7시간을 넘게 깨어나지 못하자 가족들을 부르게 했는데 다행인지 깨어났다고 한다. 그때 나의 첫마디가 "나를 왜 살려났어요."였단다.

의사 선생님은 "죄송하지만 앞으로 침대에 누워서 평생 살아야 할 것 같습니다. 하지마비입니다."라고 했지만, 며칠 후 기적처럼 왼쪽 다리에 힘을 주면 발목이 끄덕거리기 시작했다. 의사 선생님도 회진 때마다 "착한 일 많이 하셨나 봐요. 기적입니다. 축하드립니다."라고 하였다.

하지만 장애 5급을 받고 난 후 목발을 집고 지하철을 타면 가만히 고개를 들고 있던 사람들도 갑자기 고개를 숙여버린다. 사람들이 많을 때면 들려오는 소리가 있다.

"저럴 거면 뭐하러 지하철을 타⋯⋯."

내가 언제 자리를 비켜 달라고 했나⋯⋯. 이런 자신의 비참한 모습에 더 심한 우울증에 시달리게 되면서 식사 대신 종일 술만 마시게 된 것이다.

종일 술만 마시고 다니다가 눈이 풀려 비틀거리며 집에 들어오는 며느리의 모습을 보신 어머님은 얼마나 놀라셨을까.

한동안 알코올중독에 시달리다가 단주 모임에 참석하며 과거를 돌아보고 술 마실 때의 모습을 돌아보며 앞으로의 모습을 그리다 보니 시어머님에 대한 죄송한 마음과 감사한 마음도 말할 수 없이 크게 느껴졌다.

단주 모임에 나간 지 일주일 째 되던 날, 어머님께서 용돈이라며 10만 원을 주셨다.

"이걸로 옷 좀 시원한 거 사 입고, 왔다 갔다 하다 보면 배고프니까 뭣 좀 사 먹어."

"안 돼요! 어머님. 저 이 돈 가지고 있으면 큰일 나요. 저, 이거 가지고 술 사 먹어요."

"나도 큰맘 먹고 주는 거야. 다시는 먹지 마라. 이제 정신 차려야지.
이거 받아 넣어둬."

그날 어머님 품에 안겨서 펑펑 울면서 다시는 안 그러겠다고 울었
는데…….

어머님께서도 나를 토닥거려주시며 함께 눈물을 흘리셨다.

"그래도 봐, 며칠 안 마시니까 이렇게 좋지? 너만 잘하면 돼. 애들도
저렇게 예쁘게 자기들 할 일도 잘하는데 엄마가 그러면 쓰겠어?."

어머님은 내 손을 꼭 잡아주셨다.

처음에는 어머님과 함께 살며 재롱을 떠는 손주들 옆에서 나도 함
께 이쁨받고 싶었다. 우리 첫째 언니와 둘째 언니의 대화 속에는 항상
할머니에게 사랑받았던 기억들이 있었기 때문이다.

나는 할머니에 대한 기억은 없고 단지 엄마가 꽃이 피면 귀찮게 날
깨우던 기억, 하지만 깨어나 보면 내가 엄마보다 더 좋아했던 기억,
무지개가 뜨면 모든 일을 제치고 나를 데리고 무지개가 보이는 곳으
로 얼른 데리고 가셨던 기억밖에 없다.

그런 추억들이 이제는 내가 더 좋아하는 것들이지만 단지 마음으
로 느끼는 것뿐, 나도 우리 아이들처럼 어머님 품에 안기고 싶었다.

"어머님, 저는 이제 엄마가 안 계시니까 우리 엄마 해주세요."

그리고는 어머님 품에 꼭 안겨 하룻밤을 함께 지냈다. 그때 우리 엄
마처럼 밀어내지 않으시고 편안하게 안고 잤던 어머님과의 첫날밤이
생각난다.

나는 틈만 나면 어머님 어깨를 주물러드리는데 내 손아귀 힘이

세다고들 하기도 하지만 시원하다고도 하는데…… 남편은 내 안마가 너무 아파 받지 못하겠다고 한다.

한편 어머님은 내가 어깨를 주물러드리면 소리를 지르신다.

"어머님, 누가 들으면 며느리가 시어머니 패는 줄 알겠어요."

그러고는 날마다 안마를 해드리면 어머님은 나를 대신해서 설거지하신다. 그럴 때 뒤에서 끌어안고 허리를 펴 드리기도 했다.

시어머니와 며느리는 남편이 맺어 준 또 하나의 엄마와 딸인지도 모르겠다.

아들은 세상이 준 최고의 선물

＊＊＊

"엄마, 나 숨다가 책상에 머리 꿍했어. 엄마 울 때 제발 나한테 오지 마. 나 엄마 무서워."

"엄마, 앞으론 나한테 와. 내가 안아줄게. 난 하나도 안 무서워. 다음부턴 나한테 와."

아들이 다섯 살 때 한 말이었다.

우리 아이들은 내가 발작 일으키는 현상을 운다고 표현하는데 두 살 많은 누나가 내가 발작을 일으키자 한 말에 이 작고 어린것이 팔을 뻗으며 날 안아준 어느 날, 난 어린 아들에게 살짝 안겼다가 얼른 방 밖으로 빠져나와 펑펑 울고 말았다.

"엄마, 오늘 일 많이 하셔서 힘드시죠? 오늘은 제가 밥 차려 먹을게요."

이미 네 살 때부터 어깨를 주물러주면서 '엄마가 너무 힘들어 보였어요.'라는 말도 자주 했었던 아들이었다.

우리 아이들은 정말 세상이 준 최고의 선물이라는 걸 느낄 때가 많다. 어느 다른 어린이집 원장님으로부터 그 친구분이 나와 비슷한

중세를 보였는데 결혼한 지 몇 년이 지나도록 아직도 아기를 갖지 않는다는 말을 들었다.

사실 몸에 아무 이상이 없는데도 기형아를 낳기도 하는데 나는 천만다행이 아닐 수 없다. 하지만 처음 나에게 아기를 낳지 말라고 하다가도 10년 후쯤에나 가져 보라고 했던 의사 선생님 말씀을 들었으면 어쩔뻔했을지 생각만 해도 끔찍하다. 이렇게 이쁜 딸 아들을 못 보게 했다니…….

아들 돌을 일주일 앞두고 내가 보험회사에 입사하느라 제 누나와 함께 어린이집에 보냈다. 그리고 20개월 즈음 되어서 어느 날은 다른 아이들은 엄마 아빠와 떨어지기 싫어서 우는 걸 달래느라 고생하며 간신히 들여보내는데 아들은 빠이빠이 하며 그냥 들어가는 모습을 보니 조금 서운했다. 그리하여 "야, 너도 한 번쯤은 저렇게 좀 울어봐라." 했더니 바로 다음 날은 '앙~' 하고 운다?

1초나 됐을까? 소리만 낸 것인지 흉내만 낸 것인지. 아마도 말귀를 알아들은 것일까. 나를 서운하게 하지 않으려는 것인지…….

아들은 어느덧 중학생이 됐지만 할머니가 계시지 않아도 설거지도 해 놓고 요리도 나보다 더 잘해서 내가 오히려 물어볼 정도이다.

얼마 전 갑자기 아들이 전화해 집에 밥이 없다고 하기에 밥하는 방법을 가르쳐줬더니 밥이 너무 맛있게 잘됐다고 신이 났다. 이제는 오히려 시어머님이나 나보다 물의 양을 더 잘 맞추는 것 같다.

어느 날은 입을 옷이 없다고 손빨래도 하더니 결국 세탁기 돌리는 방법까지 배우게 되었다.

나는 아들이 너무 예쁘고 해주고 싶은 게 많은데도 조금밖에 못

준다고 생각하며 어쩌다 한 번씩 용돈을 준다. 친구들과 축구며 피구를 너무 열심히 하다 보면 배고프니까 친구들에게 얻어먹기만 할까 봐 내 딴에는 용돈을 넉넉하게 준다고 만 원짜리를 건네주면 아들은 정색하며 말한다.

"아니에요. 엄마, 오천 원만 있으면 돼요."

"야 인마, 비상금으로 챙겨둬."

용돈으로 항상 싸우다가 어느 날 보니 저금통엔 동전보다 만 원짜리, 오천 원짜리가 더 많은 것 같다. 결국 내 지갑에 있는 돈보다 더 많은 것을 보고는 매주 금요일에 놀러 와서 자고 가는 친구들을 챙겨주지 못하는 날에는 그 돈이 잠깐 도움이 되기도 했다.

정말 숨이 막힐 정도로 감동을 주는 아들이 초등학교 2학년 때 로봇제작 공개수업이 있었다. 그런데 하필 수업이 거의 끝날 때 즈음 갑자기 내가 발작을 일으켰나 보다.

아이들의 웅성거리는 소리는 들렸는데 다른 엄마들의 반응은 어쨌는지 모르겠지만 아들에게 물어보지는 못하겠고 집으로 돌아와서 선생님께 전화해보니 아들이 내 손을 잡고 교실 밖으로 나갔다는 것이다.

용기를 내서 아들에게 다시 물어보니 1학년짜리 동생이 물어봐서 아무 말도 하지 않았다고 한다. 그러더니 한마디 했다.

"그래도 엄마, 수업이 너무 좋았잖아요."

그게 무슨 뜻인지 난 아직도 이해가 안 된다.

이제는 아들이 남편보다도 나를 더 챙겨주는 것 같다. 가끔 함께 자다 보면 새벽 즈음엔 아들이 팔베개를 해주기도 하고 나를 꼭 안아주기도 한다. 그런 날은 꼭 우리 엄마 같기도 하다.

하지만 날마다 게임을 하는 모습을 보면 그저 개구쟁이 같고, 친구들과 놀 때면 너무 집요하리만큼 다섯 시간이나 축구를 하고, 집에 와서 노는 걸 보면 서로를 깔아뭉개고 하는 평범하고도 짓궂은 아들인데 그런 속마음은 도대체 어디서 나오는 걸까.

요즘 아이들이 많이 구독하는 유튜브의 재미있는 장면을 보면서 깔깔거리며 웃는 소리만 들어도 난 왜 이렇게 기분이 좋고 행복한지 모르겠다. 더구나 제 누나와 함께하면 두 배 세 배로 기쁨이 가중되는 것 같다.

나는 그림 그리기 소질이 없건만 남편이 금세공하는 것도 영향이 있는지, 아니면 제 고모가 그림을 잘 그리셨다고 하는데 고모를 닮았는지 이번에도 아들은 그림 그리기 부문에서 우수상을 받아왔다.

내 방에는 온통 아들이 그려 온 그림과 만들기로 가득하다.

이번 크리스마스는 선물로 책갈피도 받았다. 교회의 크리스마스 잔치에서 만들었다고 하는데 아들 말로는 책갈피를 쓸 일이 내가 더 많을 것 같다고 주는데 나에게는 너무나도 큰 크리스마스 선물이 되었다. 예쁜 꽃을 붙이고 그 아래에 쑥스러운 듯 '안녕'이라고 적은 글씨와 함께.

가끔은 아기처럼 귀를 파달라고 졸라대는 아들, 머리를 감고 와서도 말려달라고 부탁하는 아들. 등교를 준비하다가 안경 닦아 달라고 부탁하는 것도 나에게는 커다란 행복이다.

매주 금요일이며 토요일이면 친구들을 데리고 와서 자고 싶어 하는 아들의 부탁을 들어주고 싶다. 학교 다닐 때 남는 건 친구들과의 추억인데……. 할머니의 잔소리 때문에 눈치 보고, 친구들도 눈치를 보면서도 내가 허락만 하면 놀러 오지만 이젠 제 누나가 싫어하니까 나도 점점 어떻게 해야 할지 모르겠다.

우리 아들은 벌써 이런 얘기를 한다.

"내 친구들이 크면 어떤 모습이 되어 있을까?"

내가 보기엔 친구들 모두 아이들이 너무 순수하고 예뻐서 자신의 모습답게 당당하게 성장해 있으리라 믿는다. 대신 우리 아들이 어렸을 때부터 너무 일찍 철들어버린 모습 때문에 마음이 아플 때도 있다. 하지만 가끔 학교로 가면 운동장에서 축구 경기를 하는 모습을 보고는 마음을 놓는다.

지난번 이제 6학년 마지막 피구 공개수업으로 한번은 꼭 봐야지 하는 마음으로 학교에 갔다. 아들은 역시 개구쟁이 친구들과 환상의 콤비였다. 이젠 아들이 하는 말 한 마디 한 마디에 큰 소리로 웃지도 못하고 당황하기도 하지만 생각하고 또 생각할 때마다 엔도르핀이 돌게 하는 아들이다.

언제나 장난기 있는 모습으로 엄마를 웃기고 행복하게 해주는 아들아, 너는 정말 나에게 소중한 존재란다.

가족은 상처를
치유한다

-------- **조경애** --------

책쓰기 코치, 동기부여가, 성공학 강사

〈조경애 책쓰기 연구소〉, 〈조경애 미래경영연구소〉의 소장이자 1인 기업가로 성공한 여성
CEO이다. 현재 네이버카페 〈브랜딩 책쓰기 코칭협회〉를 운영하고 있으며 저술과 강연을 통해
작가와 강연가를 배출하고 있다. 저서로는 〈내삶을 바꾸는 책쓰기〉, 〈진짜 인생 공부〉, 〈관점
을 바꾸면 인생이 달라진다〉 등이 있다.

유튜브: 조경애 책쓰기TV
카페: https://cafe.naver.com/chokyungae
블로그: https://blog.naver.com/jho0977
전자우편: jho0977@naver.com

엄마 미안해, 엄만 영원히 살 줄 알았어

***

나는 가난하고 먹을 것도 없던 시절 2남 3녀 중 셋째 딸로 태어났다.

당시에는 아들을 중시하는 사회였기에 딸들은 자연히 천대받았고 우리 부모님도 예외는 아니었다. 그러다 보니 딸들의 생각과 말, 행동들은 자연스럽게 무시되기 일쑤였지만 나는 막내였기에 예외로 귀여워해 주었고 원하는 것은 들어주는 편이었다.

아버지는 거의 매일 술에 취하셨기에 우리 가족은 하루도 마음 편히 사는 날이 없었다. 아버지가 들어오는 발걸음 소리만 들어도 우리 형제들은 일사불란하게 움직여 자리를 피하곤 했다.

엄마는 시장에서 장사하시면서 억척스럽게 사셨지만, 자식들에게는 항상 온화했고 지극한 사랑으로 보살펴주셨다. 아버지가 술에 취해 들어오시는 날에는 자식들을 먼저 챙겼고 언니와 오빠들도 막내인 나를 챙겨주었다.

우리는 아버지가 술만 마시지 않으면 더없이 행복한 가정이었다. 그러나 허구한 날 술을 마시고 들어오니 아버지를 미워하고 원망하지 않을 수 없었다. 심지어 아버지는 직장에서 술을 마시고 난동을 부리다 해고를 당하기도 했다.

엎친 데 덮친 격으로 엄마는 시장에서 포목상을 했지만, 재건축으로 점포까지 잃었다. 그리하여 그때부터 행상하며 며칠씩 집을 비우기 시작했다.

불운의 먹구름은 여기서 시작되었던 것이었다.

더구나 연탄가스로 인한 재앙의 먹구름은 나에게 엄청난 시련과 충격을 안겨주었다.

사랑하는 작은오빠를 잃었고 나의 전부라고 생각했던 엄마는 그로 인해 마음의 문을 닫아버렸고 차갑게 변해가기 시작했다.

그 사고가 있기 전까지는 아무리 가난하고 힘들어도 자식들에게는 부족함 없는 따뜻하고 자상한 엄마였다. 그런 엄마가 작은오빠의 죽음과 동시에 차갑게 변해버린 것이었다.

이런 엄마의 모습에서 점점 불안감을 느끼기 시작했다. 그리고 연이어 여동생들이 태어남으로써 나의 존재는 서서히 사라져가고 있었다.

그 당시 부모들은 딸은 공부보다도 결혼만 잘 하면 된다고 생각했고 우리 집도 예외는 아니었다. 특히 딸이 5명이나 되는 집에서 대학은 언감생심 꿈도 꿀 수 없었다.

큰언니는 중학교만 졸업시키고 결혼을 시켰고, 작은 언니는 겨우 고등학교를 마치고 시집을 보냈다.

그런데도 나는 대학교에 진학하고 싶었다. 하지만 서슬 퍼런 엄마에게 감히 말 한마디조차 꺼내지 못했다. 그리하여 상업고등학교를 졸업하자마자 작은할아버지가 다니는 자동차 정비공장의 경리로 취업했다.

엄마는 세상에서 작은할아버지 공장이 최고라고 생각했다. 작은언니도 고등학교를 졸업하고 할아버지 공장에 취업을 시켰고, 나도 여기에 취업을 시키면서 사람들에게 자랑했다.

그러나 나는 기름때 묻은 시커먼 공장이 싫었다. 더구나 기름때 묻은 사람들이 말을 걸어올 때는 도망치고 싶을 정도였다. 따라서 얼마 지나지 않아 고등학교 친구가 있는 무역회사 타이피스트로 옮겼다. 엄마 역시 월급도 더 많이 받고 회사도 더 좋은 곳으로 옮겼기에 아무말도 하지 않았다.

엄마는 항상 얌전하게 직장을 다니다가 시집가라는 말을 입버릇처럼 하곤 했다. 그리하여 큰언니는 24살, 작은 언니는 21살에 연애해서 서둘러 결혼했지만, 나는 결혼보다는 공부를 더 하고 싶었다. 당연히 엄마는 반대하겠지만…….

가출을 결심한 후, 편지는 미리 써 놓고 조금씩 돈을 모아가고 있었다. 어느 정도 돈을 모으고 있을 때쯤 그 편지를 들켜버렸다. 눈앞이 깜깜하고 하늘이 노래졌을 때 반전이 일어났다. 대학을 가도 좋다는 엄마의 허락이 떨어진 것이다.

나는 아마 그때 이미 천국의 맛을 볼 수 있었다.

대학에 들어가면서 집안 형편도 서서히 좋아졌고 대학원도 진학할 수가 있었다. 그러나 석사졸업시험에 합격하고 논문을 준비하고 있을 무렵 맞선을 보라는 엄마의 불호령이 떨어졌다.

가볍게 보기 위해 갔던 맞선이었지만 엄마는 어떻게든 그해 결혼시킬 작정이었고 벌써 집안 어른들끼리 약조가 이루어지면서 내 뜻과는 다르게 결혼준비가 시작되고 있었다.

그리고 결혼은 장밋빛 같은 인생이 아니라 잿빛 같은 인생을 겪게 되었다. 결혼생활 2년도 채 넘기지 못하고 상처만 남기고 헤어짐으로써 엄마에 대한 원망만 더 쌓이어 갔다.

엄마는 자식을 결혼시키면 부모의 역할을 다했다고 생각하신 것 같다. 그래서 어떻게든 빨리 결혼을 시키고 싶어 했다. 하지만 나는 결혼보다는 엄마의 따뜻한 사랑을 원했던 것이다.

부모에게 따뜻한 사랑을 받은 사람은 자존감도 높으므로 어떤 일이든 성취할 수 있다. 반면 그렇지 못한 사람은 자존감이 떨어지고 애정결핍에 사로잡혀 위험한 판단을 할 수 있다.

그러니 가정에서의 엄마의 역할은 중요한 것이다. 한 가정의 교육과 사랑은 엄마에 의해 완성된다고 해도 과언이 아니다. 부모에 대한 사랑과 존경, 남매간의 애정도 가정교육에 의해 훈육되는 것이다. 그래서 나는 어릴 때부터 그렇게 애정을 갈망했는지도 모른다.

어린 마음에 동생에게 엄마의 사랑을 빼앗겼던 것이 속상했고 아주머니라고 아이들에게 조롱받는 것도 싫었다. 또한 동생들을 돌보면서 기저귀를 빨아야 하는 것도 너무 싫었다. 육성회비를 달라고 하면 매타작을 하는 엄마는 분명 계모 같았다. 아마 이런 일련의 것들이 나의 잠재의식 속에 트라우마로 자리 잡았을 것이다.

그러나 그 시절을 가만히 생각해보면 엄마의 마음보다 무조건 내 마음만 소중하다고 생각했던 것 같다.

　당시 엄마는 자식을 잃은 충격과 슬픔에 빠져 그 누구에게도 터놓고 말을 할 수 없었을 것이다. 또한 가족을 먹여 살리기 위해 돈을 벌었지만, 아버지는 술과 노름에 빠져 돈을 탕진했다.

　어쩔 수 없이 보따리 장사를 나갔다가 다 키운 자식까지 잃었으니 얼마나 비통했을까, 엄마의 처지에서 생각하니 가슴이 먹먹해졌다. 아마도 엄마의 가슴속에는 커다랗게 구멍이 뚫려 있을 것이다. 그렇다고 마냥 슬퍼만 할 수도 없었다. 남은 자식들을 위해 또 먹고 살아야 했다. 그리하여 인건비라도 줄이기 위해 언니의 양장점에서 일했다.

　그렇지만 나의 어린 시각에서는 엄마를 미워하고 원망하기만 했다. 그리하여 성인이 되었는데도 불구하고 어쩌다 엄마에게 함부로 할 때가 있었다. 돌아서면 후회할 짓을 계속해서 반복하곤 했다.

　엄마가 돌아가시기 하루 전날에도 엄마와 함께 밭에 가서 나물도 뜯고 외식도 하면서 즐겁게 돌아와 잠을 자려고 할 때 엄마에게서 '낮에 뜯은 나물 잘 다듬어서 냉장고에 넣어 놓으라.'라는 전화가 왔다. 그런데도 나는 '내가 어련히 알아서 할 건데 그런 것 가지고 전화를 하느냐.'며 귀찮아했다.

　그리고 다음 날 아버지로부터 엄마가 숨을 안 쉰다는 연락이 왔기에 정신없이 달려갔다.

　구급차가 왔지만, 엄마가 돌아가신 것 같다고 했다. 나는 그래도 확실히 알 수 없으니 병원에 가서 확인해야겠다고 말했다. 그리하여 엄마는 구급차로 실려서 갔고 나는 내 차를 타고 따라가면서 간절히 기도했다.

 '하나님, 제발 우리 엄마 좀 살려주세요. 우리 엄마 살려주면 정말 말 잘 듣는 딸이 되겠습니다.' 하고 간절히 기도했다.

 그러나 곧 병원에 도착했지만, 의사는 이미 운명했다고 말했다.

 팔다리가 떨리고 숨이 막히면서 아무것도 할 수 없었다.

 어떻게 이럴 수가! 어제까지만 해도 멀쩡하게 나하고 나물을 뜯고 함께 고기를 먹으며 지냈던 엄마였고, 전화까지 했던 엄마였다.

 그런데 하루아침에 이렇게 돌아가신다고는 상상조차 할 수 없는 일이었다.

 내가 살아 있는 한 엄마는 영원히 살아 있는 존재라고 생각했다.

 아, 그런데 '엄마는 영원히 사는 사람이 아니었구나.'라고 깨닫는 순간 흐르는 눈물을 주체할 수가 없었다.

---❧⟡❧---

아래층 여자와 위층 남자

✱✱✱

나는 어려서부터 작은언니와 자주 싸웠다. 나이 차이가 3살이나 났지만 자주 논쟁이 생기면서 싸우게 되었고 언제나 힘이 센 언니에게 얻어맞으면서 싸움은 일방적으로 끝났다.

나는 매번 싸울 때마다 언니에게 지게 되자 약하게 태어난 것을 아주 억울하게 생각했다. 우리 집의 여자들은 대체로 튼튼하고 건강하지만 셋째 딸인 나는 허약하게 태어났다. 이는 내가 8개월 만에 태어난 까닭도 있었다.

한가위 새벽에 부침개를 부치다가 갑자기 산통이 와서 출산한 아이가 바로 나였다. 그것도 10개월은 고사하고 팔월 한가위에 세상과 인사하고 싶어서였는지 8개월 만에 출산했다.

그 당시에는 출산해도 죽는 아이들이 많았기에 태어나자마자 숨을 쉬지 않는 아이를 보고 죽었다고 판단해 이불을 덮어놓았다. 그러자 한참 후에 무슨 소리가 들리는 것 같아 이불을 들치니 아이가 힘겹게 숨을 쉬고 있었다.

그때야 엄마는 아이를 데리고 산과 들을 어떻게 넘었는지도 모르게 정신없이 병원으로 달려갔다. 일찍 병원에 데려가지 못한 것을 자책이라도 하는 듯이 얼굴에는 눈물로 범벅이 되어 있었다. 따라서 엄마의 열렬한 달리기 덕분에 겨우 살아난 몸이었기에 누구와도 몸으로 싸운다면 이길 수 없는 허약한 체질이었다.

그런데도 욱하는 성질이 있어 누가 무슨 소리 하면 참지 못하고 덤벼들다가 얻어맞고는 했다.

그러나 큰언니와는 10살이나 차이가 났거니와 어른처럼 느껴졌기에 함부로 대들 수가 없었다. 큰언니 또한 작은언니와는 다르게 어린 나를 보살펴주고 맛있는 것도 자주 사주었다. 그리하여 작은언니보다 큰언니를 따라다니는 것이 좋았다.

그리고 우리 집은 김치 외에는 반찬이라고는 구경하기 힘들었지만, 큰언니가 한 번씩 만드는 반찬은 입에서 살살 녹는 것만 같았다. 매일 해주면 좋겠지만 의상실을 하기에 온종일 쉴 틈이 없었다. 어쩌다 한 번씩 쉬는 날에는 나를 데리고 다니기도 했다.

우리 집은 3층 건물로 1층에는 큰 언니가 의상실을 하고 있고 3층에는 우리 식구가 살고 있었다. 2층에는 사진관을 하는 남자로 키도 훤칠하고 얼굴도 영화배우 뺨칠 정도로 미남이었다.

1층에는 예쁜 여자, 2층에는 멋진 남자가 살고 있었으니 얼마 가지 않아 아래층 여자와 위층 남자가 눈이 맞았다.

처음에는 서로 표시를 내지 않았기에 아무도 알지 못했다. 그 당시 나는 위층 남자가 결혼한 아저씨인 줄 알았다. 그 위층 남자는 초등학생인 나에게도 잘 대해주었고 초등학교 졸업사진도 찍어주고는 해서 친하게 지냈다.

어느 날 2층 사진관으로 올라갔는데 아무도 없었다. 그런데 방 쪽에서 소리가 났고 그쪽으로 다가가니 이 층 남자와 큰언니가 서로 딸기를 먹여주고 있었다. 순간 놀라기도 했지만 이내 괘씸한 생각이 들었다. 그리고는 '저 남자가 우리 큰언니를 데리고 가면 어떡하지.'라는 생각이 들자 2층 남자가 미워지기 시작했다.

물론 2층 남자를 좋아하기는 했지만 어린 마음에 큰언니를 데려가는 것은 반대였다. 그때부터 나의 반항은 시작되었다.

3층으로 올라가는 계단이 나무계단이기에 일부러 쿵쾅거리면서 올라갔다. 그래도 반응이 없자 2층 남자의 이름을 부르면서 더욱더 소리 내어 쿵쾅거리며 올라갔다. 이런 나의 반응이 시원치 않았던 것인가.

어느 날 갑자기 큰언니가 결혼하겠다고 말했다. 그러나 당시 우리 집은 언니의 의상실 수입으로 먹고 살았기에 갑자기 결혼하면 큰 타격이 있었다. 그리하여 엄마는 반대했고 큰언니는 2층 남자가 아니면 결혼도 하지 않겠다고 선포했다. 그리고 엄마가 반응을 보이지 않자 마침내 2층 남자와 결혼을 하지 않으면 죽겠다고 난리를 쳤다. 그러자 자식 이기는 부모 없다고 결국에는 결혼을 허락했다.

엄마의 결혼허락으로 힘도 없는 나의 반항도 흐지부지 끝이 나고 말았다.

큰언니가 결혼하면서 2층 남자는 큰 형부로 신분이 세탁되었다.

큰 형부는 사진사이기에 지방 야외촬영이 많아 집을 비우는 일이 잦았다. 큰언니는 그때마다 나를 불렀고 중학생이 된 나는 처음으로 침대라는 문화생활에 신기해하면서 자다가 떨어지기도 했다. 한번 자면 업어 가도 모를 정도로 깊은 잠을 자는 나였지만 떨어지는 충격에 눈을 떴지만, 다시 침대로 올라가서 자고는 했다.

언니가 해주는 도시락 반찬이 맛있고 침대 생활이 좋아 계속 같이 있고 싶었지만, 형부가 오는 날에는 집에서 잘 수밖에 없었다. 그런 일이 한동안 계속되었던 것으로 기억이 난다.

그런데 형부가 출장이 잦으니 자연스럽게 여자 문제가 생기게 되었고 그 일로 해서 언니는 속을 많이 태웠다. 형부 또한 자존심이 강한 사람으로 속을 보이는 사람이 아니었기에 오해도 많이 생겼을 것이다. 하지만 이 모든 오해를 정리라도 하듯이 오로지 가족을 위해 살기로 하고 부산으로 가서 일하게 되었다. 그리고 그때부터는 정신을 차리고 언니만을 위해서 열심히 살았다. 언니 또한 형부에게 헌신하고 있는 모습을 보면 참으로 다행이라는 생각이 들었다.

한 번씩 명절 때나 행사가 있는 날 모이면 그때를 회고하기도 하지만 형부 가족을 보면 흐뭇하기도 했다. 그리고 언니를 닮은 어린 조카들이 너무 귀엽고 사랑스러웠다.

이제 벌써 십수 년이 흘러가 버렸다. 사랑스러운 어린 조카들도 어느새 아들, 딸을 놓고 사는 나이가 되었다.

며칠 전 휴대전화 소리가 울려 받아보니 올케언니의 목소리가 휴대전화 너머에서 들려왔다.

"카톡 안보나, 전화도 안 받고……."

"와? 뭔 일 있나?"

"큰 형부 돌아가셨다."

"……."

갑자기 숨이 막혔다.

"뭐라카노? 다시 말해봐라."

"큰 형부 어제 돌아가셨다."

"……."

"내일이 발인이니까 오늘은 내려와야 한다."

"……."

큰 형부는 전립선암으로 10년 정도 고생하고 있었다. 발병한 지 오래되었기에 대수롭지 않게 생각했는데 갑자기 돌아가셨다는 연락이 왔다. 가슴이 떨려 일이 손에 잡히지 않았다. '이럴 줄 알았으면 한번 보러 갔을 텐데…….' 하는 후회가 물밀 듯이 밀려 왔다.

언니는 젊었을 때 형부로 인해 고생을 많이 했다. 그런데 이제 조금 살만하니 형부의 암으로 인해 10여 년 동안 병시중을 해야만 했다. 눈도 이미 백내장이 와서 수술하지 않으면 위험한데도 불구하고 계속 미루어 왔다.

초췌해진 언니의 모습이 안쓰러워 안아주었지만 돌아오는 발걸음이 마냥 무겁기만 했다. 자존심 강하고, 잘생기고, 언니의 애간장을 녹이며 바람깨나 피웠던 형부였기에 암이라고 해도 굳건히 잘 이겨낼 줄 알았다.

많은 사람이 각자 세상살이에 바빠서 열심히 살다 보면 그 끝은 이 지구별을 떠나기 마련이다. 아무리 성공한 사람이나 재벌이라도 벌어놓은 돈이 아까워서 죽지 않는 사람은 아무도 없다. 그렇게 형부처럼 잘생기고 인기 좋은 사람도 한 줌의 흙으로 돌아간다. 지금은 큰소리치고 갑질을 하는 사람 역시 이 지구별을 떠나야 하는 것은 피할 수 없는 사실이다.

지난 세월을 돌아보니 눈 깜빡할 시간에 많은 세월이 흘렀다. 이제 남은 세월은 더 빨리 흘러갈 것이다.

큰언니는 아직 일흔도 되지 않았지만 고생한 탓에 노인의 티가 역력하다. 조카들은 모두 장성해서 저마다 가정을 꾸려 나갔고 형부는 이제 이 세상 사람이 아니다. 남은 세월도 한 번만 더 눈 깜빡하면 언니도 나도 이 지구별을 떠나야 한다.

큰언니는 지금까지 자신을 위한 삶을 한 번도 살아보지 못했다. 이제부터라도 언니가 자신을 위한 삶을 살았으면 좋겠다.

우리가 이 세상에 태어났을 때는 분명히 어떤 목적이 있었을 것이다. 이제 언니도 남이 아닌 자신을 위한 삶을 살면서 그 목적을 찾기를 바란다. 삶의 목적을 찾는 과정에서 진정으로 삶의 의미도 느낄 수 있을 것이다. 나 역시 그 목적을 달성하고 삶의 의미를 알아갈 것이다.

작은오빠 미안해, 다음 생에는 내가 누나 할게

＊＊＊

1960년대 우리나라는 보릿고개를 넘지 못해 많이 힘들고 어렵기만 했다. 그 시절에는 먹을 것이 없어 풀뿌리를 캐어 먹거나 나무껍질로 목숨을 연명하기도 했다. 보릿고개의 시기는 6·25 직후부터 60년대 중반까지로 추정하고 있지만 70년대에도 보릿고개를 느끼는 사람들이 많았다.

이렇게 먹고 살기도 힘든 시절인데도 불구하고 한국의 출산율은 자꾸만 높아 가고 있었다. 당시만 해도 한국은 남아선호사상이 뿌리 깊이 박혀 있었다. 그리하여 아들이 없는 집에서는 아들을 낳을 때까지 계속 출산을 하는 것이 의무로 생각했다.

그런 시기에 필자가 딸로 태어났지만, 불행 중 다행으로 2남 3녀 중 막내로 태어났기 때문에 위로 오빠가 둘이나 있었다. 그리하여 가족들의 지극한 사랑을 받을 수 있었다.

비록 집은 가난했지만 내가 원하는 것은 무엇이든 들어 주었기에 부러운 것이 없었다. 엄마는 시장에서 포목점을 하고 있었고 아버지는 회사에 다녔다.

어린 나는 포목점 앞에서 온종일 뛰어다니며 또래들과 놀았다. 그리고 그 또래들이 데리고 온 동생들을 보면 나도 동생이 있었으면 좋겠다고 생각했다. 그리하여 엄마에게 동생을 낳아 달라고 떼를 쓰면 엄마는 조금 더 놀다 오면 낳아준다고 달래기도 하던 때가 기억이 난다. 이런 나를 보고 언니와 오빠들은 망개(막내)라고 놀렸던 때가 어렴풋이 기억이 난다

점점 자라면서 아이들과 함께 돌아다니는 것을 좋아했고 여자인데도 불구하고 골목 대장을 하며 동네 곳곳을 누비고 다녔다. 그뿐만 아니라 나는 어린 나이인데도 불구하고 나보다 더 어린아이들을 가르치기도 했다.

아무래도 어렸을 때부터 남을 이끄는 것을 좋아하는 성격이었던 것 같다. 그리하여 학교를 들어가면서 자연스럽게 장래희망이 교사였다. 중고등학생 때는 고등학교 선생님, 대학 땐 교수가 장래희망이었다.

그리고 어렸을 때는 머리가 좋았다. 한 번 보거나 읽으면 좀처럼 잊어버리지 않고 기억을 하게 되었다. 그 한 예로써 초등학교 1학년이 되었는데도 공부도 하지 않고 매일 놀기만 했다. 그 모습을 본 작은오빠가 자신이 돌아올 때까지 책을 읽으라고 했고 오빠의 명령이라 어쩔 수 없이 책을 읽기 시작했다.

하지만 초등학교 1학년 국어책은 그림이 대부분이라 별로 읽을 내용이 없어 금방 읽을 수 있었다. 잠시 후에 돌아온 오빠는 질문을 몇 가지 던졌지만 가볍게 모두 대답하였더니 천재인 줄 알고 놀라워했다.

그때부터 내 인생은 고달프기 시작했다. 작은오빠는 놀기 좋아하는 초등학교 1학년인 나에게 한문을 가르치기 시작했다. 그 당시는 중학교에 가야 한문을 배울 수 있었다. 그런데도 분량을 정해주고 모두 외워야 했고 1개 틀렸을 때는 무조건 1대를 맞아야 했다.

처음에 배울 때는 재미있어 열심히 했다. 그런데 정신없이 놀다 보면 한문을 다 외우지 못하는 날이 자주 생겼다. 그럴 때는 여지없이 손바닥이나 엉덩이를 맞아야만 했기에 한문을 배우는 것이 싫어졌다.

마침 그날도 한문이 몇 개 틀려서 맞아야 할 상황이었다. 맞기도 전에 벌써 눈물을 글썽이며 엎드렸다. 그때 마침 엄마가 들어와서 이 광경을 보고 놀라서 큰 소리를 쳤다.

나는 얼른 엄마 뒤로 숨어서 눈치를 보고 있었다. 오빠는 얼마나 심하게 야단을 맞았는지 그날 이후로는 한문을 가르친다는 소리를 하지 않았고 나 역시 그날 이후로는 더 한문 실력도 늘지 않았다.

아마 초등학교 1학년 때의 실력이나 지금 실력이나 비슷할 것이다. 아니 지금까지 한문을 별도로 공부하지 않았으니 그때보다도 현저히 떨어지는 수준이라고 하는 것이 정확할 것이다. 어쨌든 나는 그날 이후로 공부도 하지 않고 계속 놀기만 했다. 그리고 이런 좋은 시절이 계속 올 줄만 알고 있었다.

그리고 작은오빠는 공부는 아니지만 한 번씩 나의 잘못된 버릇들을 고쳐준다고 하다가 오히려 역효과를 본 적이 종종 있었다.

그날도 엄마 앞에서 내 발이 잘못되었다고 발을 잡고 가르쳐주다가 발목에서 '뚝' 하는 소리가 나자 나는 무서워서 울음을 터뜨렸다.

그러자 엄마에게 또다시 심하게 꾸중을 들었다.

지금 생각하면 오빠는 막내이면서 머리가 좋은 나를 가르쳐주고 싶었고 잘못된 습관도 바르게 고쳐주고 싶었던 것 같다.

그때까지만 해도 내가 어렸기에 오빠의 생각을 읽을 수가 없었다. 그 당시 오빠의 나이도 중학생에 불과하니 잘못 생각하고 판단할 수도 있는 나이니 야단을 맞을 수밖에 없었다. 그리고 어릴 때는 나뿐만 아니라 누구나 머리가 좋고 한창 발달할 때이다.

뒤늦게 태어난 내 동생도 초등학교 1학년 때에는 머리가 엄청 좋았다. 학교 담임선생님과의 상담에서 담임선생님은 일기장을 보여주면서 초등학교 1학년에게서 이런 문장이 나올 수 없다고 말할 정도였다. 그 문장은 내가 기억하는 낱말만 쓰면 '사시나무 떨듯이 떨었다'였다. 이 사시나무 떨듯이에 빨간 밑줄을 그은 선생님은 흥분했다.

어쨌든 선생님의 흥분한 목소리를 들으며 나는 상담실을 나오면서 조금은 기대를 했다.

'혹시 내 동생이 미래에 훌륭한 사람이 되는 것은 아닐까?' 하는 생각도 했지만, 그것은 착각이었다. 지금은 아주 평범한 초등학교 국어 선생으로 지낸다.

많은 부모가 아이들이 어릴 때 천재 기질을 보이면 우리 아이가 천재는 아닐까 하고 기대를 하고, 더 많은 것을 가르치려고 한다. 그러나 천재는 무조건 많은 것을 가르친다고 되는 것이 아니라 창의적인 생각을 할 수 있도록 상황을 만들어 주면 되는 것이다.

과거에 소위 천재라고 불리던 아이들은 어디에서 무엇을 하고 있을까? 살펴보면 그들은 아주 평범한 어른이 되어 지내는 것을 알 수 있다. 어릴 때 천재의 기질을 보인다고 해서 너무 많은 것을 가르치다 보면 아이들은 그 압박감과 두려움으로 인해 오히려 역효과를 가져 올 수 있다. 아마 오빠도 나의 이런 것을 보고 기대를 했던 것 같다. 하지만 그것 또한 동생에 대한 오빠의 사랑이었다. 거기에 대한 감사의 표시를 하고 싶은데 오빠는 지금 이 세상에 없다.

갈수록 집안 형편이 어려워지면서 엄마가 행상하러 다니게 되었고 집을 비우는 일이 잦아들었다. 그런데 엄마가 집을 비웠을 때 사건은 터지고 말았다. 우리 가족 모두가 연탄가스를 마시게 된 것이다.

당시에는 연탄가스로 인해 죽는 사람들이 거의 매일 발생했다. 이 연탄가스가 큰방 부엌문 틈으로 스며들어 왔다.

새벽녘에 일어나려고 하니 머리가 깨어질 듯이 아파서 아버지와 오빠들을 불렀지만 아무도 대답이 없었다. 모두 연탄가스에 중독이 된 것이다.

구급차가 도착했고 작은오빠는 현장에서 사망했다는 의사의 진단이 내려졌다.

나를 제외한 나머지 식구들은 모두 구급차에 실려 갔다.

친척들이 모여들었고 엄마도 뒤늦게 도착했지만 죽은 작은오빠를 보고는 실신했다. 아버지와 오빠는 병원에서 수술을 받고 다행히 퇴원해서 집으로 돌아왔지만 작은오빠는 영영 돌아올 수 없었다.

나는 큰 충격을 받았다.

작은오빠는 나에 대한 기대가 많아 때로는 회초리를 들었지만, 그 누구보다 나를 아껴주고 챙겨주었었다. 그런 오빠가 갑자기 사라지니 마음 한가운데 커다란 구멍이 뻥 뚫린 것만 같았다.

큰오빠는 나를 데리고 다니며 맛있는 것도 사주지만 무뚝뚝한 성격이었다. 그런데 작은오빠는 알뜰살뜰 보살펴주고 아버지가 주지 못하는 사랑을 주었다. 그리하여 그를 마음에서 떠나보내기가 너무 힘겨웠다.

그러자 꿈인지 생시인지 피리 소리를 따라 부엌문을 열고 나가니 작은오빠가 피리를 불고 나를 기다리고 있었다. 오빠는 자신이 있는 곳으로 함께 가자며 내 손을 잡고 하늘로 올라가기 시작했다. 나는 사랑하는 오빠를 따라 자꾸만 하늘로 올라가다가 어느 지점에 다가가게 되니 그곳이 이승과 저승 사이의 경계라는 것을 알 수 있었다.

'아, 이 선만 넘으면 나는 죽는구나.' 하고 직감하게 되었다. 그 순간 넘지 않으려고 발버둥을 치다가 꿈에서 깨어났다. 초등학교 5학년 때 꾸었던 꿈이지만 수십 년이 지난 지금도 생생하게 기억하고 있다.

그렇게 작은오빠를 좋아하고 따르면서도 노는 것이 좋아 한문 공부도 제대로 하지 않던 아이, 잘못된 습관을 고쳐주겠다고 했는데도 겁이 나서 그것을 뿌리친 아이, 심지어 나 혼자 살겠다고 오빠의 손까지 뿌리치면서 발버둥 친 아이, 이런 아이를 오빠는 용서해줄 수 있는지 모르겠다. 살아만 있다면 오빠를 위해서 무엇이든 해줄 수 있을 것만 같은데…….

지금도 오빠를 생각하면 가슴이 쓰라리고 아프다.

'오빠, 미안해. 그리고 사랑해.

다음 생에는 내가 오빠 대신 누나 할게.'

뻥 뚫린 빈자리를 동생들이 채우다

***

초등학교 때 겪었던 불의의 연탄가스 사고는 나에게 큰 충격으로 다가왔다. 사랑하는 작은오빠를 떠나보내야 하는 마음의 상처를 견뎌내기에는 나는 너무 어렸다. 더구나 다정다감하기만 했던 엄마조차 그 사고 이후 갑자기 다른 사람으로 변했다.

그때까지는 아무리 힘들어도 자식들에게는 아낌없이 사랑을 베풀어 주었던 엄마였다. 그런 따뜻한 엄마의 사랑이 오빠의 죽음으로 인하여 차갑게 변해버린 것이다. 나는 비록 어린 나이였지만 변해버린 엄마의 모습에서 불안감을 느끼기 시작했다.

그리고 시간이 지나 초등학교 때, 오빠의 빈자리를 사내아이로 채우려고 동생이 태어났지만 딸이었다. 갓 태어난 동생이 귀엽고 신기하기도 했지만 다른 한편으로는 동생으로 인해서 나의 존재는 서서히 사라지고 있었다. 학교에 다녀오면 온종일 어린 동생을 먹이고, 치우고, 입히고, 재우고 기저귀까지 빨아야 했다.

나에게는 언니가 둘이나 있었지만, 큰언니는 의상실의 디자이너, 작은언니와 엄마는 밑에서 잔일을 돕는 시다였다. 모두 의상실에서 일하고 있었기에 자연히 동생을 돌보는 것은 내 차지가 되었다.

초등학생이어서 친구들과 함께 놀고 싶은 마음에 동생을 업고 고무줄놀이를 하거나 만화방에도 갔다. 어쨌든 동생만 돌보면 엄마의 야단을 피할 수 있었기에 동생을 데리고 어디든 돌아다녔다. 언제 어느 곳을 가더라도 동생을 업고 다녔기에 친구들은 나에게 '아주머니'라고 놀렸다. 한마디로 말해 '아이'와 '주머니'를 합쳐서 놀리는 말이다.

초등학교 때부터 '아주머니'라는 소리에 스트레스를 받으면서 성장했다. 그런데 그 다음 해인 내가 중학생인 되는 때 또 동생이 태어났다.

엄마는 아들을 잃은 슬픔과 불안감 때문에 아들을 하나 더 낳으려고 했지만 연속해서 딸만 둘이 태어나자 이제 욕심을 버린 것 같았다. 나 역시 옛날처럼 엄마의 귀여움을 바라지는 않았지만, 동생들을 돌보는 것은 물론이고 똥 기저귀를 빠는 것이 너무 싫었다. 하지만 기저귀를 빨지 않으면 혼이 나니 어쩔 수 없이 빨아야만 했다.

중학생이 되는 날, 첫 영어수업을 시작하기 위해 책을 펼쳐 드는 순간 깜짝 놀랐다. 분명 새 영어책인데도 불구하고 낙서로 도배가 되어 있었다. 화가 치솟았지만, 그 화를 참으려니 가슴이 답답했고 눈물이 났다. 영어수업은 어떻게 지나가는지 선생님의 말씀은 귀에 들어오지 않았다.

수업을 마치기가 무섭게 집으로 달려와 엄마에게 일러바쳤지만, 엄마는 내 편이 되어 주지 않았다. 오히려 아기가 공부했다고 좋아했다. 위로해주지는 못할망정 동생만 예뻐해 주는 엄마가 싫었고, 언니도 싫어졌으며 동생들도 미웠다.

그러나 엄마는 심지어 어린 동생들에게 우리에게는 먹이지 않던 인삼가루를 우유에 섞어 먹였다. 그리하여 두 동생은 우리와는 다르게 키도 쑥쑥 크면서 잘 자라났다. 우유도 먹어본 사람이 먹는다고 나는 어릴 때 우유를 먹어보지 못해 지금 우유를 먹으면 바로 배탈이 난다. 이처럼 어떤 음식이든 어릴 때부터 먹어보는 습관을 들이지 않으면 어른이 되어서 먹기에는 힘이 든다.

어릴 때 엄마의 사랑을 빼앗기면 그 아이들은 자신의 동생을 괴롭힌다는 말이 있다. 실제 그런 경우도 많이 있다. 하지만 나는 동생들이 예쁘고 사랑스러워 그런 생각조차 미처 하지를 못했다. 실질적으로 동생들을 업고, 안고 동고동락을 하다 보니 사랑도 함께 자라났던 것인지도 모르겠다.

어쩌다 동생들이 미워 집에 늦게 들어갈 때도 있었지만 그때마다 속으로는 동생들이 걱정되었다. 물론 엄마가 있었지만, 동생들을 돌보는 것이 나의 소임이라는 생각이 나도 모르게 들었다. 그래도 동생들을 보면 몸은 힘들었지만, 마음은 편안했다. 작은오빠를 잃고 갈 곳을 몰라 헤매며 방황할 뻔했던 어린 시절을 오히려 동생들이 나를 살려준 것이나 다름없었던 것이었다.

동생들이 초등학교에 들어갈 무렵에는 아버지나 엄마나 너무 연세가 많아 할머니라고 놀렸기에 내가 직접 상담하고는 했다. 동생들도 연로하신 부모님보다 대학생인 내가 가는 것을 더 좋아했다.

바로 밑에 동생은 머리도 좋고 책을 많이 읽어 감수성이 풍부했다. 그 당시 나는 대학생이었기에 동생인 초등학생이 바라보기에 언니는 모든 것을 알고 있다고 생각했던 것 같다. 그리하여 궁금한 것이 있으면 모두 나에게 묻고는 했다.

사실 동생은 어릴 때부터 집에 있는 책은 전부 읽을 정도의 책벌레였고 학교도 들어가기 전에 어른들이 읽는 서유기, 삼국지 등을 모두 섭렵했다. 당시 나는 대학생이었지만 서유기, 삼국지 등을 읽지 않았었기에 자존심이 상해 아무도 몰래 그 책들을 모두 읽었는데 그렇게 재미있을 수가 없었다. 그때 계속해서 책을 읽었더라면 아마도 나는 조금 더 일찍 성공했을지도 모르겠다.

어느 날, 마침 동생의 담임선생님이 불러 상담하게 되었다. 담임선생님의 "은영이는 보통 아이들과는 다릅니다. 잘 키우셔야겠습니다."라고 하는 말에 기분이 좋으면서도 흐뭇했다. 선생님은 일기장을 검사하면서 동생이 쓴 일기를 보고 놀랐다는 것이다. 도대체 초등학교 1학년의 문체가 아니라는 것이었다.

선생님께서 보여준 일기장에는 동생이 잘못해서 혼이 났다는 이야기를 적은 글인데 자세히는 기억이 나지 않았다. 하지만 딱 기억나는 문장은 '사시나무 떨듯이 떨었다.'라는 글 밑에 빨간 줄이 그어져 있었다.

사실 대학생이라면 몰라도 초등학교 1학년이 이런 문장을 쓴다는 것은 대단한 것이었다. 물론 이 모두가 동생의 독서력 때문이라는 것을 나는 알고 있었다. 웬만큼 책을 읽지 않고서는 쓰기 힘든 문장이다. 그때의 내 마음은 언니가 아니라 엄마의 마음처럼 뿌듯해지기까지 했다.

그러나 막냇동생은 이와는 정반대였다. 영화배우 못지않을 정도로 예뻤지만, 공부는 싫어했다. 책만 보면 머리가 아프다고 말하는 아이였다. 따라서 다행히 고등학교는 졸업했지만, 대학을 가지 못했다.

어느 날 동생이 걱정되어 언니로서 한마디 조언했다.

"은경아, 공부해야 대학 갈 수 있다. 옛날에 여자들은 대학 가고 싶어도 못 갔는데 지금은 시켜준다는데 왜 안 하니?"

그럴 때 막냇동생은 눈을 흘기면서 싫은 내색을 한다. 나도 몇 번 말하다 듣지 않자 '평안감사도 자기가 하기 싫으면 못 하는 거지.'라고 말하면서 얼버무렸다.

그런데 세월이 몇 년 흐른 후에 '언니야, 말 안 들으면 때려서라도 공부를 하게 했어야지. 왜 안 시켰노?'라고 뒤늦게 후회를 했다. 그러더니 나중에는 줄만 서면 들어갈 수 있는 전문대학에 들어갔다.

막내는 책을 읽지 않아서 어리석은 면이 있다. 물론 나도 마찬가지여서 거의 5년이라는 세월을 지옥 같은 생활을 한 적이 있다. 그래서인지 더욱더 막내가 걱정스럽다.

막내는 연애결혼을 했고 우리 부모님을 모신다는 조건으로 부모님의 재산을 넘겨받았다. 그렇게 산 지 불과 얼마 지나지 않아 부모님을 모시지 못하겠다고 말했다. 그리고 재산도 한 푼도 내놓지 못하겠다고 말하자 유산반환소송까지 진행되었다. 그 소송 중에 엄마는 아주 힘겨워하시더니 갑자기 돌아가셨다. 소송당사자가 없어지자 재산은 바로 막내한테로 그대로 귀속이 되고 말았다.

막내는 엄마의 마지막 가는 모습도 지키지 않았고, 그 다음 해 아버지가 돌아가셨을 때도 오지 않았다. 나중에 들은 소식으로는 오고 싶었지만, 시집에서 가지 못하게 했다는 것이다. 이런 소리를 들었을 때

막냇동생의 행동이 괘씸한 것은 둘째 치고 하염없이 걱정되었다.

지금은 둘의 사이가 좋을지 모르지만 부부 사이란 '칼로 물 베기'라고 했다. 세상을 살다 보면 항상 좋을 때만 있는 것이 아니다. 만약에 사이가 안 좋아지면 어떻게 될지 생각하니 마음이 답답해진다.

뒤늦게 태어난 동생들이 돌아가신 부모님에게는 오빠 대신 잠시 위로가 되었을지 모르겠다. 그러나 막내의 불효막심한 행동이 부모님의 가슴에 못을 박지 않았는지 하염없이 걱정만 앞선다.

하지만 그래도 어쩌겠는가. 미우나 고우나 동생이니 잘살기를 바랄 수밖에……

나의 사랑, 나의 아픔, 나의 천사

* * *

남편과는 선을 본 지 한 달 만에 부모님에 의해 서둘러 결혼을 했지만 얼마 가지 못했다. 남편의 학대에 못 이겨 더 결혼생활을 이어갈 수 없게 되자 아들과 함께 나오려고 하니 양가 쪽에서 모두 반대했다.

시댁에서는 아들이 종손이라 반대했고 친정에서는 능력도 없으면서 아이만 챙긴다고 반대했다.

그때까지 아무런 능력을 키우지 못한 나 자신이 너무 보잘것없어 원망스러웠다. 그리하여 능력이 없는 나보다는 능력이 있는 아빠가 키우는 것이 나을 것 같아 내가 원할 때는 언제라도 볼 수 있다는 조건으로 헤어졌다.

그러나 하루 이틀이 지나기 시작하자 나의 결정이 잘못되었다는 것을 느끼기 시작했다. 시간이 지나갈수록 아들을 데리고 나오지 못한 것을 후회했지만 때는 이미 늦었다. 매일 아이의 얼굴이 떠올랐고 아이의 우는 소리가 귓전에서 맴돌았다. 사랑하는 아들을 볼 수 없게 되자 도저히 참을 수 없어 갓 두 돌도 되지 않은 아들을 데리고 나와 잠적해 버렸다.

아들과 단둘이 살게 되면서 주민등록이 말소되고 아무것도 내 이름으로 할 수 없게 되자 힘든 생활이 이어졌다. 미래를 생각하면 답답하고 불안했으며 현재는 돈이 없으니 아들에게 잘해주지 못했다.

겨우 학원 선생으로 직장을 구했지만, 월급은 40만 원. 아이의 놀이방 14만 원을 제하고 나면 26만 원이 남았다. 그 돈으로 우리 2식구 한 달 생활을 이어나가야 했다. 그러면서 거의 2년 동안 친정에도 연락하지 않았다. 아무도 모르는 외딴집에 아들과 둘이서 꼭꼭 숨어 살았다.

하지만 날이 갈수록 아이가 자라게 되자 아들의 미래를 생각하지 않을 수 없었다. 더구나 아이가 놀이방에 갔다 오면서 나에게 물었다.

"엄마, 유치원은 큰데 우리 집은 왜 작아."

"……"

아들은 놀이방을 유치원으로 알고 있었다. 나는 그 말을 들으면서 가슴이 철렁 내려앉아 이내 말을 하지 못하고 잠시 머뭇거리다 말을 했다.

"그래, 우리도 큰집으로 이사 갈까?"

그러자 아들은 바로 "응." 하고 대답하며 즐거워했다.

점점 자라고 있는 아들을 보니 자꾸만 아들에게 죄를 짓는 것만 같아 마음이 아프고 괴로웠다.

'아들아, 미안하다. 너의 아빠 집은 네가 다니는 놀이방보다 훨씬 더 크단다. 이 엄마 때문에 네가 고생하는구나.'

나의 빗나간 모정 때문에 아들 미래를 망치면 안 되겠다는 생각을 했다. 학교에 들어가기 전에는 아빠에게 보내 제대로 된 교육을 해야겠다고 마음먹었다.

아들과 둘이서만 산 지 2년 정도 지나면서 친정에 전화하게 되었다. 그러자 남편이 1년 동안 친정을 오가면서 아들을 내놓으라고 행패를 부렸다고 했다. 하지만 이제는 오지 않는다며 놀러 오라고 친정엄마는 말씀하셨다.

나는 아들에게 꼬까옷 입히고, 멋진 모자도 씌우고, 놀이방 가방까지 메게 해서 친정에 다녀왔다.

그런데 며칠이 지나자 시댁 식구들이 갑자기 들이닥쳤다. 나중에 알게 된 사실이지만 친정엄마가 어린 아들을 혼자서 키우는 딸이 안쓰러워 시댁에 연락했던 것이었다. 아들의 놀이방 가방에 있는 전화번호를 통해 주소를 알아냈다.

시어머니와 시누이는 우리 모자가 사는 방을 둘러보며 눈물을 훔쳤다. 시골의 외딴곳에 방과 주방이 붙어 있는 작은 집이었다. 오래된 벽지에는 틈이 생겨 비가 오는 날에는 그대로 빗물이 벽을 타고 흘러내려 그릇을 받쳐 놓고는 했다. 그리하여 맑은 날에도 항상 벽지에는 얼룩이 져 있었다.

시누이가 눈물을 글썽이며 그동안 미안했다고 던지는 한마디에 울음이 터져 나왔다. 그리고 시어머니와 정신없이 이야기를 나누고 있는 사이에 시누이가 아들을 빼돌려 차에 태우고 있었다.

모든 것은 순식간에 일어난 일이었다. 정신을 차렸을 때는 아들은 차에 태워져 있었다.

차가 떠나면서 아들이 엄마를 부르며 울고 있었지만 나는 사랑하는 아들을 빼앗아 올 수 없었다. 그저 발만 동동 구르며 떠나가는 아들을 보면서 울부짖고만 있었다. 또다시 나의 잘못된 모정 때문에 아들에게까지 피해를 줄 수는 없었다.

아무것도 가진 것이 없는 엄마보다는 그래도 능력이 있는 아빠가 더 잘 키울 것이라고 믿고 있었다. 그렇지 않아도 학교에 들어가기 전까지 아빠에게 데려다주어야겠다고 생각했었다. 하지만 그런 날이 이렇게 빨리 올 줄은 몰랐다.

이 모든 것이 그 당시에는 꿈에도 생각 못 했지만, 시집 식구들은 철저하게 계획을 하고 왔었다. 그리하여 나를 만나자마자 일사천리로 진행했던 것이었다.

나는 그때까지만 해도 전혀 눈치채지 못했고 아이가 떠난 후 뒤늦게 알아차렸다.

이 모든 일이 순식간에 일어났다. 갑자기 들이닥치는 시댁 식구들에게 아들을 빼앗겼고 그 순간 시간의 흐름은 정지되어 몸도 움직일 수 없었다. 뻥 뚫린 가슴으로는 금방이라도 아들이 '엄마!' 하고 들어올 것만 같았다.

그러나 아들은 오지 않을 것이다. 그것을 알고 있기에 마음속으로 주문을 걸었다.

'그래, 잘되었다. 나보다 능력 있는 아빠가 데려갔으니 잘 키울 것이야.'

그런데 이런 생각과는 달리 몸이 말을 듣지 않았다. 시간이 정지되었는지 아니면 몸이 얼어붙었는지 그 자리에서 꼼짝을 할 수 없었다.

그로부터 몇 년의 세월이 흐르면서 아이를 만나지 않겠다고 결심한 마음이 자꾸만 흔들렸다. 계속해서 헤어질 당시의 그 모습으로 거의 매일 다치는 꿈을 연이어 꾸게 되자 도저히 견딜 수 없어 찾아가게 되었다. 초등학교로 찾아가서 아이의 이름을 말하니 쉽게 찾을 수 있었다.

5살 때 헤어지고 처음 만나는 아이의 얼굴을 보자 반가웠다. 그러면서도 아이의 마음에 상처를 줄 수 없었기에 '내가 너 엄마란다.'라는 말을 할 수 없었다.

'그래, 건강한 것만 확인했으니 되었다.'

현재의 엄마가 친엄마로 알고 있다면 그만큼 잘해주기 때문이라고 생각하니 오히려 마음이 놓였다.

'성인이 될 때까지 기다리자. 그저 우리 아들만 잘 크면 더 바랄 것이 없다. 잘 자라 주어서 고맙다. 아들아……'

눈에 넣어도 아프지 않을 내 사랑하는 아들이지만 눈물을 머금고 돌아올 수밖에 없었다.

아들의 안전을 확인하고 나서는 그 이후부터는 그런 꿈을 꾸지 않았다. 그리고 또 얼마나 많은 세월이 흘렀는가.

이제 성년이 되었을 나이인데 우리 아들은 어떻게 자랐을까 생각하니 가슴이 자꾸만 뛰어오른다. 그러면서도 쉽게 만날 수 없다. 너무 가슴이 벅차서 아마 숨이 막힐 것만 같다. 그래서 두렵기도 하다.

아, 사랑하는 아들인데, 눈에 넣어도 아프지 않을 아들을 이제는 만나야 하는데 엄마는 왜 너를 만나지 못하는 걸까.

나의 사랑, 나의 아픔, 나의 천사여…….

내가 행복해야
가족도 행복하다

이순자

경기실버방송 웃음체조 전문강사, 노인교육지도사, 실버웃음건강 체조강사,
치매예방 재활전문강사, 동기부여가, 부부상담전문가

봉사활동으로 시작하던 것이 이제는 실버웃음체조 전문강사로 활발하게 활동을 하고 있다. 여러 요양원과 보건소에서 특강을 하면서 어르신들에게 웃음과 치료를 통해 건강을 돌보고 있다. 앞으로 더 큰 꿈을 향해 현재 개인저서를 집필 중에 있으며 경기방송에도 출연하여 많은 사람들에게 선한 메신저로서 활동하고 있다.

전자메일: tnswk7050@daum.net

지금은 그리움이 된 어린 시절

***

내 나이 9살인가 10살 때인 것 같다.

"야! 야! 비 온다, 일어나!"

잠결에도 여기저기서 바가지로 물을 퍼내는 소리가 들린다.

부모님이 큰 소리로 깨우면, 난 그제야 눈을 비비면서 일어나 바로 부엌으로 뛰어들어 갔다.

어찌 된 일인지 우리 집은 비가 오면 아궁이에서 물이 나왔다. 그래도 그때는 어린 터여서 당연한 것으로 알고 그 새벽에 일어나 비가 오지 않을 때까지 땀이 나도록 물을 퍼내고는 했다. 그리하여 나는 어릴 때 비 오는 것이 너무 싫었다.

그때마다 부모님은 잘했다고 칭찬을 해주셨다.

나는 어린 나이에도 동생들을 업거나 손을 잡고 데리고 다니고 심지어는 젖을 먹이러 다니기도 했다. 그때마다 동네 분들도 칭찬해 주셨기에, 나는 먹을 것보다도 칭찬받는 것을 더 좋아했던 것 같다. 아마도 어린 나이에도 살아남는 방법을 터득한 것 같다.

나는 아무리 힘이 들어도 칭찬만 해주면 무슨 일이든 더 열심히 했고, 힘든 일은 도맡아 했다.

예를 들어 엄마가 어디 가서 쌀 한 말을 가져오라고 하면 난 다른 애들은 무거워서 들지도 못하건만 오로지 칭찬받고 싶어 무리해서라도 가져오고는 했다.

사랑 인정의 욕구가 많았고 어릴 때부터 욕심도 많았다. 그리고 무엇이든 경험해보고 먼저 도전하는 아이였다.

우리 집은 종갓집이지만 아들이 귀한 집이었다.

따라서 나는 남동생에게 무조건 잘 해줘야 칭찬받을 수 있다는 것도 일찍이 터득했다.

남동생은 바로 내 밑이었지만 우리 집 장손이었다. 그래서 나는 그 동생만 잘 봐주면 아버지가 풍선껌을 따로 사줄 정도였다. 그 당시에는 과자나 껌 등을 사 먹고 싶어도 살 수 있는 시절이 아니었다.

어찌했거나 나는 항상 남동생을 데리고 다녔고, 우리 집 장손이었기에 나 역시 동생에게 신경을 쓸 수밖에 없었다.

동생이 혼자 놀다 넘어져도 네가 잘못 본 거라며 동생의 상처가 아물 때까지 아버지가 억지를 부리시는 데도 할 말이 없었다.

학교를 다녀와서도 동생들을 돌보는 것은 당연히 내가 몫이었다.

우리 집에서 여자아이에게 과자나 간식거리를 사주는 법은 없었다. 그래서 남동생이 먹는 과자를 뺏어 먹기도 했던 기억이 난다.

바나나킥이며 계란과자, 라면땅 등 그때는 밥보다 더 맛있었던 기억이 난다.

언젠가 엄마는 나에게 이런 말씀을 하셨다.

"너를 업고 나무하러 갔는데 네가 너무 울어서 팔 뒤꿈치로 치며 그만 울라고 화를 냈는데도 네가 계속 울기에 엎고 있던 너를 내려서 젖을 물리는데 콧구멍에 솔잎이 보이더라. 그래서 빼냈는데 어린 젖먹이 코에서 얼마나 피가 나오던지 같이 엉엉 산속에서 울었다."

또 5살 때는 논두렁 옆 웅덩이에 빠져 허우적대고 있는 것을 동네분이 꺼내주셔서 내가 살아났다고 말씀하셨다.

엄마는 그런 말씀을 하실 때마다 그때는 너무 힘든 시절이었기에 어쩔 수가 없었고 오직 가난이 설움이었다고 하셨다.

학교에 다니게 되자 새로운 것에 대한 호기심이 많았고, 자연적으로 질문도 많아 담임선생님한테 혼이 난 적도 종종 있었다. 그러나 혼이 나도 매번 모르는 것은 질문하고는 했다. 지금 생각하면 어릴 때부터 호기심이 많았던 것 같다.

12살 때쯤이었을 것이다.

부모님은 지금도 그렇게 말씀을 하시고는 하지만, 우리 남매가 사이좋게 지내야 한다고 하셨다. 물론 나 역시 가족의 사랑으로 살고 싶다. 형제들이 서로 모여 예전의 힘든 시절을 이해하고, 등도 두드리며 추억을 되새기고 싶은 마음도 간절하다. 그러나 어린 시절, 나는 추억거리보다는 아버지에게 맞은 기억밖에 나지 않았고 아버지가 무섭기 그지없었다.

아버지가 때릴 때마다 너무 어렸던 나는 이리저리 나가떨어졌던 기억도 난다. 그리하여 아버지에게 맞지 않으려고 도망도 참 많이 다녔다. 아버지는 술만 드시면 잠자는 나를 깨워 말도 안 되는 지나간 일을 꺼내 또 때리거나 난리를 피우기 일쑤였다. 그때마다 나는 이유도 모른 채 용서를 구하면서 '아버지, 잘못했어요. 잘못했어요.' 하고 울면서 빌고 또 빌었다.

옆에서 보던 엄마는 아버지를 말리면서도 나에게 어서 도망가라 소리치고는 나 대신 맞곤 하던 것이 한두 번이 아니었다.

왜 그렇게 때렸을까? 이 집에 내가 잘못 태어난 아이인가 하고 지금 생각해도 화가 나지만, 그래도 다 이해하고 웃으며 가족들이 오순도순 함께 살아가는 것이 간절한 소망이다.

엄마도 '왜 너만 보면 그러는지 모르겠다.'라면서 많이 속상해하셨다. 나는 그럴 때마다 동네 한 모퉁이에 숨어 울다가, 아버지가 잠이 들 때 들어와 자고는 했지만, 매번 반복된 생활이었고 언제나 맞지 않고 사나 하고 하루하루가 지긋지긋하기만 했다.

한겨울에는 도망가서 숨어 있다가 얼어 죽을 뻔한 적이 한두 번이 아니었다.

어느 날인가는 한밤중에 아버지를 피해 도망쳐서 숨어 있는 나를 본 아랫집에 아주머니가 깜짝 놀라 방으로 들어오라면서 따뜻한 아랫목을 내주시던 기억도 있다. 그 아주머니는 '온몸이 다 얼었네.' 하시며 '또 혼났구나. 대체 너희 아버지는 왜 그러는지 모르겠다.'라며 혀를 내두르셨다.

이제 동네 분들도 다 아서서 창피한 것도 없었다. 그냥 맞지만 않고 살면 좋았다. 지금 생각하면 아동학대이지만 당시에는 그것도 모르고 부모가 때리면 맞고만 살았던 것이 지금 생각해도 너무 화가 난다.

그 아주머니댁에서 몸을 녹이는 동안에 뒷방에 있던 아주머니의 아들이 들어와 아는 척을 해주며 웃어주었다. 아마도 그 오빠는 내가 매를 맞고 도망 나온 것을 알고 있으면서도 모른 척해 주는 것 같았다.

그 오빠는 오빠만의 책상도 있었거니와 참 부러웠다. 정말 안정된 집과 가족이었고, 그 집 아저씨는 항상 나에게 따뜻한 말씀을 해주시곤 했었다. 나도 그런 집에서 태어났으면 좋으련만 하는 생각이 스친 것이 한두 번이 아니었다.

'지긋지긋한 생활, 왜 이렇게 살아야 하나.'

나는 어린 나이에도 수백 수천 번이나 도망치고 싶었다.

나는 정말 힘든 나 자신에게 항상 말을 하고는 했다.

'도망가, 그냥 나가 버려!'

그렇지만 매사에 생각뿐이었다. 어리고 힘이 없었기 때문이다.

어느 날인가 이사를 한다고 한다. 그래, 이제부터 부엌 바닥의 물을 퍼내지 않아도 된다는 말이 참 좋았다. 잠도 못 자고 어린 나이에 잠에서 깨어나서 물을 펐던 것이 나에게는 지옥과 다름없었기 때문이다.

정말 가난이 싫었다. 그리하여 초등학교에 다니면서도 부잣집 친구들하고만 어울렸다. 그래도 아무리 힘들고 기억하고 싶지 않은 어릴 적이었지만 아련하게 떠오르는, 즐거웠던 추억도 있다.

창피한 줄도 모르고 빨가벗고 개울가에서 수영하며 물장구도 치고 참으로 신이 났다. 지금은 상상도 못 하겠지만 남자아이들이나 여자아이들이 서로 고무신을 떠내려 보내며 줍기도 하고 함께 놀았다.

물속에서는 왜 그리 빨리 걷지 못했는지 지금 생각해보니 어린 마음에 마음이 먼저 앞을 달리고 있어 뜻대로 되지 않은 것 같았다.

여자아이와 남자아이들이 편을 갈라서 물을 끼얹기도 하고 여러 가지 놀이를 했던 기억들은 이제 꿈결 같기만 하다.

겨울에는 손이 꽁꽁 얼어도 시린 줄도 모르고 눈사람을 만들고, 눈싸움하며 시간 가는 줄을 모르고 놀았다. 비료부대에 지푸라기를 넣고 썰매놀이를 했던 것들도 주마등처럼 떠오른다.

드디어 중학생이 되었다.

이제 조금이라도 집안일을 안 하겠지 했는데 여전했다. 그러나 누구나 그렇듯이 나도 어릴 때는 공부보다는 친구들과 어울려 노는 것이 마냥 좋았다. 같이 도시락도 먹고 친구가 힘든 일을 도와주면서 웃고 수다를 떠는 것이 너무 좋았다. 음악을 듣고 노는 것도 좋았다.

그리고 친구들과 있으면 내가 대장이 된 것 같은 느낌이 들었다. 집에서는 늘 눈치만 보던 내가 친구들 앞에서는 마치 뭐라도 된 것처럼 목소리부터가 달라졌다.

아버지는 내가 학교에서 돌아오기 무섭게 심부름을 시켰고 어느 날은 소 풀을 뜯기고 오라고 하셨다. 그러면 나는 큰 소를 무서워하지 않고 녹음기를 챙겨 소를 이끌고 논두렁으로 간다. 소에게 풀을 먹여야 했다.

나는 틈만 나면 아버지에게 혼이 날 줄 알면서도 심부름을 제대로 하지 않았다. 물론 시킨 일을 하고도 매번 매를 맞는 것은 일쑤였지만, 나는 소에게 풀을 먹이라고 하면 친구들과 춤추고 노래를 부르고는 했었다.

반복되는 하루하루 일과 중에도 시간은 흘러 중학교 3학년이 되었다. 그렇지 않아도 집을 떠나고 싶은 터에 누가 야간 고등학교로 들어가면 돈도 벌 수 있다고 해서 호기심이 생겼고, 친구와 함께 청주 방직 공장이라는 곳을 갔다.

처음 보는 풍경이어서 어설프기도 하고 공장이 아주 커 보여서 그런지 무서운 생각도 들었다. 친구는 무섭다며 안 한다고 했지만 나에게는 너무 신이 나는 일이었다. 그리고 청주 방직 공장으로 가게 되면서 부모님으로부터 독립하게 되었다.

아직은 어렸지만, 아버지의 술주정을 받지 않았으니 날아갈 듯 기뻤다. 언제 또 나를 또 때릴까 하는 두려움도 없어 너무 좋았다. 정말 답답하고 지긋지긋했던 우리 집에서 벗어난다고 하니 생각만으로도 너무 좋았다.

그래, 무엇이든 이제부터 시작이다. 불행과 고통스러운 일도 극복할 수 있을 것 같은 확신이 섰다.

사람은 과거의 경험으로 살아간다고 했다. 친구는 결정을 못 했지만 나는 집에서 해방이란 생각이 간절했기에 방직 공장에 입소하게 되었다. 그러나 내 나이도 어리지만 어색한 것들이 한둘이 아니다.

현장에서는 솜 냄새가 진동하고 기계 소리도 너무 컸다. 솜털도 많이 날아다니는 가운데 아줌마와 아저씨들도 아주 많았다. 잘한 것인지 스스로 질문도 던져보았다. 계속되는 의심과 무서움에 아무도 모르게 많이 울기도 했다.

공장 정문을 들어서면 학교와 기숙사, 그리고 교회가 있었다. 아무것도 모르는 나는 16살이었고, 객지 생활을 하기에는 너무 어렸다.

그곳에서는 무궁무진한 사건들이 일어났고, 세상의 끝자락을 보는 것 같은 느낌도 들었다. 그래도 하루하루 지내다 보면 일주일이 가고 야근을 끝내며 그 생활에 익숙해질 즈음이었다.

4개월이 막 지나고 있을 무렵, 어금니를 뽑은 지가 오래돼 얼른 하지 않으면 이가 휘어 큰일 난다며 엄마가 호출했지만, 엄마는 남동생 학비 때문에 치과는 나중에 가라고 말씀하셨다. 나는 서운했지만 기다릴 수밖에 없었다.

그런데 어느 날, 나는 공장의 대식당에서 졸음이 쏟아지는 것을 참지 못하고 실수를 하고 말았다. 그날은 무밥이 나온 날이었지만 밥인지 무채인지 분간조차 되지 않았다.

나는 간신히 밥에서 무를 골라내고 먹으려던 순간 내 손에서 숟가락이 떨어지는 소리를 들으며 그만 식판을 엎어버린 것이다. 얼른 먹고 가서 5분이라도 더 자고 학교에 가야 했기에 눈물이 줄줄 흘렀다.

공장에서 계속 야근을 했던 터여서 내내 잠을 못 자고 일을 하니 너무 피곤했기에 졸음을 못 이긴 것이다.

엄마가 보고 싶었다. 그런데도 눈물을 훔칠 새도 없이 다시 식당의 긴 줄을 서야만 했다. 매일 매일이 전쟁터와 같아서 아저씨나 아줌마들도 양보는 전혀 없었다. 정말 만만치 않은 공장 생활이었다.

많은 시간이 지난 어느 날, 나는 잇몸이 약해서 임플란트를 못 한다고 했다. 몇 년이 지나가서야 알았다. 이미 치아가 휘어 이제는 임플란트는 하지 못하고 틀니를 하게 되었다.

엄마는 치과로 가면 비싸다고 야매로 하는 아저씨가 집으로 와서 틀니를 맞추었다. 틀니는 정말 답답하고 숨이 막혔고 입안에 무언가 가득 담겨 있는 것 같았다.

지금 생각하면 끝까지 이 집에서는 아들밖에는 자식이 없는 듯할 정도의 생각에 아주 많은 서운함으로 살아온 것 같다.

어찌했든 성실히 일을 잘한다며 공장에서는 졸업하자마자 반장 직책을 주었다.

나는 부모 곁을 떠나온 후배들에게 최선을 다해 잘해 주었고 열심히 살았다. 기숙사에서는 부모가 없는 아이들의 옷도 사주고 먹을 것도 사주었다.

그렇게 몇 년이 지나가고 생각을 해보니 나는 부모가 있어도 똑같은 처지인데 왜 그렇게 오지랖을 떨었을까 생각하게 되었다.

아버지에게 사랑을 못 받아 눈치를 보며 살았어도, 아버지는 나에게 강한 생활력과 도전정신을 배우게 한 것 같다.

나는 습관처럼 남에게 물질을 주어야 마음이 편했다. 어릴 때부터 인정 욕구가 강한 것이 부모의 영향이 큰 것 같았다.

사랑한다, 고생했다, 좋아한다, 고맙다, 예쁘다.

좋은 단어들이 얼마나 많은가.

이런 말들과 행복한 이야기만 듣고 싶었다.

웃고 봉사하며 나와 같은 처지인 사람들과 함께 가고 싶다.

변질이 아닌 변화 있는 삶으로……

— ∽✺✺✺∾ —

나도 모르게 엄마처럼 살고 있었다

* * *

봉숭아꽃 물들이며 뛰어놀던 어린 시절이 생각난다.

그 당시 엄마는 항상 밥 대신 찐 감자를 즐겨 드셨다. 밥을 할 때 통감자를 까서 밥 위에 놓고 밥 대신 쪄서 드시곤 했었다.

나는 엄마가 먹던 감자를 한 입 먹어 본 적이 있어서 맛이 없다는 걸 알고 있었다. 그리하여 '아무 맛도 없는 감자를 왜 저렇게 맛있게 드실까.' 하고 이상하게 생각한 적도 있었다. 오랜 세월이 지난 후 엄마에게 여쭈어보니 엄마는 쌀이 부족해서 밥 대신 먹은 것이라고 말씀하셨다. 그 순간 나는 엄마에게 죄송한 마음이 들면서 가슴이 아팠다.

그 당시에는 엄마가 즐겨 드셨으니 좋아해서 그런 줄로만 알았던 것이었다. 그리고 나는 생각하기를 어머니처럼은 살지 말아야지 하는 생각을 했다. 사실 고등어자반을 먹으면서 자식들에게는 몸통만 주고 부모는 대가리만 드시니 자식들은 부모는 대가리만 좋아한다는 말도 있지 않은가. 바로 나를 두고 하는 말만 같아 가슴이 미어지는 것 같았다 어찌했든 하루빨리 독립하고 싶어 결혼했지만, 결혼생활은 쉽지 않았다. 그래도 남편을 출퇴근시킬 때마다 눈치가 보이는 것이었다. 부업을 하고 있었지만 돈을 쓰는 것부터 시작해서 잔소리와 간섭이 많아진 남편의 태도에 눈치가 보였다. 어릴 때부터 눈칫밥을 먹고 살아왔기에 가만히 있을 수가 없었다.

그리하여 이웃집 언니 소개로 방문판매를 시작했고, 남편이 출근하면 식당 설거지는 물론이고 돈이 되는 것은 무슨 일이든 닥치는 대로 했다.

어느 날인가는 낮에 뜨거운 햇볕을 피해 잠시 그늘에 앉아 있는데 갑자기 지나가던 큰 개가 뛰어들기도 하고 취객들의 술주정으로 곤욕을 치른 일들도 한두 번이 아니었다. 그때마다 얼마나 놀라고 울었는지 지금 생각하면 왜 그리 힘들게 눈치를 보고 살았는지 가끔은 답답함이 몰려오기도 한다.

어찌나 피곤이 쌓였는지 화장품 설명을 하다가 어지러워 쓰러진 적도 있었다. 임신한 것도 모르고 계속 다닌 것이었다.

정말 힘들었지만 남편에게는 일일이 말할 수 없었다. 왜 그렇게 눈치를 보며 살았을까? 엄마처럼 살지 않겠다고 하고는 어느새 나도 엄마처럼 사는 나 자신을 발견했다.

지금 생각하니 열심히만 살았지 어떻게 사는 방법을 모르고 무조건 열심히만 살아왔던 것 같다. 이런 나 자신이 싫어지기까지 했다. 그래서 그동안 나 자신을 챙기지 않았던 것을 돌아보면서 반성을 하며 어떻게 살아가야 할지를 생각했다.

과거에는 엄마가 아버지에게 무조건 복종하는 것을 보고 자랐기에 결혼하면 무조건 복종해야 하는 줄 알고 살아왔다. 남편이 말하면 언제나 그렇게 하라고 이야기하며 살았고 맞벌이를 하면서도 피곤을 무릅쓰고 새벽에 따뜻한 냄비 밥을 누룽지까지 해주며 살았었다.

그렇게 하는 것이 당연한 줄 알았다. 밥이 부족한 날에는 엄마가 살아온 것처럼 고구마로 배를 채웠던 적도 있었다.

남편은 배려도 없이 이젠 습관이 되어 당연한 것으로 받아들인다. 남들은 같이 맞벌이를 하면서 그렇게까지 하느냐고 말들을 하지만, 나는 당연히 남편이 하늘이기에 친정엄마가 아버지께 했던 그대로 남편을 챙기며 살았던 것이었다.

남편이 원하는 것은 뭐든지 복종을 했다. 남들은 남편에게 잘하면 사랑을 받을 거라고 말을 하지만, '남편은 나를 사랑하는 것인가.'라는 생각이 들었다.

결혼하고 집을 샀지만 전세를 끼고 샀기 때문에 아파트 안에서 다른 가족들과 언제까지 살아야 하나 하는 생각에 빨리 빚을 갚고 싶은 욕심이 컸던 것 같았다.

아이를 낳고 살면서도 늘 아껴야만 했다. 그렇게 힘들게 일하다가 가족들이 족발이나 치킨을 먹고 나면 남은 뼈를 빨아먹기까지 했었다. 엄마는 뼈에 붙어 있는 것이 좋다고 가족들에게 말하면서 아끼고 또 아끼며 살았었다. 나 역시 그렇게 살아온 것이 습관이 되었는지 지금도 뼈에 붙은 고기를 좋아한다.

돌이켜 생각하면 왜 그렇게까지 힘들게 살았어야 했는가 하는 생각에 눈시울이 적셔진다.

힘든 결혼생활에도 불구하고 정수기회사를 10년씩이나 다녔다. 그곳에서 서비스를 하면서 판매도 같이하는 영업직 사원이었다.

영업이 힘들다고는 하지만 매력 있는 직업이었고 재미있었다. 사람 마음을 얻고 신뢰를 쌓아 가면 수입은 자동으로 따라오는 것을 모르는 사람들이 많이 있다.

나는 가끔은 내가 큰 사업가가 되어 어려운 사람을 도와주며 사는 상상을 해본다. 가만히 나를 보니, 보이지는 않지만 과거 밥 대신 감자를 먹던 엄마 심정하고 같은 심정인 것 같다.

언제부터인가 시간이 날 때마다 언니와 통화한다. 언니는 그때마다 어릴 때 고생한 이야기를 풀어 놓는다.

우리 집에서는 오직 아들만 알고 사셨던 부모님이시기에 딸들은 학교에 갈 생각도 못 했다. 딸은 시집가면 끝이라고 생각을 하셨기 때문이다.

언니와 나는 늘 눈칫밥을 먹었던 기억이 생생하다. 그래도 언니는 아버지에게 사랑이라도 받고는 살았다.

언니는 초등학교를 졸업하고 바로 부잣집으로 일을 하러 갔다. 어린 나이에 돈을 벌어서 엄마에게 가져다드린 것이다. 그 어린 나이에 무엇을 알았겠는가마는 엄마를 생각하는 마음이 갸륵하다. 그런데 나는 한편으로는 반문해본다. 왜 식모까지 보냈어야 했을까? 아들만 자식이 아닌데 원망까지도 드는 마음은 어쩔 수 없다.

엄마는 그때는 어쩔 수 없었다고 말씀은 하시지만 지금이라도 차별 없이 대해주면 좋겠다는 생각을 가지게 된다.

언니는 그곳에서 가정부 아주머니 심부름으로 시간만 나면 길거리에서 하루로 빠짐없이 담배꽁초를 주워 가야 했다. 그 아주머니는 한겨울에도 봉지를 주면서 채워오라고 했기에 꽁초를 줍다 너무 추워서 얼어 죽을 뻔한 적도 한두 번이 아니었다고 했다. 언니는 그때의 감정이 북받쳐 울기도 했다.

언니는 지금 폐 질환이 있어 호흡기를 지니고 다니면서 약을 투여하며 공기 좋은 곳에서 살고 있다. 다 지나간 추억이라고 말을 하지만 그 일들은 언니에게 커다란 상처로 남아 있었던 것이다. 앞으로는 언니에게 신경을 많이 써야겠다는 생각이 든다.

다행인 것은 바로 밑의 남동생은 사업가로 세상에 둘도 없는 효자이다. 부모님뿐만 아니라 형제들에게도 잘하니 부모님께서 아들을 귀하게 키운 보람은 있는 것 같다.

부모님의 아들 사랑으로 우리 자매들은 힘들게 자라왔지만 그래도 지금의 남동생을 보면 흐뭇하기만 하다.

나는 지금이라도 엄마처럼 살지 않기 위해서 내 꿈을 위해 노력 중이다. 과거 그렇게 열심히 노력하고, 결혼해서도 남편에게 인정받기 위해 노력했지만 중요한 것을 잃어버렸다. 그것은 무작정 열심히 노력했기에 결과가 없었던 것이다.

그러나 이제 분명한 목표가 있다. 책을 써서 훌륭한 강사가 되기 위해 노력하고 있다. 가끔은 가족들에게 좋은 말이 들리지 않아 마음이 흔들릴 때가 종종 있지만, 그래도 두 눈 부릅뜨고 도전하고 있다.

지금까지 살아온 경험으로 마음의 근육을 단련해가며 목표를 위해 달려가고 있다. 살아온 경험으로 노력하며 도전하고 어르신들을 좋아하다 보니, 어느새 나를 찾는 나름 유명한 강사가 되어가고 있다.

감사하게도 내 인생에서 다시 태어날 기회가 주어진 것이다.

5년 전 동네 주민들을 위해 봉사를 하고 있었는데 기회가 찾아온 것이다.

'빈 병에 물을 담으면 물병', '꽃을 꽂으면 꽃병', '꿀을 담아 놓으면 꿀병'이 아닌가?

같은 목표를 세우고 달려가는 사람이라도 노력하지 않고 땀을 흘리지 않고는 성공을 맛볼 수 없듯이 이제 나는 어르신 수업을 다니며 꿈을 이뤘지만, 또 다른 꿈을 찾기 위해 도전한다.

미래를 꿈꾸며 도전하는 자신에게 오늘도 감사할 뿐이다.

잿빛 같은 결혼생활이 장밋빛으로 물들다

* * *

벌써 결혼한 지가 만 30년이 되었다.

돌이켜보면 나는 자신을 학대하며 살아온 것 같았다. 그리하여 나는 나에게 늘 미안한 생각이 든다. 몸을 아끼지 않고 돈을 벌어서 가족들에게 잘해 주고 싶은 마음뿐 내 몸은 전혀 신경을 쓰지 않았기 때문이다.

학교 선배 소개로 신랑을 만났지만 처음에는 마음에 썩 들지 않았다. 그래도 그때 당시 집은 들어가기 싫었기에 선택의 여지는 없었다.

나는 생각도 어리고 아무것도 모르는 터에 그 사람은 매우 적극적이었다. 그리고 한두 번 더 만날 때마다 꼼꼼히 잘 챙겨주어서 고맙게 생각했고 진심으로 고마웠었다. 더구나 어릴 때부터 부모 사랑에 굶주린 터여서 그의 따뜻한 마음에 결혼하기로 했지만 결혼생활은 생각보다 쉽지 않았다.

우선 빚으로 집을 샀기 때문에 아끼고 또 아껴야만 했다. 말이 내집이지 전세까지 끼고 샀기 때문에 한 아파트 안에서 두 가족이 살 수밖에 없었다. 베란다에 부엌을 내주고 거실과 화장실도 같이 쓰면서 조그만 소리까지 모두 들어야 했기에 불편함이 한둘이 아니었지만, 10년 동안을 그렇게 살았다.

아이들을 낳고도 우유 한 잔 사 먹지 못하고 김치만 먹고 살면서 젖을 물릴 때도 많았다. 그리고 새벽에도 몇 번이나 일어나 기저귀를 삶고 손빨래를 해서 널어야만 했다. 그러면서도 아들딸 구별하지 않고 키웠다. 자라면서 제일 서러웠던 것이 자식을 구별하며 키우는 것이라고 느껴왔기 때문이었다.

어느 날 큰딸이 학교가 끝나고 급하게 뛰어오더니 "엄마 나 왜 뛰어온 줄 모르지요?" 하면서 한참이나 나를 쳐다보더니 "나 학교 앞에서 파는 붕어빵이 먹고 싶었다."라고 하면서 울음을 터트리는데 어찌나 눈물이 나던지 아주 속상했었다. 그래서 아이들이 먹고 싶고, 하고 싶은 것을 할 수 있도록 더 열심히 일했다.

사실 결혼하고 남편과 함께 맞벌이하면서 큰아이를 임신한 줄도 모른 채 일하다 빈혈로 쓰러진 적도 한두 번이 아니었다.

새벽에는 우유배달, 신문 배달까지 하면서 참으로 억척스럽게도 살아왔다. 그래도 힘든 생활이 연속이었지만 그럴 때마다 큰딸의 감동 어린 편지로 위로를 받곤 했다.

한번은 잠을 자고 일어나려는데 큰딸이 내 눈을 가리며 큰 달력 뒷부분에다가 '엄마 사랑해요. 이다음에 커서 돈 많이 벌어서 효도할게요.'라고 써놓은 것이었다. 제 엄마 생일이라고 잊지 않고 써놓은 것이었다. 나도 모르게 두 눈에서 눈물이 흘러내려 딸아이를 안고 얼마나 울었는지 모른다.

아이 있는 데에서 힘들고 돈이 없다고 말을 한 것이 더 일찍 철들게 만든 것 같아 미안한 마음이 들었다. 그래서 힘들고 고단해도 열심히 벌어야겠다는 생각에 닥치는 대로 일을 했다.

그런데 언제부터인가 오른쪽 손가락이 움직이지 않고 통증이 있어 병원을 찾아 갔더니 의사가 류머티즘이라며, 조심하고 손을 쓰는 작업을 하면 안 된다고 했다.

당시 나는 슈퍼에서 감자 박스, 술, 쌀, 물 등 무거운 것들을 취급하며 일했었고, 그때까지는 나이가 젊어서인지 소리 내고 움직이는 것이 편했었던 것이었다.

우리 아이들은 학교가 끝나면 늘 슈퍼에 와서 엄마 목소리를 듣고 가면 좋다고 했었지만 지금 생각하면 참으로 후회스럽다. 그 목소리란 마이크에 대고 소리를 높여서 "마지막 떨이에요, 싸게 드릴게요." 라고 하며 물건들을 팔았던 것이다. 물론 그 슈퍼의 사장은 자기 일처럼 해준다고 인정은 했지만, 몸도 아끼지 않고 내 일처럼 그렇게 일을 하니 탈이 생길 만도 했다.

그동안 삶의 목표가 돈이라고 생각했기에 앞만 보고 열심히 달렸다. 하지만 이제는 아이들을 위해 다른 일을 찾아야만 했다. 그래서 다시 시작한 것이 책이었다. 설문조사를 하면서 학습지 배달이며 책을 판매하러 창피한 것도 모르고 몇 년을 열심히 일했다.

그러다가 주위 사람의 소개로 정수기회사에 다니게 되었다. 모두 영업이 힘들다고 했지만 나에게는 너무 쉬운 일이었다. 책을 판매할 때보다도 훨씬 쉽고, 판매에 따라 수입도 괜찮은 직업이었다.

집집마다 방문해서 필터 교환도 하는 일이라서 재미있는 직업이었다. 때로는 답답하게 사는 가정도 많이 보았다.

바로 놀면서도 남편을 힘들게 하며 사는 가정주부들로, 고스톱을 치면서 우리 같은 사람들을 무시하며 사는 아줌마들이다. 그런데도 나는 신경 쓰지 않고 참 열심히 일했다. 판매를 잘해서인지 다른 사람들보다 수입이 많아졌기에 여유도 생기게 되었다. 그리하여 아이들에게 맛난 것을 사줄 수 있을 뿐만 아니라 여유 있게 생활할 수 있어 아주 매력 있는 직업이었다.

그러나 남편은 그 무엇이든 쇼핑할 때마다 잔소리가 심했다. 그런 남편의 행동을 처음에는 이해하지 못했지만 어릴 때 가난으로 고구마나 감자로 주린 배를 채웠다는 얘기를 듣고 나니 이해가 되기도 했다. 누구나 할 것 없이 옛날에는 모두 힘들게 살았고 보릿고개를 겪은 사람들이 많았다.

이제는 시간이 날 때마다 계획을 세워가면서 일을 했다. 남편이 퇴직하면 같이 할 일을 찾기 시작한 것이다. 아직 퇴직이 멀었다는 남편의 말은 듣는 척도 하지 않고 바리스타를 배우기 시작했다. 모든 사람이 꿈을 꾸고 있는 커피숍을 나 또한 하고 싶었기 때문이었다.

나를 가만히 돌아보면 친정 부모님의 생활력을 닮은 것 같았다. 어렴풋이 생각이 난다. 아침 새벽 3시에 기계 소리와 함께 일을 나가시는 아버지는 늘 자식들에게 '똑같은 하루인데 더 많은 시간을 쓰려면 잠을 덜자고 일찍 일어나야 한다.'고 하셨고 나 역시 잠시라도 가만히 있지를 못하고 무언가를 해내야 직성이 풀린다.

그리고 시간이 날 때마다 혼자서라도 시댁에 가서 시부모님께 용돈을 드리며 청소도 하고 시장을 봐 드리곤 했다. 친정 부모의 사랑을 받지 못해서인지 시댁에 인정을 받고 싶은 생각으로 더 신경을 쓰게 되었다. 그리고 남편의 부모님이면 나에게도 당연히 부모님이기에 정성을 다해 드렸다.

이제 여유가 생기자 10년을 다니던 정수기회사를 그만두고 1억이 넘는 돈을 투자해 장사를 시작했다. 물론 가족의 반대도 만만치 않았지만 그 모든 것을 무릅쓰고 커피숍을 차리게 되었다.

남들과 똑같은 희망의 꿈을 안고 시작했지만, 장사라는 것이 만만한 사업이 아니었다. 겨울에도 손이 마를 틈도 없고 손님을 기다리고 비위도 맞추어야 하는 힘든 직업이었다. 커피를 파는 일도 물장사이기 때문에 신경만 쓰면 돈이 되는 장사이기에 잠도 부족하고 할 일이 많았다.

그렇게 1년쯤 장사를 하던 중에 한 손님이 웃음 치료를 배운다고 하기에 나도 같이 배우고 싶다고 해서 함께 봉사도 하며 웃음 치료를 배우기 시작했다. 처음에는 정말 봉사를 했었는데 나중에는 봉사가 아닌 수고비를 받는 강사가 되었다.

지금 생각하면 꿈과 목표를 달성하기 위해 무던히 참아주던 가족이 있어 내 꿈을 펼칠 수 있었던 것이다. 만일 남편의 외조가 없었더라면 지금의 내가 있을 수도 없었을 것이다.

어릴 때부터 꿈이 많았지만, 그중에서도 유치원 선생님이 꿈이었는데 이제 이루어지게 되었다. 노인 주간 보호, 복지관수업, 노인들이 계신 곳으로 내가 수업을 나가게 된 것이다.

비단 어르신들을 보기만 해도 행복하고 수업에 열중하는 모습들도 너무 예뻐서 수업 내내 내가 기운을 받고 오는 것 같았다. 아마도 어릴 적에 부모님들한테 따뜻한 사랑을 받지 못해서 어른들을 더 좋아하는지도 모르겠다.

처음 결혼생활을 할 때는 너무 힘들고 나를 이해하지 못하는 남편이 야속했는데 어느새 남편과 아이들은 나의 진심을 알고 나를 인정하고, 사랑하며 내 옆에 있어 주었던 것이다. 그리고 그들은 이제는 누구보다도 더욱더 나를 응원하는 열렬한 팬이 되어 주었다. 잔소리하던 남편은 꿈을 이룰 수 있도록 집안 청소도 돕고 좋은 말도 많이 해주는 자상한 남편이 되어 준다.

깨물어도 아프지 않을 내 사랑하는 아이들은 언제 어디서나 나의 씩씩한 지원군으로 지켜주고 있다.

나에게 힘들었던 잿빛 같은 결혼생활이 어느새 장밋빛 같은 아름다운 결혼생활로 바뀌어 가고 있다.

사랑에 눈이 멀다

***

'시간이 지나 생각해보니 이것이 사랑이었구나.'

지나간 삶은 살아가면서 모든 원료와 같다는 생각이 든다. 사람은 누구나 24시간으로 살고 있는데 나는 언제나 남편을 위해 하루 중 절반이 넘는 시간을 쓰는 것 같은 생각이 문득 들어간다.

매번 갑자기 해야 할 일을 제쳐두고, 아무리 바쁜 일이 있더라도 우선순위를 바꿔 가면서도 내가 배가 고픈데도 참고, 남편 먼저 챙겨주며 바쁘게 살아온 나를 보게 되었다.

이렇게 생각 없이 남편에게 신경을 많이 쓰는 나 자신이 순간 무언가 뇌리를 '퍽!' 하며 스쳐 지나가는 것이다.

아낌없이 헌신하며 남편이 원하는 것을 모두 다 해주며 살아왔었다. 나에게는 남편이 하늘이었다.

그러나 이 사람은 배려도 없고 본인만 아는 사람이었던 것을 뒤늦게 알게 되었다. 나는 어릴 때부터 엄마가 아버지께 무조건 복종하는 모습을 보았기 때문에 이런 행동들이 당연했다고 생각을 했던 것이었다.

어릴 때부터 아버지와 어머니가 싸우는 모습을 많이 봐왔고, 어머니가 맞는 모습도 많이 보고 자랐기 때문에 나는 남편에게 의도적으로 부모님 같은 삶을 살기 싫어서 헌신으로 살았던 것 같았다.

부모님의, 어떻게 살아가야 한다는 가르침도 없이 결혼을 도피 방편으로 생각했기 때문이다.

부부가 사랑하면 서로 함께 가정의 일을 도와가며 살아야 한다는 것도 모르고, 혼자만 잘하면 되는 줄 알고 살아왔던 것이다. 서로 협력해야 하는 것을 남편 또한 모르고 살아왔었다. 늘 시댁 일도 오지랖 넓은 것으로 여기며 살았던 내 자신이기도 하다.

새벽 6시 20분에 언제나 남편의 밥상을 차려주며 하루를 시작한다. 맞벌이로 아무리 피곤해도 나는 출근을 하는 남편을 위해서 정성을 들여 갓 지은 밥상을 차렸다. 그때마다 고맙다는 말은커녕 불평불만이 많았던 남편이지만 나는 그래도 남편을 좋아했다.

가끔은 화도 났고 짜증이 날 때도 있었지만 늘 내가 부족하다는 생각으로 살아왔고 그만큼 신랑을 좋아했었다. 나 자신을 신랑에게 맞추어 살아야만 한다고 생각했던 것이다.

순간순간 짜증을 부리며 말을 하고는 해도 남편의 그늘이 좋았었다. 남들이 바보라고 할 정도로 남편을 사랑했던 것이다.

친정 부모님께서 사랑도 없이 살아온 모습을 보고 자랐기에 나는 그런 삶이 싫었던 것이었다.

빚에 허덕이는 생활 때문에 남편의 눈치가 보여 영업을 할 때의 일이었다. 언제나 그랬듯이 남편의 전화와 문자였다. 문자에는 잔소리

뿐이었다. 고객을 만나야 하는데 표정 관리가 좋지 않으면 영업에 실패할 수 있어 걱정되었다. 그래서 받을까 말까 하고 망설이다가 전화를 떨어트린 적도 한두 번이 아니었다. 짐은 많고 전화를 받는 동시에 큰 소리가 이어진다. "설거지는 왜 안 하고 빨래는 누가 하라고 그냥 나가냐."라는 소리가 귀청을 울린다. 그때마다 남편 전화 소리에 주저앉아 울고 싶은 마음이 한두 번이 아니었다.

남들은 영업이 힘들다고 하지만 나는 남편의 말버릇과 아내에 대한 배려가 없는 것이 더 힘들었다. 내가 너무 씩씩하게 보이니 남편은 정말 그런 줄만 알고 있었다. 아주 힘든 하루를 미치고 집으로 와서 청소나 식사 준비도 당연히 내가 하게 되니 쉴 틈이 없었다. 가족 누구도 집안일을 도와주는 사람은 없었다. 퇴근하고 집으로 들어오면 남편은 소파에서 티브이 리모컨만 들고는 쳐다보지도 않고 눈길도 주지 않고 배고프다만 했다.

나는 지금까지 남편을 공경하고 살았지만 남편은 그런 나를 인정은커녕 당연하게 받아들인 것이다. 그래도 남편의 도움이나 변화를 원했기에 말도 해보았지만 그때마다 다툼만 이어질 뿐이었다. 남편을 바꾸려다가 오히려 내가 더 힘들다는 것을 알게 되었다. 그리하여 나는 남편만 바라보는 사람이 아닌 나 자신을 위하여 변화되는 삶을 살아야겠다고 결심하게 되었다.

세상에는 내가 변화되지 않고는 그 어떤 것도 그저 주어지는 것은 없다. 나는 내가 원하는 목표를 설정하여 살아가기 위해 하나씩 실천하기 시작했다. 그리고 그 목표를 위해 상상하고 끊임없이 노력했다.

그런데 이러한 상상력은 신기하게도 내가 원하는 방향으로 이루어지고 있었다.

결국 상대방의 생각을 바꾸는 것이 아니라 나를 바꾸면 내 주변이 바뀌고 환경이 바뀌면서 세상이 바뀐다는 것을 알게 되었다. 역시 나를 먼저 바꿔 나가는 것이 현명한 생각이었다. 내게 부족한 면을 채워 나가면서 천천히 내가 하고 싶은 일을 만들어 나갔다.

그리하여 내가 조금씩 변하고 사람들에게 인정을 받으니 남편도 아내의 변화를 느끼고 소중함을 알아가게 되었다. 그동안 남편도 부모님께 살아가는 방법을 모르고 지금까지 살아왔다는 생각을 하는 것 같았다.

옛날 굶주렸던 세대는 누구나 느낄 것이고 어떻게 살아가야 할지 부모가 일깨워준 사람들은 많지 않았을 것이다. 행복을 찾고 싶어도 어떻게 찾는 방법을 모르고 상대에게만 불만을 가졌었던 것이다.

남편이 어느 날 식사 중에 이런 말을 했다.

"당신 참 말을 안 듣는 것 같아."

"무슨 말이야?"

"내가 당신은 흰머리 나지 말랬잖아."

그 말을 듣는 순간 눈물이 왈칵 쏟아져서 둘이서 한참을 울다가 웃었다. 참으로 세월의 무상함을 느꼈다. 살면서 고생도 많이 했지만 남편의 따뜻한 외조가 있기에 여기까지 올 수 있었다고 생각하니 마음이 편안했다.

가끔은 남편이 넋 놓고 텔레비전을 보고 있을 때면 "책 좀 읽어요." 라고 잔소리도 하지만 지금은 편안하게 러닝셔츠만 입고 넋 놓고 있는 모습도 참으로 좋아 보인다.

세상을 살면서 아픔이 없이 살아가는 사람이 없을 것이다. 그러나 그 아픔을 승화시키기 위해서는 나를 바꾸어 나가야 한다. 앞으로 5년 뒤, 10년 뒤의 내 모습을 그리고 목표를 만들어 노력하면 자신의 아픔을 승화시킬 뿐만 아니라 남편으로서 아내로서 사랑받고 인정받는 사람이 되어 있을 것이다.

아리스토텔레스는 '머릿속으로 자신이 바라는 것을 생생하게 그리면 온몸의 세포는 모두 그 목적을 달성하는 방향으로 조절이 된다.'고 했다.

꿈과 목표로 살아온 나를 보면 그 말이 맞는 것 같다.

제대로 된 목적과 목표는 살아가면서 꼭 필요하다. 살다 보면 내 삶 속에서 숨을 쉴 수 없는 '큰' 지진을 만날 수도 있지만 지금 자신이 계획된 삶을 살고 있다면 아무리 큰 지진일지라도 순조롭게 지나가게 될 것이다.

내가 행복해야 가족도 행복하다

* * *

누구나 불행하게 살고 싶은 사람은 없을 것이다. 그런데도 힘들게 살면서 꿈을 향해 달려가다가 포기라는 단어를 만나기도 했을 것이다.

나는 그동안 수많은 시련과 역경을 겪어오며 살아왔다. 그리하여 모든 것이 경험을 통해서 얻어지는 것을 지금에서야 깨닫고 있다.

어떻게 생각하면 보여주기 위한 삶을 살아온 것도 같았다. 어린 시절에 사랑받고 싶은 욕망이 있기 때문일 것이다.

나는 그동안 내면의 자아 성찰을 위해 노력하며 살아왔다. '말이 씨가 된다.'는 속담처럼 나는 그 말을 믿고 살며 '괜찮아, 좋아지고 있잖아.'라는 말로 자신에게 계속해서 칭찬과 격려를 하며 살아왔다. 마음의 근육을 단련하기 위해 무던히 노력하며 살았던 것이다.

남에게 부정적인 말을 들으면 잠도 못 자고 힘들어하던 일들이 수없이 많았다. 그랬던 내가 지금은 마음의 근육이 탄탄하게 생겨 자신을 다스리며 살아가고 있다. 또한 스스로 행복해지려고 공부도 시작했다.

비록 인터넷 수업이지만 세계 사이버대학 노인복지학과에 등록해 열심히 하면서 거기에 따른 자격증도 취득했다. 또 다른 나를 찾고 싶은 열망이 가득하다.

희망은 어둠 속에서 시작된다. 삶에 지친 나는 매일 꿈과 희망의 메신저를 생각하며 살고 있다. 그리고 살면서 많은 경험은 나에게 꿈을 이루게 해주고 행복의 요소들이었던 것 같다. 그리하여 나는 행복을 바라보는 관점을 바꿔보았다.

생각만으로도 변화할 수 있다고 믿고 살아왔기에 인생이 그렇게 화려한 것은 큰 의미가 없었다. 비록 남루한 옷을 입을지언정 내가 원하는 것을 할 수 있고, 또 가족들이 웃을 수 있다면 그것이 바로 행복이다.

나는 지금까지 가슴속에서 끌어 오르는 욕망이 무엇인지를 알지 못한 채 살아왔다. 그리하여 무언가에 쫓기든 바쁜 일상생활 속에서도 사람들을 많이 만나러 다녔다. 그들은 대부분 나에 대해 좋은 표현들을 해주어서 그런 자리를 더 좋아했던 것 같았다. 아마도 인정을 받고 싶은 욕구가 많았기 때문에 그런 자리를 더 많이 가졌는지도 모르겠다.

지금 생각하면 관심과 사랑을 받고 따뜻한 말들을 듣고 싶어 방황했던 것으로 생각된다. 그런 방황 속에서도 우리 아이들에게는 많은 사랑을 주며 키워 왔다고 생각했다. 그런데 아이들은 자라면서 점점 더 말을 듣지 않는 것이다. 점점 자라나는 아이들에게까지 무시당한다는 생각에 어떻게든 나 자신을 행복하게 만들어야겠다는 생각을 하게 되었다.

그리하여 나는 내가 행복하기 위해 사람들에게 봉사하기 시작했다. 그리고 봉사를 하면 언제나 마음이 편안했고 마음속에서 자부심도 뿌듯하게 생기고는 했다. 나보다 남들을 먼저 생각하면서 살아왔고, 어려운 사람들을 위해서 동사무소나 시청, 구청을 찾아다니면서 사람들을 도와주었다. 그렇게 사람들에게 인정을 받으면서 즐겁게 살아가고 있었다.

그럴 때마다 매번 남편은 좋지 않은 시선으로 나를 보며 불만을 터뜨렸지만 나는 봉사가 마냥 좋았다. 독거 어르신들 목욕부터, 반찬, 장애 목욕 봉사를 해드리며 살아왔다. 내가 봉사단을 구성해서 독거 어르신 목욕을 시켜 드릴 때의 일이 문득 생각이 났다.

대중목욕탕에서 있었던 두 분 어르신의 이야기이다.

한 분은 어찌나 소리를 잘 지르시던지 때를 빌어 드리면서도 봉사자들 모두가 다들 힘들어했다. 그 어르신은 "똑바로 빡빡 밀어라!", "이렇게 해라, 저렇게 해라."고 말하면서 전혀 감사를 모르는 분이었다. 그때마다 그런 분들은 해드리고 싶지 않은 생각이 들었다.

또 한 분은 앞을 못 보시는 시각장애인이셨는데, 처음부터 "고마워요. 힘든데 그만 해요, 대충 살살해요."라고 계속해서 좋은 소리를 해주셨다.

감사의 소리를 듣고 우리 봉사자들은 또다시 힘을 받아 15명의 어르신 목욕을 다 씻겨 드렸던 기억이 난다.

사실 자원봉사자들은 봉사할 때 고맙다는 말만 들어도 더욱더 성심성의껏 봉사를 해드리고 싶어진다. 그러나 봉사를 하는데도 불구하고 불평불만을 늘어놓는 사람을 보면 하고 싶지 않은 생각이 든다.

한결같은 마음으로 봉사해야 하지만 이런 마음이 생기는 것은 어쩔 수 없었다.

봉사를 마치면서 '행복이 내 안에 있는 것을 찾지 못하면 나이 들어서도 저렇게 다른 사람들을 힘들게 하며 살아가는구나.'라는 생각에 잠겼다. 그리하여 나도 바른 마음으로 잘살아야겠다는 다짐을 했다. 감사를 알면 감사한 일이 생기는 것을 왜들 모를까 하는 아쉬움도 생긴다.

육식동물 사자에게 최고로 좋은 풀을 주고 먹으라고 하면 살지를 못하고 채식동물 소에게 아무리 좋고 싱싱한 고기를 주면 살지 못하는 것처럼 우리도 상황에 맞는 삶에서 감사라도 알고 사는 사람이면 좋겠다.

내가 나를 좋아지게 만드는 상상을 한다. 생각을 바꾸면 행동이 바뀌고, 행동이 바뀌면 새로운 습관으로 꿈에 도전하며 행복을 찾아간다. 나는 가끔 이런 생각이 든다. 내 몸에 균형을 찾아 행복이라는 단어를 품고 살고 싶다는 생각을 하곤 한다. 어릴 적 살아온 것처럼 가족들 주위에서도 무시를 당하지 않는 삶을 살겠노라고 말이다. 가족 간의 원망은 깊으면 안 된다는 생각도 들고, 서로가 사랑으로 배려하며 살아가야 한다.

동에서 체육회장이란 직책을 맡은 동안 6년 전부터는 자격증을 소유해서 동 어르신들을 위해서 새벽에 무료로 체조를 해 드렸다. 어릴 때부터 유치원 선생님이 꿈이었기 때문에 체조 봉사는 정말 즐거웠다. 매주 월요일부터 금요일까지 새벽 6시 30분이면 기상해서 눈을 비비면서 체조를 시작했다.

지나가며 산책하는 주민들도 오고 음악에 맞추어 아침을 열어가며 신나게 몇 년 봉사하며 살아오고 있다.

주민들은 아침 공기도 마시고 좋은 말씀도 듣고 좋은 운동과 스트레칭을 하게 되어 행복하다고들 했다. 80세가 넘은 어르신은 매일같이 운동만 기다려진다고 말씀을 해주곤 하신다.

행복이 따로 있겠는가. 나는 무슨 일이든 감사하며 사는 것이 행복이지 않을까 하는 생각에 늘 감사하다. 남들은 별것 아니라고 하는 것도 나는 감사로 살아간다.

감사하며 살다 보니 좋은 일들이 많이 생기는 것이다.

어느 날부터 나는 책 속에 한 줄 글을 보며 변화를 만들어 갔다. 근심, 두려움, 불안, 걱정 등 감정적으로 마음을 가라앉힐 방법이었다. 간절함이 나를 움직이고 있었다. 몰입하면서 나를 만들어 간다. 그리고 책 속에서 읽은 것들을 매일같이 실행하고 있다. 나를 사랑한다고 하며 눈을 감고서 나의 몸을 머리부터 발끝까지 만지면서 내면의 소리로 이야기를 한다.

"잘 잤지? 나는 내가 너무 좋아."

버터플라이 허그butterfly hug라는 심리요법으로도 나를 안아주며 고맙다는 말을 매일같이 한다.

어느 날은 잠자고 바로 일어났을 때 눈물도 날 때가 있다. 그동안 육체적으로나 정신적으로도 나를 챙겨주지도 않고 지낸 것에 미안함이 몰려 왔기 때문인 것 같다. 여기까지 얼마나 '힘들었을까.' 힘든 것을 이겨내고 살아온 나는 이렇게 생각이 들었다. '내가 행복해야 가족도 행복하다.'라는 것을 알고 있었던 것이지만 이제야 느끼며 살고 있다.

나는 어디가 아파도 그냥 괜찮겠지 하며 약국에만 다니고, 억척스럽게 목소리만 크게 지르며 살아왔다. 오리가 꽥꽥 소리를 지르듯 그렇게만 살아가고 있던 나를 깨워가며 목표와 꿈을 향에 살아갈 것이다.

목표를 위해서 열심히 살아가려면 독수리의 8.0 시력처럼 멀리 세상을 보며 나를 위한 행복한 일들을 찾을 것이다.

열심히 공부해서 어렵고 힘든 사람들을 도와주고 싶다.

아침체조 1년이 지나갈 무렵의 어느 날부터 기관장들이 연락이 와서 여러 곳으로 실버웃음체조전문 강사로 다니고 있다. 이곳저곳 보건소에서도 특강으로 다니고 있어 꿈을 이룬 자신을 칭찬하며 살고 있다.

처음부터 완벽한 사람은 없다. 그러나 경험을 통해 목표를 세워가며 노력을 한다면 안 되는 것이 없다는 것을 나는 믿으며 살고 있다.

지금은 남편과 아이들이 태도나 말들을 조심하며 멋지다고까지 말을 해준다.

내가 행복하면 가족이 행복하다는 것을 50세 이후로 꿈을 찾아가다 알게 된 것이다.

각자가 생각하는 꿈은 다를 것이다. 앞으로는 책도 써서 작가로서의 기업으로 나갈 수 있는 대한민국의 유명강사가 목표이다. 그리고 그 꿈을 위해 앞으로도 계속해서 도전하며 눈부시게 행복한 그날을 만들어 나갈 것이다.